ドイツ医師のマネージメント

上 武 健 造

八千代出版

はじめに

　わが国では医師と患者との関係は、患者は対象であるが、主体としての対象ではない。治療を施される対象であり、一方的な任意の相手である。それゆえ患者は治療を受け、その治療に対して何らの疑問をもたず、ただひたすら治療に専念する客体である。病気になると自分で、家族で病院を探し、専門の医師がいるか、またどこにより良い治療をしてくれる医院があるかの対応に苦慮する。各地に拠点病院があり専門病院として設立されているが、しかしそこに行けば安心して治療に専念できる状況があるだろうか。「同じ拠点病院でも得意な分野の違いや実績に大きな差があり、地域によっても違うことが分かる」（日本経済新聞、2011年12月22日、日経実力病院調査より）。

　現代の日本では、医師個人の潜在能力に期待を寄せざるを得ない。専門医・最新医療機器による診断・治療、患者に安心を与える医療、いやこれをさえぎる根拠は一体どこに存在するのだろうか。

　患者の家族は現実に、どのような対応をしたのであろうか。筆者の近辺にも例はある。夫が大学病院において大腸がんの摘出後、元気な姿を見せ、筆者にも声をかけていたのに1年後に帰らぬ人になってしまい、家族は悲しみに泣き暮れていた。また近縁の人で、積極的にパソコンを用いて信頼のおける医院を探し出しがんの手術を施したが、その後県の指定病院に移り死亡した。患者の家族は共にあきらめ、悲しむ日々を送り、泣き寝入りすることになる。

　ドイツでは毎年1万7000人が治療ミスで死亡している。その高い数の発生が測定可能な品質標識をめぐり、医療的扶養のすべての領域での対応（医師、年間の職業教育、診療所など）を難しくする（本書131頁以下）。

　2010年の男性死亡者40万9022人のうち1万2676人が前立腺がんによる死亡と報告された。前立腺がんは男性の場合頻度の高い死亡原因第6位にあり、肺がん（死亡者数2万9357人）に続き2番目に死亡者の多いがん疾病である。前立腺がんでの死亡率の低下は高く望まれている。1971年以来法的疾

i

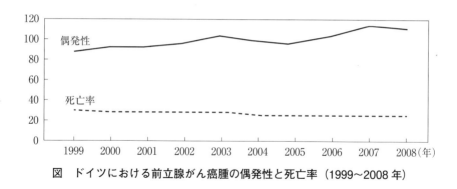

図　ドイツにおける前立腺がん癌腫の偶発性と死亡率（1999〜2008年）

病保険の被保険者は前立腺がん癌腫を早期発見する要求をした。それを予定している年々の後腸装備（デジタル直腸検査）は検査者の経験に依存する限定的な検査方法である。大きな期待が前立腺特異抗原（PSA）に置かれ、前立腺がん癌腫の早期発見のための方法として1980年度後半から用いられている（*Krankenhaus-Report*, 2013, S. 246）。

　病院が医療法人としてまた企業の一事業として成立が認められる今日、市民社会を構成している住民を対象にする医療は、もっぱら一方的に治療に専念するだけでは済まされない存在である。社会を構成する市民は主権を有し、医療・治療に対する正当な権利を持つべきではないか。また、公共的、公益外の病院の経営現象から、住民の扶養需要を満たす目的から利潤極大化ではなく、生存予防および人間性の原理が経営的諸活動の中心に存立する。

　わが国では市民の保健衛生・医療制度は厚生労働省によって指導され、病院・医師による住民の医療は具体的な診療・診察の枠組みは地方自治体の細かい指示によって実施される。

　ドイツでは医師の処置、治療には患者の安心・安全の給付が付加的資格に適合する品質保証を伴う。

　医学教育において取得した知識は、その修得が免許によって証明され、専門的見地から今日、もはや医師の活動から十分ではない。細分化されまた包括している知識の基礎は医師の能力に一層の教育規則を必要となさしめた。一層の教育法に特別の章を与える諸州の議会や治癒職業法に基づき、州医師

会はそれゆえ一層の教育規則を発令する（本書166頁以降）。

　医学の扶養の複合性を考慮して矛盾なく、治療の受け入れと実施は医師のもつ技術に従って提供された医師の処置の誠実な遂行（模範職業規則）を、間違いのない医師の職業行使の原則、治療原則を追求している。自己の能力が任務の解決に十分でないときには他の医師が適時に招かれる。新たな治療が加われば、新たな治療の品質が必然的に伴う原則となる。

　医療の仕方・治療の処置・方法などは規則で細かく分けられ、給付の諸分野にわたって広がっている（個人化した疾病マネージメント）、異専門間にまたがる専門に優れる扶養（糖尿病、うつ病など慢性的患者など疾病マネージメント）は、扶養提供者の増加するネットワーク化を背景に、リスク構造調整によって給付支出を有効なものにしてきた。さらに水平・垂直にまた幾重にも包括的・関連的に細かく規定され、個人が安心して治療に専念できるようになっている。複合給付の記述との関連で、このような給付を提供する病院にとって病院処置の成果に対するその影響が負担に応えうる立証を得るため、ドイツ医学的証明および情報研究所（DIMDI）に提案される。

　医療の品質を高めることに指導の任務が注がれる。品質マネージメントを他に優越する概念として、品質安全、品質改善、マネージメント志向、組織論の要素を統制ではなく品質の操縦によって、改善における継続的な品質に向ける。十分に備えて実務内容に役立ち、科学的に信頼の置けるシステムを現実的に達成する扶養改善の実務を設立する（品質改善戦略）。

　医師による扶養の中で増加する複合性や要求の特徴の中で、継続教育・一層の教育に導かれる資格要求から生じる安心・安全のマネージメントは、わが国では見出されない。医師は手術実行のマネージャーであり、グループ成員の目標実現の指導者でもある。

　中でもマネージャーとしてのオペ企画では、一般的に個々の手術による諸科へのオペ計画作成の核専門家としての能力は必須とされているべきだろう（手術論理学、オペ企画）。また麻酔科医は担当する手術に対応する範囲において、一層の教育頻度数、性質および期間に基づいて相応の保証をしなければならない。

個人レベルでの、医師としての患者に対する包括的受託認識が希薄なわが国では、医師の潜在能力に期待を寄せる、患者の安心・安全への思いを医師に伝える心情が遮断されてしまっている。

　被保険者にとって、かかりつけでないほかの多くの医師を何人も受診することは、何倍かの視点で高価に支払われる過剰扶養と思われる。かかりつけの家庭医の交代は重要な理由がなければ許されない。

　統合の視点は、給付産出者間の取り決めのため、"給付諸分野を越えて広がる"そして"異専門間にまたがる専門に優れる"扶養を意味する（SGB V 140a条）。

　統合化扶養に関して分野を包括する特殊なリスクあるいは罹病をもつ患者グループに向けられる疾病マネージメント、またその個人版として特殊な患者（重要患者、障害者、高齢者）の効果的な扶養の促進に目標を置いているケースマネージメントが、たびたびの入院の治療、何度も失敗した外科手術、費用のかかる治療法のような、個人的かつ特定の患者を調整する（図Ⅱ-2-5）。

　医師による産出の要求（共同連邦委員会）と、入院や外来の分野の品質保証に関する統合によるいくつかの分野（図Ⅱ-1-2）に優越する割り当てが行われる。品質保証の管轄も諸分野を広く超える処置が増加し、これまで品質保証は構造やプロセス品質に制限されていたが、それと共に成果品質の保証への道が開かれる（品質保証の"道具"、本書187頁）。

　さらにドイツ医師の行動・態度には、いっそう重い任務がある。

　医師は指導のコントローリング（統制より広く指標の操縦）をしながら、また疾病や死のテーマと、永久に交わりつつ、著しい時間の圧迫の中で振る舞いながら、専門間の相互関係の下で心理学的影響に晒されながら行動しなければならない。

　医師はマネージャーとして、また次の段階で適切な指導者を配慮するための人事指導を必要とするため、組織の幹部（チェンジ・マネージャー）候補でもある。自分の地位のもとに、すべての情報への原則的道筋をもち、彼の指導者の後援者（人事指導）として理解されることによって組織目標が達成されるのである。

これら数々の医療サービスには、医師による専門的技能と、医師のマネージャーとしての任務がある。病院における医師の医療給付は、看護職員や医療・技術的職員の援助行為によるばかりか、他の医療の職業グループの協力によって医療の品質に大いに影響する。

　それにもかかわらず、グループの職務担当者は高度な科学的知識に基づく豊富な経験と技術によって、それぞれの任務を誠実に実行する責任者でもある。また、グループリーダーである医師は、高度の目的に向けてグループメンバーの職務を尊重しつつ、能力を最大に発揮させるためのマネージャーでもある。医師はさらに自身の患者の病状により高度な医学的専門的知識を基に先端的技能を用いて、患者の生命の安心・安全への期待に応える医療の真価を発揮するのである。

　患者からの生命と、託される信認を通して医療の透明性と潜在能力を高めることが医師の任務であり、その任務の遂行には社会的、共同的および生態学上の問題と同時に人間的給付形成に向けられた理念を通じて医療に当たる。

　文章の整理や修正については、筆者のテーマに対する理解力の甘さや全体の構成そのものについての不透明さから、校正を担当した御堂真志氏に大変お手数を掛けました。筆者自身が不明であった諸問題について、買い込んだ数多くの本の中から手さぐりによって見つけ出し、付け合わせをする。本書を創ってみて、これがドイツの多くの著書に負うたものであり、御堂真志氏の援助がなければ、とつくづく感じられます。なお、社長の森口恵美子氏には大変ご苦労をおかけいたしました。

目　　次

はじめに　i

Ⅰ部　医学者のためのマネージメント

1章　病院と新しいマネージメント …………………………… 3
1. 病　　　院　3
2. 病院マネージメントの新しい要因　4
3. 医師のためのマネージメント　5
   1) 病院における医学者としての経営経済学　5　　2) マネージメントとの関わり　8

2章　医師マネージメントの対象基底 …………………………… 11
1. 医療制度のバックグラウンド　11
   1) 概説　11　　2) 基礎的規定　13　　3) 管轄　14　　4) 給付提供者の義務　16　　5) 品質競争　19　　6) 品質マネージメント　20
2. マーケティングに向けられる企業経営としてのマーケティング　34
   1) 概念的制約　34　　2) マーケティング概念の意義の変化　35　　3) マーケティング戦略を企業病院に設立　39　　4) マーケティング目標とマーケティング戦略　42　　5) マーケティング手段　46　　6) 病院マーケティングのための法的な枠組み条件　51
3. 病院マネージャーとしての医師　54
   1) 概説　54　　2) 経営経済―MBAの学習―医師としてのマネージメントの要件　55　　3) コミュニケーション!!　57　　4) 戦略的展望　59
4. 医師のマネージャーとしての意識　61
   1) 発展　61　　2) 今日的挑戦　62　　3) 医師のマネージャーとしての評価　62　　4) マネージャーとしての医師―今日的挑戦　64　　5) 今日的需要状況　65
5. 病院操縦のための診療所マネージャーの情報　66
   1) 原則的着手の熟慮　66　　2) 現代の病院コントローラーの典型的特性　68　　3) 病院操縦のための情報　69　　4) 現代の診療所マネージャー　74　　5) 締めくくり―徹底した人事指導なしには全くダメ!　75

6．指　導　者　76
      1）概説　76　　2）模範と発動機としての指導者　80

3章　病院における外来の手術―すべてあるいはまったくダメ？― ……… 83
    1．病院の治療　83
      1）概説　83　　2）狭義の病院治療　83
    2．保険制度における発展　89
      1）入院による扶養の構造　89　　2）入院給付の権利行使　91　　3）入院による扶養の費用と資金調達　94　　4）見通し　96　　5）新なる外来手術の展開　97
    3．法 的 基 礎　98
    4．外来の手術の利点と欠点　103
    5．病院における外来の手術の投入　104
    6．立 体 的 組 織　106
    7．経 過 組 織　107
    8．人 事 組 織　108
    9．結　　　論　109

4章　手術と手続きの鍵（OPS） …………………………………………… 111
    1．概　　　説　111
      1）DIMDIへの展開　113　　2）実務におけるDRG　115　　3）DIMDIの内容　119
    2．医学的データの交換―IHE構想　121
      1）開始　121　　2）IHE―手術で回復可能性のある要求を解決する新種の手がかり　122　　3）異なる専門分野におけるIHE　125　　4）結論　128

5章　外科における品質マネージメントと教育・訓練 ………………… 129
    1．品質マネージメントの概念　129
      1）ガイドライン　133　　2）チェックリストとM&M会議　134
      3）患者の状況に依存しない助言サービス　135　　4）失敗者のより良いコミュニケーション化　135　　5）あなた自身　136
    2．外科医の教育・訓練　136

1）自己の一層教育への構造化　136　　2）手術の方法を習得する　142

6章　医師の自己マネージメント……………………………………………151
　1．患者訓練　152
　2．患者ガイドライン　155
　3．患者契約　156
　4．遵守観察　157
　5．回想システム　157
　6．精神社会的支援　158

Ⅱ部　給付マネージメント

1章　医師実務と医師ネットにおける給付マネージメント…………163
　1．法的そして構造的な枠組み条件　163
　　1）医師職業のための入り口　165　　2）さらなる、職業法的に規制された資格（"一層教育"）　167　　3）職業法に認定される医師の協力および組織形態　168　　4）一医師席の制度にさらなる要求　171
　2．実地の転換　172
　　1）指摘な疾病保障の負担で調達される給付に関するマネージメント　172　　2）法的な疾病保険の負担で産出される給付のマネージメント　175　　3）特別の要求と構成選択　184　　4）外来によるGKV扶養における品質マネージメント　198

2章　総合化扶養における給付マネージメント………………………203
　1．法的および構造的枠組み条件　203
　　1）統合化扶養の概念規定　203　　2）ドイツにおける統合化扶養の発展　207
　2．実務的変換　212
　　1）SGB V 140a条～140d条に従う統合化扶養のための契約　214
　　2）疾病マネージメント　221　　3）ケースマネージメント　224
　　4）医療扶養センター　226　　5）家庭医中心の扶養　227

Ⅲ部　手術と薬理の倫理学

1章　OP（手術）論理学 ……………………………………………… 231
 1.　プロセス論理学　231
  1）構築組織　231　　2）経過組織　236　　3）報告制度　248　　4）指導とコミュニケーション　252
 2.　資材の論理学　253
  1）薬剤　253　　2）一度生産物　254　　3）再活用できる生産品　258

2章　薬事の倫理学 ……………………………………………………… 263
 1.　薬剤による扶養の目標　263
 2.　薬剤調達と保存の観点　264
  1）製薬の購入　264　　2）薬局における備蓄　265
 3.　伝統的な薬剤扶養　266
  1）EDV に支えられた商品経済システム　266　　2）伝統的委員会の手続き　268　　3）自動的な委託人手続き　268
 4.　薬剤にとっての変化扶養　269
  1）目標　269　　2）適用　270　　3）EDV 技術的諸前提　270
 5.　患者に関係する薬剤扶養　271
  1）目標　271　　2）単位の服用量投薬法プロセス　272　　3）EDV 技術的諸前提　273　　4）自動的な棚システム　273

補論　高齢患者のための給付の展開 ……………………………………… 275
 概　　略　275
  1）入門指導　275　　2）方法論　276　　3）成果　279　　4）論議　288　　5）見通し　291

参　考　文　献　293
あ　と　が　き　295

I部

医学者のためのマネージメント

1章

病院と新しいマネージメント

1. 病　　　院

　社会法（SGB V 107条1項参照）の定義に従うと、病院とは病気の治療あるいは出生の扶助に役立つ施設、常駐の医師による管理のもと、科学的に認められた方法で治療に相応の診断と治療の可能性を判断し、看護職員や医療・技術的職員の援助行為によって患者の病気を診断、治療し、その悪化を防ぎ、病気の苦痛を和らげたり、出生の援助を行う施設のことである。

　緊急病院とリハビリテーション診療所は区別される。緊急病院は、入院施設が医師の絶え間ない管理のもとで緊急救命のため、または緊急状態救命（病気あるいは事故）で患者の扶養や出生援助のために存在する。しばしば手術室また集中的な援助の可能性が存在することも緊急病院の指標とみなされる。

　リハビリテーションと予防の施設は一般的慣用語（一般専門分化）において病院あるいは診療所（リハビリテーション病院、レファー診療所、予防病院あるいは診療所）と呼ばれるが、緊急の保健衛生障害ないしは不慮の傷害による患者の医学的看護はできない。このようなリハビリテーション診療所は、数年前から、リハビリテーションのネガティブなイメージ概念を回避するため、専門診療所と呼ばれるようになっている。

　それに対する限定は、ひとつの専門分野あるいは特定の処置に専門化された専門病院である。これは緊急病院として理解されるが、緊急医療全体の選択の幅は、たとえそれが特別領域において緊急扶養に任せられているとはいえ、提供していない。

2. 病院マネージメントの新しい要因

　変化した枠組みや諸条件は、適応と変化を要求した。急速に成長する様々な分野、特に医療ではない領域に集中する多くの経済分野から効率性と品質は標準コンセプトとされた。それらには著しい価値があり、それによって大きな進歩が可能だった。第２の変化の波の中では、医学自体が問題である。病院、その構造および指導職員が経済的マネージメントを構築し、そして適用するように卓越した医療マネージメントをすることのみが、存在と生存に貢献するだろう。

　病院のマネージメントはいかにして未来志向であるべきか？

　将来的に力強い病院は保健衛生的扶養のため（ばかりでないが、しかし特に）非常に重要である。なぜなら最上の目標は、保証された品質の高い価値の患者扶養を保障することであるに相違ないからである。この関連で病院の特別の意味は法的疾病保険支出のおよそ３分の１がそれに関与していることに現れている。その立場としての価値は、病院が主として重い病気を治療し、また特別に複雑な疾病を持つ患者が話しかけることができるパートナーであることにある。

　病院のマネージメントの本質は、外部（市場に向けられる）、内部（企業内部）への未来志向である。市場に向けられる志向は、関係者が融合、協力して水平的に広い分野の境界を乗り越え、プロセスチェーンに沿ってより密接になる。企業内部への志向では構造、プロセスおよび将来病院が乗り切らねばならない課題が吟味される。関係平面には潜在力の評価のような戦略的および合理的問題と並んで、このような融合プロセスの重要性がある。内部のコミュニケーション並びに患者や協働者オリエンテーションがよい例である。本質的であるのは、医師の役割（どんな医師であろうとも、彼は管理者的に活動するに違いない）およびマネージメントの変化である。大きく変わっていく環境諸条件をもとに、新しい戦略が解決のために生まれる。こうしてこれまで存在しなかったような医師不足に問題が現れる。保健衛生制度における様々に

異なる段階での多様な発展に従って、市場パートナーの関係が変わり、保険法的問題はより重要になり、そしてロジスティックスや体系マネージメントの視点は（戦略的に）高く位置づけられる。

　病院のさらなる戦略は患者と病院協働者に関して、人口統計的展開を示す。増える高齢者とともに医療的扶養の需要は量的に、そして質的に高まる。患者の60％以上が50歳以上である。この年齢の割合はますます強まるので、患者の数は増加する。そして同時に、連邦統計局が報告したように、2030年まで医療や看護の需要も高まる。協働者も同時に高齢になるが、彼らとの給付能力の維持による満足は、病院の未来のための本質的な要因である（拙著『ドイツ病院のマネージメント』八千代出版）。

3. 医師のためのマネージメント

1）病院における医学者としての経営経済学

一般的見解として、
- 多くの（病院）医学者は、商売上の業務の知識や嗜好によって、指導の側面に当たる、その経営経済的な基礎あるいは知識に関する観念をほとんど持っていない。
- 経営経済的な基礎なしには診療所における協働的な仕事はますます小さくなるという洞察、またテーマの関心は今再び手もとにある。これはとりわけ目下ブームになっている医学者のための追加課程を示している。
- 古典的な経営経済学（BWL）の書物、短編書も、関心ある医学者にほとんど救いにはならない。というのはたいていそれらはあまりに少ない特殊部門に支えられ、またいくらかの細目知識を含んでおり、そのまま診療所経営に投影されないからである。かくてそれらは多くの問題の解答にはならないと感じられ、医学者にとって現実に重要である内容に優先順位をつける何らの意味ももたらさない。
- 書物は医学者にとって本質的な基礎を読みうる。またできるだけ実務に近く仲介し、診療所において活動する医師を狙うべきである。もちろん

目標グループは他の医療の職業グループや医療専門の学生でもある。両者の職業分野、医療的および経営経済的な相違は皮肉にも意識的に取り上げられまたテーマ化される。

・開業している医学者はここではまず、われわれの経験では"個別企業者"として、しばしば必要な基礎知識を自由に用立てることができる。そして経営経済的な視点からは、実務における経過は病院におけるよりわずかしか入り組んでいない。

・その時々のテーマの扱い方は、診療所からの具体的な事情に基づいて作り上げられる。例えば投資計算は、医療上の大がかりな購入に基づいて模写され、生産の基本的特徴とプロセス最適化はOP（手術）システムに基づいて解き明かされ、また他の部門との比較が行われる。

実際の入門指導

　経営経済学の書物は、初心者、補習、訓練、マネージャーのため、またいずれの職業グループにも、またいつでも存在する。しかしこれまでにないものは、病院における医学者が経済的な思考について容易に読めて、そしてその重要な基礎となる書物である。

　そしてそれはなぜないのか？　保健衛生経済学については多くの本がある。しかしそれらは、たいてい保健衛生経済学の活動領域について扱っているが、医学者に経済的な知識を基礎から詳しく提供するようにはできていない。人は医学者として自明にあらゆる種類の経営経済学の書物を代替的に手に取る。しかしつねに添え味に、その内容がそもそも日常に必要であるかあるいはそれが、近いうちに気分転換のため一度産業企業を引き受けることをもくろんだときにもっぱら読むに値する程度にとどまる。

　そもそも人はなぜ医学者として、経営経済学についての一冊の本を読もうとするのか？　人は医学者として一体、古典的な任務分担を自慢しまた宣伝することをさらにやってのける。"私は医師として治したい、そして費用には関心がない"？　いや、われわれはそれを本当だと思わない。わずかの資金のときに、どの治療がいくらかかるのか（すなわち、治療が同じでよいなら特にそのとき！）、それは一様ではない。そして古典的な論議"それでも患者の治

療を費用によって制限され得ない"。例えば、どの境界かまた境界によって年金生活者はさらに坐骨部内移植をしてもらうべきか、といった通常の議論によって、われわれは絞り込むことができる。というのはわれわれの目ではむしろ2つの重要なテーゼが中心に立っているからである。

- 第1テーゼ：病院で勤務する人は現在の状態と比較して効率的にそして費用節約的に働く（患者が悪い治療をされることなしに）。その一例がよりよい時間の組立てである。それは患者にとっても待ち時間が短縮され、またそれによって治療の質がさらに高くなりうる。患者が遠く離れて活動する際、節約される時間は有意義に利用される。すなわち患者に与えられて当然のことである。
- 第2テーゼ：いつも企業者、自由業者や医師もまた自分のポケットに入れる仕事をするところでは、経過（あるいは経営経済的なプロセス）はたいてい、たとえ病院の担い手の医師が、ある診療所の経済的基盤を自由に用立てられても、よりよく機能する。逆に高まる効率によって個々の患者の費用は低下する。一診療所のすべての協働者は全体の家の繁栄に参加しているなら、これまでしばしば遭遇される思考は"領主が支配する国"（わたしのOP、私の病棟、私のベッド）においておそらくまれにしか特徴がはっきりしないだろう。また費用は察するところ少なくとも同じ品質の場合よりも低下するだろう。

さらなる重要な点は管理・業務指導および一病院内部の医学の間のこれまでの古典的分離である。医師たちによって折に触れて非難が挙げられた。それによれば営業上の側面では医学的な職業の問題や利害はまったく興味を引かない。費用やプロセスは現実を顧慮することなく製図版に起草された。それゆえ、非医学部学生に医学を理解できるようにすることは確かに意義もある。もし営業上の業務指導者が、自動車生産はなぜ病院と異なるのか理解しようとするなら、人は彼にそれを説明しまた根拠のしっかりした理由を挙げなければならない。それに対する確かな自己イニシアティブはもちろん付加的に宣伝されうる。そして「いったいそれは病院において現実にそんなに異なるのか？ 各々部門はそれ自体特殊ではないのか？ ほかの側面でまた同時

にわれわれの本に対して、あなたやお医者さんは、いったい戦場を戦いなしに一掃できるのか？ あなたに営業上の管理について理論的にありとあらゆる話をして聞かせることにあなたは立腹しないか？」(Pappenhoff Schwitz, *BWL für Mediziner im Krankenhaus*, Springer, 2009).

2) マネージメントとの関わり

　経営経済学（Töpfer）によれば、マネージメントを機能として理解し、ついで分業組織の操縦に必要な、企画、組織、統制そして協働者指導のようなプロセスおよび諸機能が扱われる。

　そしてまた筆者が取り上げた著作物では一貫してマネージメント思考によって論理的に整理されている。マネージメントという概念はその利用によって、人事経済的要素の構成とプロセスの観点ならびに協働者に対する行動操縦の観点が関連される。人事マネージメントは人事制度、人事管理の基礎に支援を受けながら人間資源を最大限に活用して、企業における目標達成とイノベーションにとっての協働者の決定的能力とみなされる。それゆえ、マネージメントの担い手は戦略支援のため、それが活動する選考、教育、開発に価値創造センターとして貢献する。

　人事管理の対象はすべての、人事とも呼ばれる企業において携えられる人間である。主体とその対象との関係や、その関係のあり方を対象関係と呼ぶなら、主体とは、自我や自己であり、その対象は、人だけでなく、物をも含み、あらゆるものが対象になる。また、その関係についても、生理的適応の関係から、知的認識の関係まで様々な関係を含む。したがって対象には一人の人そのものを対象とする全体対象、手や足など、対象の一部、一面を指す部分対象、現実の対象、幻想上の対象など様々な場合がある。

　重要なのは自我と、自我が依存や愛着を示す対象との間の情緒的発達の関係である。その中でも個人が成長する関係で協働者の集合との関係が考察される意味の対象関係がその中心となっている（欲求を満たす）。介護を必要とする人と接して現実に現れる介護の状況（介護の診断）に適した処置（介護の治療）をとることが重要である。

マネージメントの領域は、すべての協働者、上部マネージメントを除いた企業の担い手に関する構成任務を、相応する管理の課題を含めて人事経済的課題のもとで理解されるすべてを包含する。それゆえ、それはマネージメントプロセスの活動的統合的な一部であると共に、それぞれが職務にふさわしい責任の遂行を諸要素として組み立てられる組織に結集させて達成するシステムが組成される。マネージメントの対象要因には病院の外部にある様々な影響に答えながら内部の構成諸要因に人、器械、薬剤、施設に可能な展開に必要な対応が試みられる病院指導の必然性がある。

2章

医師マネージメントの対象基底

1. 医療制度のバックグラウンド

1）概　　説

　診断に関連するグループ（DRGs）の採用は、費用抑制に関わる効率・ケアの価値の分野から、まず専門領域の資金形成として理解され、それは実際に滞在期間の短縮と同時に効率を高める病院部門に影響を与えた。しかしその主要部門は透明さの増加の内にあった。統合扶養と疾病マネージメントの採用は、病気にとって部門の境界の格差をなくすことを目的とし、品質、費用および効率の扶養形態（例えばSGB V 73b条等による家庭医を中心にした扶養）において、選択による契約を結ぶための可能性によってはじめて、包括的な、もはや部門に組織されていない住民全体の扶養のための責任を受け入れるという選択が開かれた。

　この背景を前に、発展の第3段階において立法者の品質安全とマネージメントへの諸活動についての明白な高揚を認めることが理解される（図Ⅰ-2-1参照）。

　今日的な DRGs の理解として、それは一つの患者分類システムを表す。この分類によって個別の入院による治療ケースは、一定の基準に基づき症例グループにまとめられる（特に、国際的に用いられている診断の鍵—ICD-10〔疾病および関連保健問題の国際統計分類〕がキー化されなければならない主要診断を、患者の年齢、事情による合併症ないし副次診断、軽減理由等に基づいて下す）。目標はその際かかるケースを、特に治療費ないし出費に関してできるだけ同類である症例グループにまとめることである。世界に及ぶ良い50の指定されたDRGシ

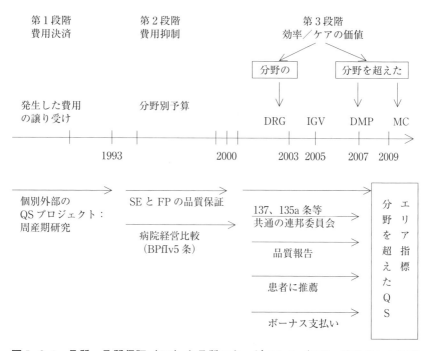

図Ⅰ-2-1　品質、品質保証（QS）と品質マネージメント（IGV＝統合された扶養、DMP＝疾患マネージメント、DRG＝診断に関連するグループ、SE＝特別報酬、MC＝管理医学、FP＝症例一括概算の額）に関した3段階における保健衛生システムの発展と相応の展開

ステムの多くは、ぎりぎりの500と1000の様々なグループの間で使用される。ドイツのG-DRGシステムはバージョン2010に全体で1200DRGsを含む。治療のケースをあるDRGグループに分類するためにいわゆるグルーパーが用いられる。このグルーパーは"病院における報酬システム研究所"によって吟味され証明される。

　治療ケースをあるDRGグループに分類することからユーロでの価格（一括概算額）が決定され、さらに給付にとって肝心の更に控除規則や評価関係が要求される。

　それは、DRGグループに一定のDRGウエイトが組み入れられることを意味する。平均的なDRGケースの価格による評価が、困難度1.0によって

示される一つの基礎症例価値の協定あるいは規定を経て、次いで病院と疾病保険金庫との間でそのつどDRGの控除のため一つの価格（一括概算額）に達する。

続いて品質に対する規則、社会法（SGB）Vの法律的基礎について簡単な概要が与えられる。

2）基礎的規定

SGB Vの第1章　一般的規定　2条"給付"のもとで品質の概念、有効性および経済性が導入される。

"給付の品質および有効性は医学的認識の一般的立場に相応して医学的進歩を顧慮しなければならない" 2条（1）3

"健康保険組合、給付提供者および被保険者は給付が有効にそして経済的に産出され、また必要な範囲においてのみ必要とされることを注意しなければならない"（4）

第2章　共通規定　12条"経済性要請"において"概念的性"は精確に示され、また3つの区分は"十分に、合目的にそして経済的に"基礎づけられ、それはSGB Vにおける品質のための規定の全体にとっての基礎を表す。

"給付は十分に、合目的にそして経済的であらねばならない。それらは必要な程度を越えてはいけない。必要でないあるいは経済的でない給付を被保険者は必要とされ得ない。給付提供者は生じさせてはいけない。また健康保険組合は承認してはいけない" 12条（1）

第4章　"健康保険組合の給付提供者に対する関係"において第1章　一般的原則のもとで70条"品質、人道および経済性"において専門用語を再度取り上げ、そして"医学的認識の一般に認められる状態"に関して定められる。

"健康保険組合および給付提供者は需要に即した、また釣り合いのとれた、医学的な認識の一般的に認められる状態にふさわしい被保険者の扶

養を保証されなければならない。被保険者の扶養は十分かつ合目的でなければならない必要の程度を越えてはいけない。また専門的に提供され、その品質は経済的に産出されねばならない" SGB V 70 条（1）

3）管　　轄

競争強化法（WSG）によって、2008 年 7 月 1 日に SGB V 91 条に基づいて共同連邦委員会（G-BA）に品質テーマについての権能が委託された。G-BA は連邦保健省の監督のもとでの自己管理のための一機関である。

"共同連邦委員会の議決委員会は政党支持を持たない 1 人の議長、2 人のさらに広い政党支持を持たない成員、健康保険医連邦協会およびドイツ病院組合によって共同で 3 人任命され、そして疾病保険金庫の首脳連合によって 3 人任命された成員から成立する" SGB V 91 条（2）1

G-BA の手続き規定において、その議決は多数決によってとられ、そして"薬品扶養および品質安全"のためたいてい部門包括的に把握される（91 条（7）1）ことが定められる。92 条"共同連邦委員会の方針"において G-BA に保健衛生制度の広い領域について、特に品質安全の問題についても方針の権限があてがわれる。

"G-BA は医療上の扶養の安全のために要求される方針を十分な、合目的なそして経済的な被保険者の扶養にとっての保証について締結する。（…）G-BA はその際給付の調達や処方を薬品あるいは処置を含めて、もし診断上あるいは治療上の利益の医療的認識の一般的に認められた状態に従って、医療上の必要性あるいは経済性が証明されないか、ならびにもし特にある薬品が非合目的に、あるいは他の経済的な治療可能性が、比較しうる診断上あるいは治療上の利益によって意のままになるようなら制限し除外しうる"

G-BAが特に方針を決めるのは、
 1. 医学上の治療（…）
 5. 新しい診察および治療方法の採用
 6. 薬、包帯、治療や補助手段、病院治療、家庭の患者介護および社会治療法（…）
 9. 必要企画（…）
 13. 品質保障
 14. 専門化した外来の一時的に痛みを抑える扶養（…）。

137b条によれば、G-BAは規則による間隔をおいて、ドイツにおける品質保障の立場についての報告を作成し、そして行動必要を指定しなければならない。

共同連邦委員会は品質についてのその権限に置いて2つの制度によって支えられる。139a条に基づく保健衛生制度における品質と経済性研究所（IQWiG）、および137a条に従った独立の研究所の2つである。IQWiGは特に知識評価、ガイドラインの評価、利益評価（薬品の場合は費用－利益－評価も）ならびに患者報告の領域における課題をもつ。

> "研究所は法律上の健康保険の枠組みにおいてもたらされる給付の品質や経済性にとっての原則的な意義の問題に特に次の領域で活動する。
> 1. 選り抜きの疾病の場合、診断上および治療上の処置に今日的な医療上の知識状態の調査、叙述および評価。
> 2. 法律上の健康保険の枠組みにおいてもたらされる給付の品質や経済性の問題に、老齢性および生活状況等の特殊な特異性を考慮して科学的な推敲、鑑定および表明された意見の作成。
> 3. 伝染病学的に最も重要な疾病に関する明白に基礎づけられたガイドラインの評価。
> 4. 疾病マネージメントプログラムに対する推薦の発表。
> 5. 薬品の利益や費用の評価。
> 6. 保健衛生扶養における品質や効率のため、ならびに著しい伝染病

学的意義によって疾病の診断や治療のため、すべての女性市民や市民にとって理解できる一般的報知の提供"SGB V 139a 条（3）

WSG において立法者はさらに連邦営業所品質保全（BQS）の継承のための規定を発令した。それは 2001 年にもともと GKV 最高協会とドイツ病院組合との"評議会契約"を基礎に連邦医師会とドイツ介護協議会の参加のもとで設立されたものである。この"専門的に独立した協会"は G-BA に委託される。

最初に SGB V において指標の概念が利用される。

137a 条"（2）制度は特別に委託される、
1. 扶養品質の測定や叙述のためにすべての扶養領域においてできるだけ分野包括的に決められた指標と用具を示すよう、
2. 制度包括的な品質保障にとっての必要な書類を資料節約の提供を配慮して示すよう、
3. 制度包括的な品質保障の実施に関与しまた必要な限り、2. に従う広い制度に加える、ならびに
4. 制度によって適切な仕方でまた女性市民や市民にとって理解できる形で品質保障対策の成果を公表する"

4）給付提供者の義務

SGB V の第 4 章の 9 節において"給付提供の品質の保障"の表題のもとに給付提供者は新しい扶養形式を含めて関係する規定がまとめられる。品質のテーマにとっての"品質保障のための 135a 条"は次の通りである。

"（1）給付提供者は彼らによって提供される給付の品質の保障と一層の発展に義務を負わされる。給付は科学的認識のそのつどの状態に相応し、また専門的に提供される品質において調達されなければならない。
（2）契約医、医学的扶養センター、許可された病院、扶養給付あるいは

リハビリ処置の提供者および、それによって111a条に従って扶養契約が成立する制度は137条および137d条の条件に従って義務づけられる。
1. 特に、成果の品質を改善する目標のためにもっている品質保障の制度包括的な処置に関与すること、および
2. 制度内部で品質マネージメントを採用しそして一層発展すること。
契約医、医学的扶養センターおよび許可された病院は、137a条（1）、また137a条（2）2.に従ってその任務の使用にとって必要な資料を用立てなければならない"

保険医協会の役割に取り込み（SGB V 136条）、それは"契約医の扶養の品質の促進のための対策を実施"しなければならない（136条（1））。そして"契約医の扶養においてもたらされる給付の品質を典拠医の給付を含めて個々の場合において抽出検査によって検査"しなければならない、"例外の場合完全調査もゆるされる"（同条（2））。

135a条に基づき当然に、137条に"品質保全のための方針と決定"（2008年7月1日以来有効）のタイトルのもとに、法的な規定における決定的な機能が与えられている。

"(1) 共同連邦委員会は、契約医の扶養と許可された病院にとって92条（1）2 13に従って方針により特に以下のことを決定する。
135a条（2）、115b条（1）（3）と116b条（4）4と5に従って137a条（2）1と2の結果を顧慮しつつ、品質保障の義務に基づく処置ならびに原則的な制度内部の品質マネージメントへの要求および指標関連の必要性、および実施された診断上と治療上の給付、特に費用のかかる医療技術の品質と給付に関する基準、その際の構造、プロセスおよび成果品質への最小限の要求も確立される。
必要な限り彼は、必要な実施規定および一貫性、特にその品質保全に対する義務を守らない給付提供者に対する処分打撃の原則を発する。
(2)（1）に従う方針は、給付提供の品質が部門関連的な規則によって

のみ測定され、保証されるにせよ、部門包括的に発布される。3と4における規則はあくまでも抵触しない"

　(1)は135a条を越えて外来者の手術に対する規定で、外来による病院で給付される高度に専門化した給付は116b条に従い、また137a条に従う"自立による制度"の成果に引き合いに出される。(2)は非常に今日的に部門包括的な品質保全の概観の必要性を指摘する。237条においてG-BAはさらに医師（3、1）の継続教育義務、最低数（2）、第二の見解（3）および品質報告についての決定を病院領域にとって義務づけられる。品質報告のための規定は内容の公開のための義務を含んでいる。
　規定の137条（3）4は上述の公開システムの箇所ですでに説明した。
　最小の量は覚せい剤や特効薬をめぐるあらゆる論議にもかかわらず法律に定められた品質指標の特殊なケースを叙述する。

　"(2)病院資金法の17条および17b条に従う計画による給付のカタログの場合、特別の程度での治療成果の品質は産出される給付の大きさに、ならびに医師あるいは病院および例外事情ごとのその時々の給付にとっての最低量に依存する（…）"137条（3）2

これを病院許可および病院企画のための規則によって補う。

　"(4) 2条、もし（1）2.に従って必要な最小量が計画による給付の場合達成されない見込みならば、相応の給付は産出されないだろう。3条、病院企画にとって権限ある州当局は（1）2.に従うカタログからの給付を規定することができ、(2)の使用が住民の満遍なく行き渡る扶養の安全を危険にさらすかもしれないその場合、彼らは病院の委託でこの給付の場合2.の不使用について決定する" SGB V 137条（3）4.と3.

　品質保障に対する責任は135a条に挙げられた制度および、137条（1）に

挙げられた給付産出の形態（外来による手術、高く専門化した給付）を越えて次の扶養形態がある。
- 137f（2）条に従った構造化した治療プログラムにとっても（疾病マネージメント）（139f 条と 139g 条）
- 140b 条（3）に従った統合化扶養契約のため（140a 条以下）
- 73b 条（2）4. に従った家庭医提供の扶養に対する契約のため（その同じ個所に）
- 73c 条（4）に従った特別の外来による医師の扶養の契約のため（その同じ個所に）
- 122 条 2. に従った実習病院での治療のため（規則が病院資金調達改革法 2009 に挿入される；115 条（2）1. を参照）

5）品質競争

品質競争者のテーマは、品質解説（本書 25 頁）において内容に取り組まれている。最初に SGB V 137 条に従い品質報告のための法律的規定が取り扱われる（品質解説の項目を見よ）。それを基に最初に病院のオープンな比較が可能になる。

"入院による扶養の透明性と品質向上の目的のため、保険医協会並びに疾病保険金庫およびその連合体、契約医や被保険者は 4 番に従う品質報告を基に病院の品質について比較しながら報告しまた推奨を述べる"
SGB V 137 条 3 項 6 節

2008 年の介護一層発展法において 136 条 "保険医協会による品質の促進" において履行のための支払いプログラム（Pay-for-Performance-Programme）の基礎が収められた。その一方で契約医の給付関連的特別手当が可能となる。

"（4）契約医の扶養の品質促進のため、疾病保険金庫協会は個別の疾病保険金庫とともに（…）、2009 年 1 月 1 日から全体契約による協定を締

結することができる。その中で一定の給付にとって統一的に構造をもたらされ、また電子で記録された特別の給付、構造あるいは品質特徴が定められ、その履行の場合、そのつど契約に参加する医師は、報酬に特別手当を受け取る。1節に従う契約において87条2項1節に従って協定された点数の支払い分は、そのつど契約に参加した疾病保険金庫および契約に参加しない専門医グループの医師によってもたらされる契約によって把握される給付のために協定される。それによって1節に従う多数給付は参加した疾病金庫によって調整される" SGB V 136条4項

歯科医による扶養のための規定に歯の詰め物や歯の補充によって137条4項に従って2年の保証義務が取り上げられた。この規定は患者の側で保険によってボーナス支払いの可能性によって支持される。

"疾病保険金庫は、63条、73条b、73条c、137条fあるいは140条aに従う特別の扶養形式に加わる被保険者にとって料金が提供される規定において調整しなければならない。この被保険者にとって疾病保険金庫は割増支払あるいは追加割引が予定しうる" SGB V 53条3項

6）品質マネージメント
a. 概　　念

品質マネージメント（QM）は、調達される給付の品質を改善することを対象にするマネージメントの方法を記述するものである。ドイツにおいては品質安全の概念が歴史的に長く使われている。それは国際的および科学的にむしろ品質の解説や記述の意味において利用されている。品質マネージメントは成程品質の記述に基礎を置くが、概念の核において操縦が関係しているので、今や品質マネージメントをほかに優越する概念として利用することが慣例となっている。

原理的な品質改善戦略〈改善における継続的な品質〉は次の4段階が定められている。

・社会的な平面
・制度にわたっての決定的な平面
・制度的な平面
・個人的な平面

"品質マネージメント"の概念は主として制度的な平面にとって利用される。ゆえに本来的な意義においてもマネージメント方法として理解されるが、内部制度的な要素─例えばベンチマーキング[1]として─また個人的および組織的な学習の手がかりとしてもともに取り入れる。システム平面は、もしそれが品質の測定やコミュニケーションを促進しあるいは阻害する（例えば品質競争）枠組み条件の影響を扱い、またもし制度的なプログラムの影響（例えば標識）が全体扶養の品質に記述されるなら考察される。地域的な比較は次いで、もしマネージドケアないし個体群に関係したプログラムについて地域的に異なる責任性が存在するならば、そのときに重要である。

もし的確にそして扱いやすい定義を求めるなら、品質マネージメントは短く"品質の操縦"と規定される。DIN ISO 基準は品質マネージメントを"品質に関する組織の指導や管理のための互いに合わされた諸活動"といわれる（DIN 2005、Nr. 3.2.8）。相応の注釈はさらに、"品質に関して管理と指導は通例品質政策や品質目標を定める、品質規格、品質指導、品質安全および品質改善"である。

それゆえに、指導任務が扱われる（"Leiten"）。定義された目標（"品質目標"）が入用でありそして組織内部で"互いに合わされた"処置の仕方が扱われなければならないことが明白に強調される。最後に、個々の部分領域あるいは個々の職業グループにおいて、孤立して品質マネージメントを採用することは意味がないことが理解される。言語におよそわかりやすい形において品質マネージメントは干渉技術として理解される。それはすべての経営平面の包括的な努力に基礎を置き、プロセスの分析に基づいて経過や成果の改善を目標のためにもちそしてこの改善を評価する。この定義は、ある分析を連結する評価〈あるプロジェクトグループ労働とプロセス分析〉と共に基礎にする処置をより多く記述する。用いられているのはまたプラン−ドゥ−チ

ェック-アクト-サイクル（PDCA サイクル）であり、それは KTQ®（透明さと品質のための協働）の処置において利用されるように、それは現在状態の調査について品質改善プロセスを企画する連続の段階は、その整合を当為観念と改善対策の転換とともに包括する。

　DIN ISO 規準およびこの基準に基礎を置いている命名法は、諸概念の仕掛け花火を突きつける。それらはまったく詳細にそしてよく考えられて互いに組み立てられて品質マネージメントの個々の要素を表している。

・品質政策（ビジョンと指導形成）
・品質企画（品質目標と資源供与を定めること）
・品質目標（達成されたものがそれで測定されるパラメータ）
・品質指導（あるコントローリングの意味における）
・品質安全（説明）
・品質改善（継続的な）

　この諸定義を基礎に、品質コントロールの概念は追い越される。というのは、コントロールはただ生産—あるいはサービスプロセスの点に"継続的な品質改善"と組織の浸透および品質管理—手がかりの指導責任と一致されないからだ。オットーカーンは彼の"OK"をフォード自動車で組立ての終わりにやっと記述した。

　歴史的にいまだそれほど経っていない頃（QM が孤立して理解されたとき）に、"全体品質マネージメント"（TQM）の概念が、QM 概念の包括的な意義を指摘するために用いられた。一般的理解において、それはもはや重要ではない。というのは品質マネージメントは TQM 手がかりなしには理解されないし実行もされないからだ。ゆえに DIN 基準において、次の領域を含む"哲学"が設定される。

・顧客志向
・指導
・協働者を取り入れること
・プロセス志向の手がかり
・システム志向のマネージメント手がかり

・絶え間のない改善
・意思決定の基礎としての分析（事情関連の手がかり）
・相互の利益に対する供給者関係

　それゆえに全体品質管理はDIN基準において分離された言及をもはや見ない。というのはすべての要素はすでに品質マネージメントの理解において存在しているからだ。

　この代わりに品質マネージメントは結局、組織論的コンセプトなしに理解されないことが明らかになる。前面においてその際わずかに遂行志向のライン構造が、それ自体は分業が保証されるが、責任の領域の境界のため、そして管轄エゴのために広く延びて、全体組織の給付に向けられる品質理解のためにわずかの刺激を提供する。産業部門の分野組織もその遠心性の力のため、また部門の最適化のため全体組織の目標への競争においてわずかしか役に立っていない。典型的に、部門的に組織される病院ではQMシステムは個別部門において示され、しかし各々の品質思考が各部門間に広く延びている場合には、"接点"関連のプロセスや成果に関する現象は、当時のドイツにおいてしばしば観察される。

　期待させる品質マネージメント・コンセプトの結果は、それに対して特に組織の統合行為を強調し、そしてそれと保健衛生制度の現在の構造における主要なマネージメント問題が関係する。これはまず第一にネットワーク化したマトリックスに似た構造をもとに、それらが例えばプロセス志向の中枢（保健衛生制度における変換）によって表現されるよう起こりうる。近年このような中枢（胸部中心等）の品質マネージメント・イニシアティブについて強力な成長を与え、これは証明書提供に結び合わされ、しばしば批判が起こった。もし人はそれを組織論的熟慮の背景を前に熟考するなら、このような処置の方法はまったく正しい方向に示される付加的に——このようなコンセプトにすっぽり包まれて——行動的な品質マネージメントに対しては、部門平面では何ら発言されないだろう。

　同様に品質マネージメントの用具（扶養を競争の用具として）が判断される。品質マネージメント委員会はもっぱら、個別部門の証明書を出すことに余韻

を残すことに使われるなら、それからはほとんど進歩する影響は出ないであろう。もし品質マネージメント委員会が開始され、横断問題についての同意を創り出し、事業管理に相応するプロジェクト計画を提案する権限を与えられるなら、品質マネージメントのプロセスに方向を与えられ、広く延びる能力は最適に利用される。同様の背景的な効果は、学際的なそしてマルチな専門家にとられたガイドライン会議、あるいは"臨床上の方法会議"から期待される。

本質的な観点に集中する中で、品質マネージメントは4つの構造を決定する要素から構成概念として理解することができる。

・品質安全

・品質改善

・マネージメントに方向づける

・組織を学ぶこと

広く延びる指導やマネージメントに方向づける中で、組織を学ぶことのコンセプトにおいて現代の組織コンセプトへ組織マネージメントを方向づけることは、何よりも、組織の安全性ではなく、自ら常に変化する環境との交換を対象とするシステム論的流派の中で明らかになる。

それは、まさに割れて粉々になる一つの組織から、マネージメント近くの範囲において引き止めが差し出されなければならないことを指摘される。それは確かに重要でなくまた、もし品質マネージメント、患者安全ないしリスクマネージメント、医学コントローリング、資料作成などが分離されたときに、事情によってさらに相対して競争するスタッフ単位で組み立てられるならば、統合的に構想を持つ組織コンセプトと一致し得ない。この領域において正に最適な透明性や協力が各々の時点で保証されなければならない。

組織論と並んで品質マネージメントにとってさらに方法的に重要な隣接テーマや規律が顧慮される。

・患者安全とリスクマネージメント

・コントローリングと医療コントローリング

・臨床的疫学

・明らかに基礎づけられた医学

・扶養調査

　患者安全やリスクマネージメントのテーマの場合、"隣接テーマ"概念はもちろん的確ではない。それは品質マネージメントの統合的要素である。というのは例えば患者安全のテーマ性は品質の問題と密接に結びつき、扶養の委託、個人・患者、チーム諸要素、任務、技術、作業環境および品質が相互の関係にあるという保健衛生政策的論議が起こるからだ。コントローリングや医療コントローリングは、単純に対象について適切な境界がつけられる。なぜならここでは経営経済的資源が問題であり、品質が第一ではないからだ。その際医療コントローリングには重なり合うことが存在している。そして実務において、境界に至らないことを顧慮しなければならない。臨床的疫学は一面で品質マネージメントのための基礎前提を形成する。というのはそれは数えることや測ることを教えるから、同時にそれは品質マネージメントにおいて重要な補足を見出す。なぜなら"住民を基礎にした研究は一般の住民かあるいは制度的患者"かについてどこに問題があるか、何が問題なのかは明らかではない。明白に基礎づけられた医療は、品質マネージメントにおいて知識を基礎にして（例えばガイドライン作成にとって）、および組織の学習にとってのコンセプトとして大きな役割をもつ。同時に多くのQM処置はEbM（科学的証拠に基づく医療）に基礎づけられていない。扶養の研究は品質の研究にとっての屋根を形成する。重要なテーマの一つとしてここで患者選考の評価が挙げられる。

b. 品質解説

　品質マネージメントの構成要素として、品質・安全の概念はその品質を記述する職能の高揚のもとにすでに言及した。品質の記述あるいは測定ないしは改善のサークルは、その開始も処置の有効性も評価されない。測定には、それはできるだけ具体的な関係において確認された指標〈指数〉が利用され、そしてその測定は信頼して行われることになる。

　品質保証は、次の要素を含む品質解説手続きに属している。

・品質保証

・品質報告
・自己評価手続き
・証明書の手続き

　品質解説は"品質について透明さの証明に向けられる品質マネージメントの一部"として理解される。品質解説手続きはドイツにおいて一つの重要な領域を表し—品質のマネージメントとはいくらか異なる—制度的枠組みばかりか、制度比較においてもまたシステム平面に利用される。マネージメント志向は品質解説手続きの場合、それほど前面に立たない。その意味がこの手続きをより多くベンチマーキングプロジェクトにおいて、治療の変形を匿名にした表現において（例えば連邦書記課品質保証〔BQS〕報告）、および給付提供者が匿名にせずに互いに比較される公開開示との関連でもっている。

　DIN ISO 基準によれば品質保証は、"品質要求が満たされることへの信頼を生むことに向けられる品質マネージメントの一部"として定義される（DIN 2005、Nr. 3.2.11）。"品質保証"の概念は品質の要求と共にまったく中心にあり、それゆえ品質問題は周知され、また品質目標が規定されなければならない。指標の場合、規則的に報告領域が規定されなければならない。本来の核において改善のサークルは共に含められない。このデータは内部の品質マネージメントのため出発点として、品質資料を高めるそれぞれの制度において利用し、勧められなければならない。

　ドイツにおいて歴史的に最も長く存在する品質保証の手続きは、すでに1970 年代にまずミュンヘンにおいて、次に連邦で実施された周産期[2]調査で、それはその結果において扶養の地域化について、新生児の特に高められるリスク（周産期中心）に関してシステム平面での品質改善プロセスに導いた。周産期調査は BQS 手続き的に統合され、今日実施された機関ないし疾病に関連する品質保証のプログラムの数はほとんど一目では見渡すことができない。これは保健衛生扶養の改善のための著しい貢献や扶養の高い水準の保存のためとみられる。この発展は公共—開示—議論によって刺激されるばかりでなく、しばしば、個々の場合において資料比較の匿名の廃止に導く専門家の改善プロセスの成果でもある。

競争強化法（WSG、2007年2月2日採択）の規則に従って、将来品質保証の重点は明確に専門領域を超えた品質保証に導かれる（SGB V 137条2節）。これは重要な一歩である。なぜなら、不評を買っている滞在期間を背景に、処置の成果がすでに入院による治療の間で意味を増すことがますますまれになるからである。ドイツにおいてこれはいわゆるヘリオスコンツェルンQSRプロジェクト（日常的資料を通じての品質保証）によって、学術地区疾病保険金庫協会（WIdO）と一緒に変換された。

　品質報告は保健衛生現代化法（GMG）で2003年11月14日以降許可された病院に関しては、2年ごとに（開始は2005年）この品質報告を作成し、また社会に関わりやすいものにしなければならない。品質報告はシステマティックに作成される報告として規定される。そしてそれは関心が引かれる社会に、規則的な時間の間隔において代表的なそして有効な資料を提供されるサービス給付の品質のために自由に用立てられる。古いDIN定義において品質報告は"品質規格、品質管理および品質検査にとって必要、あるいは有用である生産物関連の品質記録の一覧表"として名づけられる（DIN 55350-11／1995）。最初の定義は、資料の有効性への要求と特に受取人（世間の人々）を共に含み、それらに情報が理解できる形で親しみやすくなることを目的としてさらに進められていった。

　近年において、品質報告を別々の文書として理解するのではなく、リスクマネージメント報告と一緒に、事業報告の構成要素として公にする病院や診療所チェーンの努力がある。統合的なマネージメント理解の意味においてこの進め方は有意義である。

　競争強化法（WSG）137条3節I項4番による品質報告への法的要求は広範囲である。それは次の領域に関係する。

・G-BAによってSGB V 92条の方針により専門化した、契約医、病院、医療扶助センターならびに予防やリハビリ制度、さらに115b条による移動手術、および166b条による病院を通して、高度に専門化した移動扶助の制度に関する品質保証のためのSGB V 135a条に従って義務づけられる対策

・同様に G-BA によって SGB V 92 条の方針によって、SGB V 135a 条による制度内の品質マネージメントへの専門化した原則的要求
・適応に関連した必然性にとっての規準および構造、プロセスおよび結果品質への最小要求を含めて実施される診断に基づいた治療上の給付の品質
・G-BA によって定められた医師や心療内科医の一層の教育義務の実現
・病院融資法 17 条および 17b 条による最低量規制の転換
・病院の給付の種類と数
・インターネットにおける品質報告の公示

また、品質報告の結果は比較しつつ述べられる。

"入院による扶養の透明さと品質を向上する目的のため、保険医協会並びに疾病保険金庫およびその連合体は、契約医および被保険者を品質報告を基に 4 番に従い、また病院の品質特徴について比較しながら、報知しまた助言を述べる"（137 条 3 項 4 番 6 節）

具体的な変換は G-BA の規則的に今日的なものにする決定の中で決められる。2007 年の品質報告にとって 2006 年 10 月 17 日の公表が最後となる（2009 年の品質報告にとっての要求は、存在する帳簿の印刷後に公表される）。

品質報告は以下の 4 部分からなる。

A　病院の構造と給付資料
B　組織単位ないし専門部門に関する構造と給付資料
C　品質保証
D　品質マネージメント

病院の構造と給付資料は、組織構造、症例やベッド数ならびに専門部門に波及する扶養の要点を包括する。部門単位で症例数と並んで ICD および手術や手順のキー（OPS）による統計に従う主要診断統計は、器械による職員の装備を引き出す。部分 C は次いで本来の目標に仕える。BQS 資料の作成にとって、資料作成の割合、選択された指標（表 I-2-1）の結果、さらなる

表 I-2-1　2007 年品質報告の中で各病院において公表されなければならない選択指標

(2007 年現在)

［給付領域］	［指標の表示］
欠けている胆囊の張力	・肝臓外の胆汁うっ滞の場合手術前の診断・組織学の所見の調整・再介入[1]率
出産の手助け	・緊急帝王切開の場合、E-E 時間[2] ・早期出産の場合、小児科専門医の立会い ・出生前のコルチコイド治療
婦人科医の手術	・子宮摘出術の場合、抗生物質予防・子宮摘出術の場合、血栓症予防
ペースメーカー	・除脈[3]の心臓リズム障害の場合、ガイドラインに等しく適応位置 ・除脈の心臓リズム障害の場合、ガイドラインに等しくシステム選択 ・除脈の心臓リズム障害の場合、ガイドラインに等しく適応位置とシステムの選択 ・手術時の合併症
腰のアロプラスト[4]応急移植	・アロプラスト脱臼 ・手術後の創傷感染 ・合併症のための再介入
頸動脈の復元	・無症候の頸動脈狭窄症の場合の適応 ・症候性の頸動脈狭窄症の場合の適応 ・手術時の卒中あるいは補給する頸動脈スコア I 後の死のリスク調節
膝関節高の人工的代替応急移植	・手術後の創傷感染・合併症のための再介入
冠状血管の造影法と経皮の冠状血管の介入（PCI）	・冠状血管の造影法のための虚血徴候への適応 ・PCI のための適応 ・PCI の場合の本質的な介入目標の達成
冠状血管の外科、隔離した乳房外科	・致死率 ・手術後のレントゲン ・ホルモン受容器[5]の分析 ・安全の隔たりの申し立て

注1) 介入とは何らかの影響を及ぼしたり、あるいは病的過程を変えることを意図する行動や援助をいう。
2) E-E 時間、E＝Effektivität（女子協働者および男子協働者のチーム労働および彼らを取り入れることによって効果の著しい持続的な問題解決）、E＝Effizienz（より少ない全体費用に対して集中して、整然とした行動のより短い作業時間）。
3) 除脈とは心拍数が緩徐であること。便宜上、毎分 50 以下の場合をいう。
4) 組織を構築したり、再建したり、増大させるのに使われる不活性の材料。
5) 受容器：①細胞表面あるいは細胞質内部でホルモン、抗原、神経伝達物質などの特定の因子と結合する構造蛋白分子、②皮膚、深部組織、内臓、特殊感覚器にある種々の感応神経末端のどれもがこれに当たる（C. Sherrington の用語による）。

品質保証対策を州単位で行い、疾病マネージメントプログラムにおいて最小量協定の変換についての資料の情報が挙げられる。部分Dは品質マネージメントの叙述にとって、品質政策から出発して制度内部のQMの構築を越えてQMプロジェクトの選択までの範囲がある。

"品質領域の意義は大きい"というのは、匿名でない資料を公共開示手がかりの形で自由に使えることは、以前はドイツにおいて普及しておらず、またこの情報を他人に渡すことを含めて勧めることは許されなかった。インターネットの発展により、この資料が役立ち、比較されるようになり、その基礎によって患者は情報を得ることができるようになった。多くの都市や地方において、地方紙はこのテーマに関する診断および専門関係のランキングリストを公表した。やがて、品質報告の受取人としての患者が、品質報告における申立てを理解し、その意思決定のために利用するには、難しさのあることが明らかになった。その理由は、一面、言葉の理解不足にあったし、他面、患者にとっての重要な問題が述べられていないことにあった。

自己評価や証明書手続きはしばしば、明らかに互いに分離されたコンセプトをもとに叙述されるとはいえ、一緒に考察されるものである。自己評価は、例えばヨーロッパ品質マネージメント財団（EFQM）の手続き、あるいは病院の透明さや品質のための協力（KTQ®）の第1部（透明さや品質のための協力の手続き）のどんな構成要素であるか、のように自分の制度の分析や記述のプロセスである。DIN基準は自己評価を"品質マネージメントあるいはエクセレントモデルに関連される組織の活動や成果の包括的な評価"として定義する（DIN 2005, Nr. 2.8.4）。続いて双方の手続きにおいて、エクセレント賞をたたえ、あるいは証明書発行の承認に通じうる監査が実施される（KTQ®）。

証明書発行は第三者によって実施され、基準との一致が吟味される同調手続きである。

> "第三の職位がそれに従って書面で、生産物、プロセスあるいはサービスが決められた要求と一致していることを確認する手続き"（DIN 1995, Nr. 45020）

証明書発行はそれゆえ、そうせざるを得ないのではなく改善サークルを含んでいる（図 I -2-2）。したがって証明書発行には、危険がないわけではない。というのは同調の静的に"処理する"とは、組織に対して、それが機能しない品質マネージメントにすべて包まれるとき、肯定的に影響を及ぼすからである。境界がつけられるのは、手続きの検査のための認可に関係する（その他証明書を発行することも）信用状の概念である。

　"特定の給付を提供してもよいという、そのために権限が与えられた、この制度の法的空間にとって、拘束される、またそれを無視しての定義をする認可を結果として招く制度にとって、一組織と個人の形式的な権限の承認である"。

　例えば、一定の手続きの後に証明書を与えてもよいとする制度は、この手続きを取る以前に信用状が発行されなければならない。これに相違したライセンスは当局の許可あるいは、義務のある活動を実行する認可として定義しなければならない（例えば自動車運転免許証）。

　自己評価および証明書発行手続きは特に保健衛生制度において近年非常に数が増えた。その体系化においてそれは次のように配分される。

　・規準となる、技術的な伝統において成立する手続き：DIN EN ISO
　・指標を基礎にした手続き：KTQ®、proCum Cert、QMK、MHA-QI、合同協議会、外来手続き

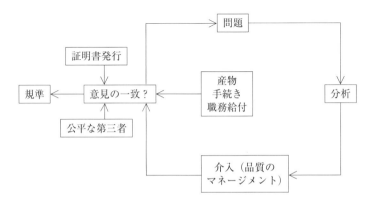

図 I -2-2　同調証明としての証明書発行

＊マネージメント志向の手続き：EFQM

　DIN EN ISO 手続きについては、品質マネージメントの定義以下（本書22頁）においてすでに取り上げた。技術的伝統に由来して、それは2、3年前にはまだ職務給付領域とは何ら関連はなかったが、しばらくの間に調整されることになった。しかしそれはプロセスを重視し、成果をわずかしか取り入れることができない。その意義の中心にあるのは指標を基礎にした手続きである。それは指数を利用するため、実務と大きな関連があるからだ。透明性と品質のための協力の手続き（KTQ®）は、自己管理に関してドイツ保健衛生システムの多数のパートナーによって展開され（とりわけ従業員疾病保険金庫、ドイツ病院組合、看護協議会および連邦医師会において）、継続してさらに展開し、その間に外来の領域にとっての一つの見解も出されている。しかし宗派の病院の領域から基準を補足した類似の proCum Cert [3] に従う手続きがある。アメリカからの手続きもドイツにおいて多く行われている。例えば品質指標プロジェクトは、もともとメリーランド病院協会（MHA-CI）に由来するが、最も進歩した手続きの一つといわなければならない。特にドイツが重点的に考慮する一連のテーマでは、患者の安全に関する合同協議会の手続きが増している。

　最近の外来の領域においては、すべてが保険医連邦協会の"実践における品質や発展"（QEP）のように、指標を基礎にした多くのシステムの競争する発展により、保険医協会ウエストファーレン‐リッペの"KV実践QM"および"ノルトラインにおけるQM"手続きないしノルトライン、すでに言及した外来のKTQ®および"ヨーロッパ実践監察"（EPA）に関する挿し木の枝を持つにいたった。古典的なマネージメントに向けられたシステムは、ヨーロッパ品質マネージメント財団（EFQM）の自己評価手続きであり、それは広くプロセス品質を越えている。500点から最大で1000点に達する成果品質に応じ、そのもとで150点が業務成果の意味において、200点が顧客満足に、また90点が協働者満足に、60点が社会的責任に応じている。ほかの達成しうる点の半分は指導、資源、協働者に向けられ、政策ないし戦略およびプロセスのごとき手段を与える諸機能に関係している。

重要な問題は、一つの組織にとっていずれの証明書発行や自己評価システムの要請が与えられた状況において問題となるかである。様々なシステムの要請が非常に異なっていることは確実だ。人は3つの段階に関係している（図Ⅰ-2-3）。それは、品質マネージメントの採用と統合への一つのモデルに向けられている。
　第1段階：プロジェクト段階
　第2段階：構造的変換の段階
　第3段階：完全に統合されるQMシステム
　①プロジェクト段階（第1段階）において、個々のQMプロジェクトが実施される。底上げがまだ指導の正確な申請なしに、それは肯定的な体験がなされ、指導が品質マネージメントを議論し、品質政策を形成することを開始する。この段階において証明書発行が工夫を凝らして指定される。証明書発行の結果治療の必要が転換されるため、品質マネージメントの手がかりが何ら存在しない危険性はあまりに大きい。たいていこの段階において証明書発行にとっての出費が、もしそれでもあえて行われるなら、プロジェクト関連のQM労働に積極的な協働者が向きを変え、様々な科や職業グループへの改善のシグナルが何も起こらない結果となる。

第1段階：プロジェクト段階
・個々のプロジェクトの底上げ
・肯定的体験
・指導を議論し、そして戦略を形成する
第2段階：構造的変換
・進行組織の構造
・給付産出の構造
・QM委員会
・指導は品質政策を形成する
・管理平面：品質資料への目標対話
第3段階：QMシステム
・品質資料の日常的向上とフィードバック
・自己評価と証明書発行
・CQIプロセスにおける新しいプロジェクトの一般化

図Ⅰ-2-3　証明書発行対策（CQI＝継続品質改善、QM＝品質マネージメント）の利用のための基礎として品質マネージメントを作成・実行する段階

②構造的変換の段階（第2段階）において、指導は一つの品質政策を形成し、また品質資料（例えばBQS記録集）を第2の指導面（医長）と共に指導対話に統合する。それはQM労働にとっての構造をつくる。このようにQM委員会は種々のイニシアティブを調整し、首脳部にプロジェクトの成果について報告し、そこでプロジェクトを実施するために提案する。進行組織上の問題にとってQM委員会の調整する下部グループに、給付産出にとっての調整段階（例えば基準会議）と同じように取りつけることは意味がある。特にこの第2段階において、指標を基礎にした証明書発行システムによって作業することは意味がある。というのはこれはデータに追われたフィードバックプロセスを支えるからである。マネージメント志向のシステム（EFQM）がここで意味を多く取り入れられるかどうかは、指導者の予備知識および戦略に決定的に依存する。

③完全に推定されるQMシステム（第3段階）の場合、品質資料（ならびに資金調達の資料）に関して持続的な向上とフィードバックが正常であり、そして継続的に実施される。品質マネージメントのプロセスにおいて、連続して新しいQMプロジェクトが創り出され、証明書発行あるいは自己評価は存在する資料によって、大きな追加出費なしに克服される。

2. マーケティングに向けられる企業経営としてのマーケティング

1）概念的制約

ドイツの挑戦は、さらに"マーケティング"および"マーケティングマネージメント"の概念を、市場を志向する企業指導に意識的に規定させる。ニーシュラーグ等（1991）は、マーケティングについて、一方で企業のすべての諸活動は顧客のニーズとつじつまを合わせるという、消費者志向の企業哲学の構成要素と呼び、他方ではマーケティングを処置ないし技術、市場のそれらの助けで目指すものに影響を与えるとみなす。結局それらはマーケティングを、手段投入の企画のための多数の経験的および分析的な手続きの意義

における方法とみる。

　このマーケティングの定義は、公共ないし公益の分野にとってのみふさわしい。というのは、それらには営利経済的な企業観点が基礎にあるからである。さらに市場の関連は狭く規定され、公共の経営にとって消費者市場ばかりでなく、"公共、国家および政策"も重要である。それに対して公共の経営のマーケティング構想の展開にとっては、好意のやり取りをテーマにするマーケティングの定義がふさわしい。かくてコトラーやブリエメルは、"個人やグループが成果や他の実態に価値を生み、提供し、相互に交換しながら、彼らのニーズや願いを満たす経済や社会構成におけるプロセス"として、マーケティングを定義する。マーケティングはこの概念規定に従って交換関係を形成する。マーケティングマネージメントは、この交換プロセスの形成を狙いとする指導の活動を包含する。

　多数の異なるマーケティング概念の定義や内容は、そのつど科学的な面談によって特徴づけられる。

2）マーケティング概念の意義の変化

　続いて、マーケティング概念の歴史的発展における簡単な展望を試みる。これは利益マーケティングを病院マーケティングに委譲することから明らかになる、チャンスや問題の背景の前にみられるものである。その際この一覧は完備性あるいは年代順の厳密性の要求をなんら高めることはない。ここではむしろ、一面ではマーケティング構想の病院分野への委譲にとって必然的にもまた適切にも思われ、また他面では可能なマーケティング手段の後の分析のために、本質的意味がある視点のみ取り上げる。

　歴史的に本源的な見解において、マーケティングは一企業の出力面を表す。それは売れ行き経済のドイツ的概念に一致する。後にマーケティングの拡大が売れ行きコンセプトから包括的に、すべての経営的機能領域を含める指導コンセプトに開催される。多分、包括的な拡大をマーケティング概念が広い制度に委任することを通して、マーケティングの一般的コンセプトの形式に出会った。このコンセプトに従ってマーケティングはマネージメント機能ば

かりでなく、個々の人間そしてグループ間の交換関係を分析しなければならない課題も解釈される。

　マーケティングは販売市場から購買市場への変化の状態の中で、もっぱら一つの課題として他の課題と並んで考察されるのではなく、マーケティングは今日の企業ないし指導哲学の一部として解釈される。この場合マーケティングは、設定された企業の目標を達成するために、すべての経営的諸活動を徹底的に現在もしくは将来の市場の要求に調整する。

　市場当然のマーケティングから、市場に志向された企業指導としてのマーケティングへの変化によって、"指導コンセプト"として、あるいは"戦略的マーケティング"としても文献において言い換えられる内容的概念変化が遂行された。同時に文献においてマーケティングの特徴は、指導コンセプトとして次の3つの課題の複合体に統合される見解が主張された。

・市場関連的課題
・企業関連的課題
・社会関連的課題

　市場のグローバル化によって呼び起こされた競争先鋭化、多くの市場に対する高い飽和水準や消費者側の高まる要求は、結局消費や投資財産業の領域における特殊なマーケティング戦略の展開を導いた。

　消費財マーケティングの目標は、消費財や日用品のマーケティング化である。消費財は最終消費者によって購入される。しかし配分は取引をしながら行われるので、消費財マーケティングは、購買者に向けられたマーケティング（大量マーケティング）および取引に特殊化したマーケティング（取引のマーケティング）の2つの特有な形態によって体験される。

　これに対して投資財マーケティングは、たいてい産業の引き取り手のための再度投入要素についてのマーケティング化に取り組む。その際、原料の財貨多様性、例えばバッテリー付や単純な機械、複雑な設備にまで及ぶ。

　第三次の分野は多数の異種のサービスによって特徴づけられる。またサービスは純粋のサービスとしても産出しながら、生業において成果を伴いサービスの形においても同様にもたらされるので、サービス概念の一義的なまた

完全な限界は可能ではない。

人間の能力はあるサービスの作成をするときに勝っている限り、個人的以外では自動化したサービスにする。さらにサービスは対象の変化あるいは人間の変化に関連する。また、次のサービスについての形態が区別される。

・需要対象関連
・双方の個人的関連
・双方の対象関連
・提供者対象関連

ある病院の中核サービスを表す医学的扶養および看護的世話は上に挙げたシステム化に従って双方の個人関連的なサービスとして特徴づけられる。

1970年代の半ば以来、増加する産業国家における第三次分野の意義を基に、消費や投資財マーケティングと並んでサービスマーケティングが創業した。特にサービス分野に調整されたマーケティングの成立の要因は、サービスについて整えることが2、3の特質に定められていることに認められる。それゆえ、消費や投資財産業において発展したマーケティング戦略は、直ちにサービス領域に転用される。

社会的および生態学上の環境の領域における否定的作用に関係する商業ベースで調整されるマーケティングで増加する批判は、最近では商業ベースでない領域でもマーケティングを進化ないしは拡大に導いた。その際この関連においてはとりわけ人間マーケティングおよび社会マーケティングが議論される。人間マーケティングは、この場合商業ベースでのマーケティングの進化として認められる。というのは、それは社会的、共同的および生態学上の問題と同時に人間的な給付形成を利潤に向けられた領域において要求するからである。人間マーケティングはそれによって、商業上から商業上でないマーケティングへの移り変わりを表す。なぜならそれは生業経済的な企業によって開業されるが、もっぱら間接に生業経済的目標を追求するからである。

社会マーケティングはこれに対して本源的に商業的に調整されたマーケティングの拡大といわれている。というのは、それはもっぱら商業的でない領域に関係するからである。この場合2つの特徴の形態に特別の意味がある。

・社会マーケティングは社会的および社交的な問題の解決に向けられる。というのは、それは一定の社会的政策的な観念と行動様式を目標に受け入れ影響を与えそして操縦しようとするからである。例えば、反喫煙キャンペーンは保健衛生政策的領域において挙げられる。
・他の定義において社会マーケティングは、直接あるいは間接に社会的な課題の解決に向けられる商業ベースでない組織にとってのマーケティング戦略および諸活動についての企画、組織、実施そして統制を内容とする。

社会マーケティングは、この狭い定義を基礎に商業ベースでない領域における社会的諸制度のための指導コンセプトとして考察される。この制度にとって特徴的であるのは経営活動を社会的課題の解決に調整することであり、その際、利潤極大化の原理ではなく、最上の行動原則、すなわち生存配慮および人間性の諸原理を現示する。

結局病院マーケティングは、現代的なマーケティング手がかりとして、マーケティングの伝統的な研究手がかりに統合されるべきである。

病院は一般的に施設として定義され、その中で医師または看護の給付によって病人が治療され、またその中で世話される患者が入院し介護を受ける。医師の治療、介護や司牧の世話ならびにホテルの世話の場合、サービスの定義の意味における非物質的給付が重要であるので、病院はその経営的な給付の性質に従って明白にサービス分野に分類される。

病院の諸活動は社会的課題の解決にも合わせられる。公共的および自由公益の病院の経営現象は、住民の入院や一部入院および外来の患者扶養の需要を満たす目論見をする。その際、利潤極大化ではなく、生存予防および人間性の原理が経営的諸活動の中心点に存立する。

同時に公共的、自由公益的そして私的な病院は、商業ベースではないサービス経営として社会的課題の解決に調整される。この根底から現代のマーケティング進路としての病院マーケティングは、本質的にサービスマーケティングおよび社会マーケティングによって決心される。

3) マーケティング戦略を企業病院に設立

　病院はそのマーケティングを、それが目標グループの必要を識別するときにのみ、目標グループ特殊の期待に相応してはっきりと自覚する。市場の区分の枠内において、差し当たり病院の重要な目標グループが規定される。というのは、病院はある複雑な、経済的、政治的、法的、社会文化的、技術的および生体的環境に統合されるからである。マーケティング研究の器具一式と共に、病院は次いで最も重要な目標グループにとって特殊な市場分析をし、一方で目標グループの個人的な欲求を調査し、また他方で他の病院との競争において自己のポジションを評価しうるために実施する。

　情報は企業の意思決定の本質的な基礎を示す。たいてい支える力のある意思決定は、重要な情報を用立てるそのときにのみ的中される。マーケティング情報として、目標や用具の企画にとってマーケティングにおいて重要であるすべての情報が一般に認められる。この場合、本質的に企業内部のデータは問題ではなく、特に企業の環境システムについてのデータが問題である。

　情報獲得の過程で、ドイツ語圏の文献について、特に"市場調査"や"マーケティング調査"の概念が明らかになる。市場調査（マーケットリサーチ）は、具体的な市場の目標の意識的な調査である。それは、大きさ、構造等について情報を一つの組織の販売や調達市場に関して保持しようとする。こうして市場調査は販売と調達市場調査を含む。図Ⅰ-2-4は市場とマーケティング調査間の相違を明確にする。

　マーケティング調査（マーケティングリサーチ）はもっぱら販売市場に関係し、そしてマーケティング問題の見分けと解決に役立つ情報についての系統立った取得と分析を含んでいる。それはマーケティングコンセプトをよく練って

図Ⅰ-2-4　市場とマーケティング

（出典：Haubrock, M., *Krankenhausbetriebswirtschaftslehre*, 1999）

履行し、そして統制のための基礎を提供する。その際、販売調査は、情報についての調達や解析を内部の出所（例えば会計制度）や外部の出所（例えば公式の統計）と同様に、マーケティング意思決定についての準備、実施および統制のために共に入れて取り囲む。

一方で市場調査は、すべての病院に重要な調達や販売市場の目標意識的分析を含み、他方、マーケティング調査は、病院マーケティングの枠内において重要でありうるその顧客情報の取得や分析のために調整される。

市場調査プロセスは一般的なコミュニケーションの進行に類似して、理念型に多くの相互に続く段階に細分される。しかしそれが、個々の段階を取り決められた順序で硬直的に走りすぎることは必要ではない。それらはむしろ、実務において企業や問題条件つきに修正され、ある方向の枠組みになりうる。

一つの研究プロジェクトが実施されるべきならば、差し当たり問題状態の念入りな解明が必要である。それによって、最初の歩みにおいて、問題の定義から調査目標や調査対象を他の方向に導くために、任務姿勢を具体的に述べることが必要である。

マーケティング問題の定義に従って第2の歩みにおいて情報源の決定が行われる。ここで企業に情報修得のいくつかの方法が自由に用立てられる。その選択は必要なデータの範囲によって、自由に用立てられまた今日的意義ならびにデータの求められる信頼性および正確さによって規定される。市場調査の目的にとって自己の調査が実施されあるいは、すでに他の目的のために作成された素材が源泉として利用されるかによって、初期調査と二次調査とに区別される。両者の方法は実務において挿入される（図I-2-5）。

各々の意思決定の担い手は、たいてい情報の蓄えを自由に用立てる。この場合例えば自己の知識や経験、通知や報告、自己の家からの日々の事業書類、一般的な統計あ

図I-2-5　二次調査と初期調査間の作業経過における関連

（出典：Haubrock, M.）

るいは従来の初期調査が扱われる。すでに存在するデータ素材から情報についてのこのような習得は初期調査ないしは二次調査（デスクリサーチ）を表す。この場合、自らあるいは第三者によって、類似の、あるいはまったく異なる目的によりすでに収集されたデータが還元される。このデータ素材は次いで問題設定の特殊な視点により研究に算入される。二次調査は多様な観点において利益になる。こうして二次情報はたいてい初期調査資料より値ごろであり、また通常の場合これより早く入手できる。この代わりに、改造された良い内部の報告や情報制度が、マネージメントのためにどんな意義にあずかるかが明らかになる。

　二次調査の援助で手に入れた情報は、しかし多くの場合ただ時事性と重要な意思決定にとってわずかに不利な点も持つ。ゆえにこの方法はしばしば、経営の意思決定問題解決のために必要であるすべての必要な情報を調達するために十分ではない。この場合の情報はオリジナルな資料の調査によって、すなわち初期調査によって手に入れられるに違いない。

　初期調査（フィールドリサーチ）においては情報成果は第三者には受け入れられず、自己の問いただし、あるいは観察することによってオリジナル資料を突き止める。資料手続き期としてその際、基礎的に観察と問い合わせが現れる。しばしば同じように実験にも言及される。

　ある初期調査のために意思決定が行われると、市場調査プロセスの第3段階において、選択手続きや調査手続きを決める市場調査デザインの設計が行われる。

　選択手続きとして、調査される対象の確定に必要である様々な先行様式が指摘される。例えば初期調査が事実の場合、いずれの人事領域が尋ねられるか、観察されるべきかという疑問に答える。意思決定は、すべての重要な調査対象が把握されるべきであり、あるいはある部分集合の観察が十分かどうかについて必要な情報に従って整える。

　資料調査の手続きとして、一方で問い合わせまた他面観察が自由に用立てられる。問い合わせは疑いなしに初期調査の枠内において最も重要であり、そして最も頻繁に投入された調査方法である。

調査に続いて手に入れたデータは、差し当たり完全性と論理的な堅牢さを吟味され、続いて調査目標に関して整えられ、そして有効に使うため評価する。データの仕上げには、例えばえり分けは開発、利用しうるアンケートならびに調査データのコード化であり、出願および再吟味はふさわしくない。

　最終の段階において習得された情報は、続いて適切な仕方においてマーケティング意思決定所有者に差し出される。これは例えば市場の調査報告の形で行われる。この場合結論が提出され、あるデータ素材から採取され、もしくは前もって規定した市場調査問題のために議論が行われる。

4）マーケティング目標とマーケティング戦略

　病院の主要目標、すなわち"必要に応じる世話"は、すべてのマネージメント段階にとって具体的な推奨行動を病院において展開しうるために、領域関連の中間および下部目標の導出によって操作化されねばならない。操作化は、目標の内容・広がりそしてそのときの中間と下部目標の時間的な関係の確定によって行われる。この仕方で病院目標システムが成立する。

　目標システムの前に陣取っているのが病院哲学と病院文化である。病院哲学は、行動原則として指導者や協働者の目標に志向された行為を決めるべき病院所有者によって確立された倫理的そして道徳的な価値表象を内容とする。病院哲学はかくて全体病院に関連したモデルを表す。そしてそこから領域に関連したモデルや一般的な指導原則（文化）が導出される。病院文化は協働者によって吸収された価値や基準表象を含む。

　マーケティングが病院指導構想として考察されるならば、それは病院哲学の本質的要素として解釈される。そしてそれによって本質的な影響力として病院文化に影響する。

　マーケティングモデルは、基礎的な主要目標ならびにマーケティングの活動重点を含む。マーケティング調査の枠組みにおいて実施した市場分析は、このグローバルなマーケティング目標の導出のための基礎である。この主要目標から再び中間および下部目標からの目標システムが導出される。

　マーケティング目標は経済上の、心理学的および手段的な特徴に従って細

分化されうる。経済上のマーケティング目標はこの場合金銭上で把握しうる市場規模に調整される。心理学的マーケティングは、これに対して例えばイメージや満足のごとき情緒の要因に関係する。手段的目標の援助で経済上、心理学上のマーケティング目標が具体化される。手段的目標は成果、価格、配分およびコミュニケーション目標に細分されそして操作的なマーケティングのために行動の枠組みに前もって定める。

　市場分析を基礎に調査した病院のマーケティング目標は、長期に調整されたマーケティング戦略によって実現されなければならない。戦略は、"具体的な活動枠組みならびに一定の企業行動の攻撃方向が決定される前もっての基準、指導要綱あるいは格律である。この仕方でそれらは、一面では目標間の中心の連結の一巻であり、そして（…）他面で操作的な処置（…）である。"マーケティング目標から導出され、そして戦略的な病院マネージメントによって決められたマーケティング戦略が、こうしてマーケティング手段の操作的な投入にとっての行動枠組みを前もって定める。マーケティング戦略はマーケティング目標と継続的な対策の連結の一環をマーケティングミックスの中で形成する。多数の可能な戦略形式を基礎に、病院にとってはもっぱら２つの重要なマーケティング戦略グループが取り扱われるべきである。

　病院の委託可能性に関して、差し当たり戦略的二者択一がベッカーによって説明される。ベッカーは個々の戦略可能性を以下としてみなす

・市場領域戦略
・市場を活発にさせる戦略
・市場区画化戦略
・市場エリア戦略
・競争に向けられた戦略（図Ⅰ-2-6）

　市場領域戦略の投入によって、いずれの成果によって一企業がいずれの市場で活動しようとするか決められるべきである。最も明白であるのは様々な成果‐市場組み合わせがこのように挙げられた成果‐市場拡大網目に基づいて描かれる（図Ⅰ-2-6）。

　この諸結合は戦略的なマーケティングおよび企業の政策の核を表す。

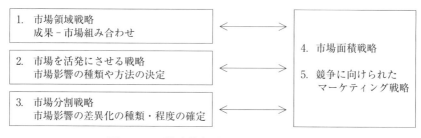

図Ⅰ-2-6　戦略結合（出典：Haubrock, M.）

　市場浸透戦略は、現在存在している諸市場で固有の成果ないしはサービスを、特にすでに現存する市場能力を、より効果的に汲みつくしうるために定着させる目標をもつ。市場発展戦略の支えによって、現在の成果にとって新しい市場が開拓ないしは開発されるべきである。成果開発あるいは革新の戦略は、現存する市場にとって新しい成果ないしはサービスを発展させる熟慮を土台にする。先鋭化した競争条件、停滞している市場あるいは納入ないしは販売基礎の確保も、一企業にとって多角化するための決め手となる基礎である。多角化戦略はかくて新しい成果や新しい市場に対する企業者の行動の調整として理解される。

　市場刺激化戦略は、いずれの種類と方法で一企業がその販売市場に影響を与えようとするかを確かめる。市場刺激化は今日、購買者市場の優越によって、その中では需要が供給より小さい。これによって強められた企業プログラムは得意先志向の調整のために必然的拘束が成立する。

　購買者市場の特徴に基づいて、いずれの種類や方法で一市場が潜在的消費者に対して異なりないしは覆いが取られるかについて、企業者の意思決定がなされなければならない。この問題提起の解決に市場区画化の戦略が関わり合う。

　市場網目の意思決定の意義は解明される市場についての意思決定の中にある。この場合国家的および国際的戦略が区別される。国家的領域戦略はある地方の、領域を越えあるいは国家的市場開拓によってはっきり見られる。グローバル化と呼ばれる枠内において、国家境界を越えて活動することが、そ

うこうするうちに絶対必要である。

競争志向のマーケティング戦略の援助で、販売市場において競争優位をその競争者に対して入手し、そしてできるだけ長期に守ることを試みる。

市場状況の分析の際、たいてい諸市場で最大の顧客部分に関して、市場占有率をめぐる際立った競争が突き止められる。ゆえに、より小さな企業は回避戦略の枠内において、その競争成果に関して満たされない、あるいはまだ完全には満たされない買い手グループに狙いを向けて、どんどん進むように試みるのである。このような処置様式はニーシェン政策といわれ、回避戦略は結局—市場部分化戦略につながる。

ベッカーと異なりメーヘルトとブルーンは次の用語を区別する
・市場分野戦略
・市場加工戦略
・競争戦略
・手段的戦略

市場分野戦略の枠内において市場部分化戦略は大きな意義がある。市場部分化によって複雑な市場は異質な需要ないし目標グループ構造によって、同質の部分体節に構造化されうる。この部分体節にとって、次いで目標に向けられたマーケティング戦略が導出されうる。

市場分野決定化の枠組みにおいて大きな意義があるのは病院にとってまた提供志向の多角化戦略である。この場合3つの多角化形式が区別される。①水平的多角化の場合、それは病院における存在する給付プログラムの拡大につながる。②垂直的多角化の枠内において、病院は前にあった、または後にあった市場で活動している。③斜め多角化の場合、病院は完全に新しい市場に向かう。

多角化とは対照的にまさに人口密集地帯において特殊化戦略は大きな意義がある。核領域への集中化によって病院はこの場合競争から際立たせる。

その中において病院が活動しようとする市場領域が確立された後、次の歩みにおいて市場加工戦略が決められる。区別されない市場加工の場合、病院は顧客の個人的な欲求を顧慮することなく標準化した病院給付を提供する。

区別された加工の枠内において、様々な顧客グループの特殊性を顧慮する。

病院制度において競争の増加を基礎に競争戦略も病院にとって基本的な意義がある。基本的な要素はこの場合、直接患者に合わせた給付志向を表す。患者志向はしかし医学的介護による領域にのみ限られるのではなく、サービスプログラムの患者に志向された形成によっても、病院は競争利益を加工される。

これまで提示したグローバル戦略は手段的戦略に関して引き出すことによってこれ以上の具体化を経験する。

手段的戦略はグローバル戦略に追従し、そしてマーケティング手段にふさわしく成果・価格の配分およびコミュニケーション戦略に従って分類される。それらはグローバル戦略の基準に知識を得ようとする。そして具体的枠組みを個々の手段の形成のために前もって定める。

5) マーケティング手段

マーケティング手段は第三者の一部分をマーケティングの鎖において形成する。マーケティング目標が具体化され、そしてそれらに建設的なマーケティング戦略が形成された後に、マーケティング手段を利用しながら目標や戦略の本来の転換に従う。マーケティング手段として一般的にその行為の二者択一が指摘され、一病院のマーケティング目標を達成するために、それによって市場で行動しまた反応される。

この場合、たいていすべてのマーケティング手段の結合された投入が必要である。この投入はマーケティングミックスと呼ばれる。

文献において様々なシステム化の手がかりが手段を特徴づけるためにある。つづいて市場形成プログラムと共に、4つの体系性が示されるべきである。

- ・成果政策
- ・契約化政策
- ・分配政策
- ・コミュニケーション政策

マーケティング政策の形成にとって中心の意義があるのは、いずれの成果

ないしは職務給付を企業が彼らの顧客に提供しようとするのかの問題である。

　成果政策はその結果、個々の作品あるいは全体の販売プログラムの形成に向けられるすべての活動を含む。

　中心となる任務領域は、新しい作品（成果革新）の開発において、ならびに恒常的な改善ないしは修正において、すでに採用した成果（成果変形）として存続する。成果政策の枠組みにおけるさらなる任務分野は成果の削除であり、その中で例えば"失敗"あるいは全体の提供プログラムも選別されうる。

　成果政策は、コミュニケーション政策と並んで確実にマーケティングの核領域を病院において表す。成果政策は、この場合二次給付の領域に２段階の給付プロセスの意味において境がつけられる。すなわち診断や治療の、そして介護の給付ならびにいわゆるホテルないしはサービス給付は企業の対象であり、これに選択給付が与えられる。成果政策の品質や目標グループにぴったり合った現実は非常に強く、一病院の協働者の、これらの給付をもたらす資格や動機づけによって規定される。ある可能性、給付プログラムを補足ないしは改善することは、協働者看護の強化において存在する。

　ますます強くなっていく競争による成果政策の最適な形成によって、公共における対応する勢力を創造することが、病院にとって重要である。ゆえに成果政策の重点は、職務給付の高い質を、医療や介護の領域および選択給付やサービス領域において、顧客の満足のために実現することであらねばならない。

　しかし原則的に、一病院の成果政策は給付の性質、広がりそして深さの確定に関して制限されることが考慮される。その理由は、特に病院企画の狭い制限の基礎に非常に長期間の成果の意思決定が必要であることの中に見られる。この事情は特に提供を新しい給付から著しく制限する。

　経営経済学において契約化政策の概念のもとで、価格政策、割戻し政策、引渡しそして支払条件および債権政策に加えられるすべてのマーケティング政策的な手段が結集される。価格の意思決定は、経営的な意思決定にとって常に著しいリスクと結合される。ゆえに価格形成プロセスは、常に競争、需

要およびコストに志向されて行われる。

　病院にとって割戻し政策、引渡しおよび支払条件そして債権政策は契約政策の構成要素としてまるで何ら意味がないのと同じである。価格政策の手段も、一般的な病院給付の領域にとって法的な価格標準化によって、同様に下位の意義がある。

　しかし価格形成は、選択給付領域において重要な役割を演じる。病院領域において診断的および治療的な給付は、それらがある流儀によってもたらされるならば、選択給付として分離して計算されるだろう。値引きの際の料金規則は医師にとって利用される。その他の選択給付にとっての価格は、それらが給付と適切な関係にあり、また少なくとも実費をカバーする限り、病院が自由に計算できる。この場合いわゆるホテルないしはサービス給付が取り扱われる。選択給付の価格形成は、病院によって常に競争状況の視点のもとで行われなければならない。その場合、いずれの価格にいずれの給付を競争者が提供するかが顧慮される。なぜなら自費は病院滞在を前に、常に問題になっている病院の選択給付の提供を、互いに比較する可能性をもっているからである。分配の意思決定は、共に企業から末端消費者まで成果の方法と連携して、生産者のすべての意思決定と行動を含む。分配政策の上位の目標設定は、販売部分や販売方法の、いわゆる分配の経路の形成である。販売の部分として、すべての個人あるいは成果の分配方法と関連して、分配の任務を認める制度とみなす。成果の販売方法は、分配の任務に参加する制度、ないし部分すべての全体から明らかになる。原則的に直接のまた間接の販売方法の間で区別される。直接の販売は、もし企業がその成果を自己の分配部分の援助によって末端消費者に販売するならば、存在する。成果が販売助手（例えば代理商や運送業者）を追い払われるや否や、間接の販売を論じる。

　病院マネージメントの分配政策を形成するための出発点は、病院の所在地である。病院のインフラ構造の状態が例えば公共的な交通手段に結びつけられたり、あるいは駐車場の可能性について決定したりする。さらに立地によって目標グループに遠ざけることが決められる。たいていの病院の場合、立地は与えられたものとみなされなければならない。ゆえに分配形成の手段は、

病院にとってむしろ下部の意義をもつ。立地によって病院の販売市場は一定の活動範囲に制限され、また分配はかくて人口数、年齢構造そして市場範囲に結合される。病院の支配的な立地結合性は、利用者のための病院給付ではなく、逆に給付用意の現場に利用者を連れて来ることを必然的にさせる。

それに対して重要な分配政策の手段性は、内部と外部の分配部分の何倍にも増す機能があり、それによって潜在的な顧客に病院の給付と連結されてもたらす。内部の分配部分に数えるものは、特に病院の協働者であり、彼らは患者と接触する。外部の分配部分は例えば指示する医師、外来の介護施設あるいは救助活動である。このグループはある著しい乗数機能を所有する。というのは、彼らは病院のイメージを持続して形作るからである。

コミュニケーション政策は、病院マーケティングの枠内において最も重要な領域を意味する。コミュニケーションは、意図、調節、期待および行動方式の操縦の情報から目的への送達を含む。さらに環境やその変化の必要が記録される。この概念的な確定においてコミュニケーション政策の意義はマーケティング構想の要素としてはっきりする。その課題はこれによって目標を持つ企業給付の積極的描写、重要な目標グループの購買態度に直接あるいは間接に影響を与える。直接の影響は、消費者が直接にいわゆる市場伝達の手段の投入により、例えば取引における試験行動によって購買に動かされることによって行われる。間接の影響の場合は、潜在的な購買者に広告キャンペーンによって成果についての知識が調達されることになるだろう。この知識はひょっとしたら後の購買のための基礎として役に立つかもしれない。

コミュニケーション目標の現実化のために、企業は多数の手段を自由に用立てる。コミュニケーション政策の手段は次の通りである。

・広告
・販売促進（セールスプロモーション）
・コーポレートアイデンティティを挿入しながら公共作業（パブリックリレーション）
・スポンサーになる
・成果配置

広告はしばしばコミュニケーション制作の基礎的な手段としても理解され、向けられた買い手の行動操縦をねらう。広告の主要課題は、企業の成果と給付にとってできるだけ高い知名度を得ると同時に、広く混乱されないイメージを構築することにある。この目標の実現化のため、広告の場合まず初めに新聞や雑誌に広告を載せ、ラジオやテレビコマーシャルが放送され、あるいはポスターやチラシが挿入される。

　販売促進の課題は、特に間接の、すなわち販売地で作用する販売援助の準備である。そ多くの場合、特にさしこまれた売れ行き援助者に向かう活動が扱われる。

　広報活動は、ある市場に向けられた企業指導の中心のコミュニケーション手段である。コミュニケーションのこの種の対象は、企業についての一般的な報知である。広報活動は、企業の積極的なイメージを構築する継続的な努力として理解されなければならない。この場合、一企業の広報活動は内部にも外部にも同様に向けられる。企業内部の広報活動は、とりわけ協働者の満足と労働の動機づけに狙いをつける。内部の広報活動は顧客志向の視点のもとで意義を手に入れる。というのは、経営がますますそれに移行し、その協働者も顧客として考察し、また増してその満足を得ようと努めるからである。外部の広報活動の手段と方法は例えばプレス労働、個人的な対話およびパブリックリレーション開催である。

　広報における積極的なイメージを創る思考のさらなる展開は、コーポレートアイデンティティ政策である。コーポレートアイデンティティは、外部の広報や内部の広報に特定の企業者のアイデンティティが伝えられる様々なコミュニケーションの可能性を調整し、統合する課題をもつ。目標は、企業の独自性を表し、そして彼らと顧客とを一体化する可能性を創ることである。この場合コーポレートアイデンティティ政策は次の形成要素をもつ。

　・コーポレートデザイン
　・コーポレートビヘイビア
　・コーポレートコミュニケーション

　コーポレートデザインは一体化要素の形成に取り組む。それに属するのは

例えば会社名、会社商標、活字および生産デザインがある。ビヘイビアはこれに対して協働者の内部および外部への典型的な行動様式を表す。コーポレートコミュニケーションは、コミュニケーション手段の援助によって、一体化要素が可視化または可聴化されるよう試みる。例えばこれは、ある会社のふさわしい宣伝文句の使い道の際に示される。コミュニケーション政策のさらなる手段として、いわゆるスポンサーおよび製品配置が生み出された。

スポンサーになる場合、具体的に規定された対象給付の承認のもとで、物質や金銭給付による宣伝行為によって、社会的なスポーツによる、あるいは文化的なプロジェクトの後援が問題である。

製品配置のもとでのブランド商品ないしはブランド職務給付によって、例えば芸術的な開催の進行に特定の目的に合わせて割り込むことが理解される。

マーケティング手段やその差異化可能性の潤沢さに関して、それはある非常に複雑な任務が扱われることが明白になる。病院にとっても、その目標観念の獲得のため同時に多くのマーケティング手段を投入することが必要である。その結合された投入によって、病院は競争相手に比較してその競争地位を継続的に改善できる。しかし全体でのマーケティング目標、マーケティング戦略およびマーケティングミックスから成り立つ一つの閉じられたマーケティング構想は、長期間の将来の保障のために貢献するに違いない。

6）病院マーケティングのための法的な枠組み条件

成果政策の構成の場合、病院はいずれの職務給付が病院によって提供されるかを自動的に意思決定できない。提供操縦の法律的な基礎はとりわけ、社会法、病院資金調達法ならびに州病院資金調達法である。州法から病院計画や投資プログラムが導き出される。

ある施設の給付範囲を定める病院扶養委託は、計画病院の場合はしばしば州病院計画の前もって定められた基準から、また大学病院の場合は大学リストに迎え入れられたり補足的な協定から明らかになる。扶養委託を与えることによって、自動的に扶養委託が終了される。

世話やリハビリテーション施設の場合、これに対してある特別の扶養契約

が締結されなければならない。

　提示される規則により、成果形成に関して結合される前に定められる規則が成立する。かくて病院は例えば二者択一の処置の形式（外来、一部入院、完全入院）の間で自由に選択できない。というのは患者の完全入院の処置の要求は、処置の目標が他の処置形式によって達成され得ない場合によってのみ成立するからである。

　病院は、その価格形成の場合一般的な病院給付の領域にとって、連邦介護規則そして社会法の規定によって制限される。選択提供の領域において、これに対して病院にとってある活動の余地が存在する。その中で病院は活発な価格政策を行うことができる。

　公共的な自由公益および私的な病院は差し当たり、広報活動や広告はコミュニケーション政策において法的に許される原則が適用される。

　広報活動の境界は、薬剤広告法（HWG）、不当競争に対する法律（UWG）およびドイツ医師の基準職業規則（MBO）が形成する（表Ⅰ-2-2）。

　薬剤広告法（HWG）はとりわけ、適切でないあるいは気づきにくい影響に対する専門的知識をもっていない消費者を保護する目的を追求する。病院はHWGの規則に従って、真実のそして信頼できる広告を出すことが義務づけられる。その結果、手続あるいは処置について誤った記載の掲載を避けるために、すべての必要なことを行わなければならない。さらに個人に関する比喩的な叙述と共に、広告はその職業制服における、あるいは彼らの活動の履行の場合、それがその際の治療職務、癒しの仕事あるいは薬品取引の従業員が係わる場合は広告を差し止める。それによって、住民に相変わらず高い人望のある治療職務の権威が、広告対策の枠組みにおいて、直接あるいは間接

表Ⅰ-2-2　病院にとっての競争や広告権の権利規定

HWG	条	UWG	条	MBO	条
誤らせる広告	3	一般条項	1	広告と吹聴	25
公衆広告	11	誤った記載	3	医師のもとでの情報	26
	4番				
特定の疾患や悩みの場合の広報宣伝	12			公共における職業的活動	27

に一定の調剤あるいは治療の特別の有効性の観念を発生させ、食い物にされることが阻止されるのである。さらに病院は、専門領域の外部で掲載される広告について、HWG12条に示されたように、体質において挙げられた疾患（例えば腫瘍あるいは精神病）の診断、除去あるいは緩和に関係する手続きあるいは治療のために広告を出してはいけない。

　立法者はこの規則を通じて、専門に通じていない個人によって、治療との関連においても病んでいる個人を治癒することの枠内においても、同様に発生しうる危険を止める企図がある。

　HWGと並んで不当な競争に対する法律（UWG）の競争規則は、病院の広報活動に適用される。UWGは、良風美俗の行動によって宣伝する人々が思いとどまることや、損害賠償を利用されうる趣旨に添ってHWGの規定を補足する。それを越えて法律は、病院の給付提供について公共性を誤らせるおそれのあるそれぞれの広告を差し止める。すでに引退した医長の便箋や書式に名前をさらに使うことは、地域の関連と共に、追加の呼称の利用に導かれるので許されない。それによって適切でなく、この病院のみが、断固とした疾患を治療する専門家として能力をもち資格があるという印象が呼び起される。

　病院にとって広報活動や広告は、結局ドイツ医師の規準職業規則（MBO）によって協会が定めている（表I-2-3）。それに従って各々の広告は医師自らあるいは他の医師によって差し止められる。これは病院の医師にも適用される。同様に医師は掲載される広告の性格によって誘因となっても容認してはいけない。

　病院の担い手は医師の職業権に定められているのではない。彼は身分の権利を自己の情報宣伝の際に顧慮される。というのは彼には、彼の被用者に対する使用者として、一つの副次義務として雇用契約から生じる義務がある。職業秩序において、医師に、他の医師が彼の給付提供について知らせることを許す医師のもとで情報は規制される。前提はもちろん、情報は空間的に適切な侵入領域に制約され、またそれは給付準備ならびに給付提供の告知に限られることである。病院における医師は、彼の開業している仲間に、それゆ

表Ⅰ-2-3　病院を通しての医師広告

処置	許可される	禁止
引退の医長	乏しい事実情報	価値判断、職業衣での写真
雇用の医長	乏しい事実情報	
医師インタビュー	事実情報である限り、よい	成果の示唆、処置の方法、機械装備、自己称賛
病院インタビュー	事実情報である限り、よい	医師による、評価する判断
大型器具配置	病院の指示	医師の指示
その他の新技術、器具	病院の指示	医師の指示
（新）治療方法	事実情報である限り、よい 病院・医師の指示	成果の示唆、自己称賛、医師のための広告
講演の挙行	病院・医師	医師のための広告
ゼミナール	病院・医師	医師のための広告

えに給付提供および分科の給付準備の一部について知られてもよい。MBOによれば医師が医療的内容の出版の寄稿をして、それが彼個人を広告しながら際立たせず、またその寄稿が事物に即した情報に限定されるなら許される。これはまた医療上のテーマに関する公共的講演にも適用される。

　上に挙げた制限にもかかわらず、病院にはさらに十分な空間が、事物または事実に相応する給付選択の幅や給付能力について、公共の情報のために依然として残っている。

3. 病院マネージャーとしての医師

1）概　　説

　女性医師や医師たちがマネージメントにおけるキャリアを選ぶ。その際、保健衛生制度内部の企業と、外部の企業との間で区別しなければならない。後者はここでは取り上げない。保健衛生制度における企業の場合、再度任務の間で区別しなければならない。それらの場合は医師の教育が助力を惜しまず、というよりはどうしてもそうせざるを得ず、是非とも必要とする。そしてこのような任務は、それらの場合の基礎理解は保健衛生システムのために優越する。ここではもっぱら医師個人のマネージメント任務が取り上げられ、

保健衛生制度の施設と、給付産出側面の病院について案内する。医師はその間、病院の様々なレベルで伝統的な部門構造（医長、上級医師等）の外部で行動する。その際医師たちは、診療所チェーンの幹部と同様に、病院 GmbHs の一人きりの社長としても、あるいは商業の社長とデュエットにおいて、あるいは業務指導の下部で常勤もしくは兼任の医師の長としても、見かけられる。営業担当の長あるいは業務指導者としてもその間ドイツにおいて幾人かの医師がいる。追加であるが、コントローリングにおける医師、あるいは大きな会社の他のスタッフ職位でも活動している。今は幹部あるいは医師の長として働くかには左右されずに、人はその純粋の医学的な知識以上にいくらかそれを超えてまた投入しなければならない。コミュニケーションと戦略的展望の2点は、ここでは特に強調される。

2）経営経済―MBAの学習―医師としてのマネージメントの要件

　この問題は再三再四重んじられ、またMBA（Master of Business Administration、経営学修士号）学習経過の主唱者が、この学習過程の多くの良い基礎を見る。それを前もって述べるために、MBAを人は必要としない―しかしこのような追加研究はいずれの場合でも非常に役に立つ。他の学習過程と異なり、学習における医師はまた経済学のテーマはまったく学ばない。それはもちろん指導地位にとって十分ではない。原則的な支払い関係は、特に利潤や損失計算の特徴ならびに貸借対照法の基礎的構成は、きっと信用されるべきである。GmbH業務指導者として資材により多く乗り入れないわけにはいかない。なぜなら結局、商業権に基づいたある責任を持つからである。しかし経営経済は確かに非常に多くのものを含んでいる。人事マネージメントの基礎知識、資金記帳ならびに扶養また廃棄物処理および技術は必然的に必要である。愛情や能力はあらゆるテーマに深化される。いずれにしても幹部・業務指導として、自ら支配できないその領域は資格ある職員によって配置されることを考慮しなければならない。財政の領域において、まさに健全な人間理解が必然的な前提である。病院企業は、費用以上に治療して得た収益をもつならば、健全であり質素で感動的である。資金領域は、一企業がまた

"きれい"とも見込む、さらに多くの他の専門データを知っている。もし財務の数学を彼の趣味にしたくないとすれば、いずれにしてもこの立場でよい助言を必要とし、健全な人間理解のために繰り返す。

　人事マネージメントは、財務マネージメントのように、扶養や環境保護および技術のように非常に特殊な領域である。このため教育された専門者が必要である。これは医師としての指導の地位では細かく熟達し得ないし、またそれをまったく最初に試みる者でもない。ただ賃金法は複雑だから、その女性協働者や協働者に人事マネージメントに関しては頼りにしなければならない。何を相手にするかは、人事代表との交わりである。人事協議会あるいは経営協議会は、基礎において同じである。重要であるのは、ここでも良いコミュニケーション、事実に基づいた労働平面などによって問題が構成上解決されうることである。早期の組み入れは、後の時点に対する立腹を未然に防ぎ、そして変化のプロジェクトをもっぱら早めることになる。

　扶養や環境保護も医師として学ばなかった特別領域である。そのうえ、もしひどく調達過程に鍵がかかるならば、いくつかの不快な経験をすることになる。この場合重要なのは常に"4目原理"である。それは、人は幹部・業務指導者として一面では産業接触、他面では調達過程との間の明らかな分離が守られることが実証されなければならない。4目原理と仕事の委託秩序の規則の厳格な守りは、職場を維持することになる。

　病院の技術は高く複雑であり、また24時間機能し続けなければならない。それはまた規則、法律、規定および検査規定によって実施される。指導位置の医師は、この規則がありまたこれが守られることを知らなければならない。技術者とエンジニアは幾度も、技術的規則によって、一部は非常に"無作法に"扱う医師たちを超えて取り入れる。これは幹部・業務指導者として、してはいけないことである。ここでも4目原理と専門知識をもつ権限ある協働者によって支援が適用される。

　医師は、病院において幹部・業務指導者として活動するときにも、それでも全体の保健衛生システムを理解しなければならない。特に居住している領域は継続的なお供である。そして規則やプロセスは、病院におけるそれと全

く異なっている。KV領域において働いたことのない医師にとって、KVシステムによって考えることは著しい浪費を意味する。その場合、生涯学習から出発し、個々の定住する医師と関係してのKV制度とのコミュニケーションは、信頼できる協力から拒絶、操縦不能まで、すべての側面を含む。そこから影響されてはいけない。そして継続的にその途上で留まって、定住する領域とのコミュニケーションをとることが必要である。

さらに重要な分野はリハビリテーションの医療である。緊急医療からリハビリテーションへの移動マネージメントは常に重要となる。リハビリテーション領域における、異なる提供者との良いコミュニケーション関係には、外来の介護職務、短時間介護および例えば外来のリハビリテーションのようなさらなる提供者との共働が含まれる。成果をあげるためには、人はパートナーの業務モデルを理解し、また協力契約において両者の側の利益を等置するよう試みなければならない。一部の詭弁を弄した規則による、ある人に自動的に打ち明けられない個々の分野における、極度に異なる資金調達形式によって、人は強力に指導される。

3) コミュニケーション!!

医師としての立場において、異なる規定や職業グループの他の人間とのコミュニケーションが、マネージメントにおける産出の始まりであり、終わりである。それに熟達していない、あるいは抑制しようとしない、あるいはそれに不安をもつ者は、むしろ着手すべきではない。近年においてその指導地位において成功しなかった医師たちは、みな一様に大きなテーマのコミュニケーションに失敗したのである。最も聡明な心や最善の観念は、人は指導者として他人に動機づけや納得させ得ないならば、実行に移され得ない。エキスパートシステムにおいては、指導者の地位に立って医師として活動する事実を知らなければならない。他のほとんどの職務給付領域は、一つの病院のようにかくも多くの優れた教育された人間（医師、介護職員、医学的技術的職員、技術的職員、法律家、記号論理学者等）から成り立っているものではない。個々の場合、高い資格による複合体は毎日再三再四優れたコミュニケーション能

力を求める。一面ではこの専門家は、固有の理念や観念をもち、また"法律や命令"によっては決して統括させない。他面で、理性的な議論を抱き、次いで理性的な意思決定に至るために、それを比較衡量するよう慣らされた人間である。ビジョンの構築から、企業は、ビジョンの変換のための戦略についてどこに発展すべきか、個々のプロジェクトにまで及ぶ専門科システムの指導は、専門家を信頼し、彼らと共に行うために動機づけをし、そしていつでも全体システムのために論理的な前後の関係を提供するように調整されなければならない。女性医長や医長あるいは大学診療所における女性教授や教授ならびに病院の他の指導者に、幹部として"何かある物をしよう"ということで持続的に影響を与えるのではなく、追体験しつつ理解しうる目標設定と論理的な議論によって、およそ明白に組織化したラインによってのみ目標を達成する。

　しかし、場合によっては反対の利害も有する最も違いのあるグループ化の緩和のための能力が、本質的な指導資格の一つである。原理から最も異なる利害グループの緩和とは何ら異ならないことに一日の半分以上を費やし、あるいは協働者グループの固有の目標と観念の緩和もつくる。たとえそれが難しい場合でも、人は繰り返し事実段階に戻らなければならない。もし特定のプロジェクトにとって強く関与するならば、まさに感情的にも問題点がある。しかし現実に、模範としてプロジェクトを自分が進めるためには、自らいつでも撤回しうることが重要である。

　2つの本質的な特質は、ともに運ぶか、あるいは忍耐と感情移入を学ばなければならないかのどちらかである。

　人間は非常に異なっている。学ぶことというよりむしろある新しい理念に変換する、その能力は異なって特徴づけられる。一般に複雑な組織は、一つの進路変更にいたるまでに比較的長く要する。その限りで病院は遠洋航海船との類似性をもつ。すなわち大きな"船"の場合、舵の変化は2、3キロメートル後になってやっと効果を発揮する。継続的な地位変更によって、せわしなく漕ぎまわるように暴動論証することは、船（病院）を動揺させまた目標に導いていかない。だから再度"あなたは忍耐を持っているか!!"といわ

なければならない。創造的なマネージャーとしていつも、しかし残念だがすべてを変えさせられない充満した観念のある事実を持っている。確かに必ずしもすぐに全部とは言えない。人は限られた変化のプロジェクトを組織に運び込む。そうしないと組織は―その他の個々の人間も―過大な要求、動機付けの低下、そして立腹によって反応する。

　学習するのが非常に難しい第2の大きな特質は、感情移入である。感情移入のもとで、病院における女性協働者や協働者、女性同僚や同僚を再三再四"良い"と感じなければならないことを理解する。人は積極的な態度を取らねばならない。人は根本的信頼を持ち、またそれをまた斡旋しなければならない。信頼は安全を創る。安全は本来備わっている動機づけの基礎である。人は他人と協力する人間を好まなければならない。なぜなら他の人をそんなに急がずとも見つけられるからである。最も少ない人間は、人を左にあるいは後ろに明かりを照らそうとする。最小であるのは、動機づけを拒みあるいはプロジェクトをサボタージュしようとする。それが起こるのは本来非常にまれである。ある積極的な基本態度の反映によって人はこれらをもとに返してもらう。

4）戦略的展望

　病院マネージメントにおける医師は、たいてい中核給付に、つまり医学に権限を有する。医学は継続的にさらに発展し、新しい診断と治療は病院の日常生活への到来を見る。他の給付は次々病院から消え、外来の分野へと移る。前もしくは後に提示した領域での新しい提供者は協力しようとし、あるいは競争している。長期間の存続保持のために各企業は一つの戦略を必要とする。その際戦略という言葉は、マネージメント文献における最も好ましい言葉に属する。戦略は長期的に考えることを意味する。また戦略は企業を調整するので、いつでも小さな進路変更が可能であり、小さな失策も直ちに戦略の超過労働に導かれることはない。医師はしばしば細部にほれ込んでおり、そして目から大きな輪郭を失うことに傾く。企業の病院は今日どこで成り立つか？　個人を取り巻く環境はどのように置かれているか？　病院において存在

している資源からいかなる可能性が生じるか？　病院は特に何が良く、また病院は何がそれほど良くはないのか。あるいはそのうえ周辺地域の諸病院よりも悪いのか？　すべてはこのような疑問から、給付産出が結合される全体の病院のための戦略が展開される。一つの戦略は、ある病院の部分のみで、あるいは個々人のみで決して調整されるのではない。それは軽率であり、また危険であろう。なぜなら個人個人は様々な理由から労働生活を辞め、あるいは他の使用者に変えることになるからである。

戦略を共同して作成することは決して魔術ではない。

1. 個人または彼のチームは、今日的状況から出発し、どこに病院を展開すべきかの理念を展開しなければならない。
2. 戦略的にマネージするということは、継続的または後まで残るマネージを意味する。それぞれの趨勢に飛躍するのではなく、決して日々の進路変更でもなく、算出しうること、そして共感しつつ体験することが問われる。
3. 再三再四焦点を重要な事柄に置く。本質的でないものは委託し、またそこで空隙に対する勇気ももつ。目前に大きな目標を常に持ち、また些細なことに強い印象を受けない者は、戦略的に良い。

ある戦略を協働して作成するために、次のチェックリストが役に立つ。
・病院がどこに展開すべきかのビジョンを共同して作成すること
・個別の状況の包括的な現在分析
・協働志願者や可能な協力パートナーの包括的領域分析
・多数の部分プロジェクトへの変換―常に赤いラインにつづく

コミュニケーションと戦略を医師はマネージャーとして病院においてなしうる……そして異なるものの多くは、コミュニケーションと戦略なしには何らの成果を得ないだろう。忍耐と感情をあなたはもちなさい！

4. 医師のマネージャーとしての意識

1）発　　展

　女性医師および男性医師の規定地位は、自己の実務における職業の自立的、自己経済的、もちろん自由職業上の義務を果たすことにおいて成立した。

　職業組織に対する効果の発揮、医師会や保険医協会における複合体、身分層や身分制の扶養施設は、明らかに定住している女性医師や医師によって支配された。

　病院は一層の教育の現場として役立った。継続的に病院において、包括的に医学的な知識や体験を自由に用立てた。そして病院の内部や外部で、主として医学的な専門能力に基づいた高い名声を享受した主任医師や指導医師がとどまった。これらの医師は医学的な内容にとって、また同時に病院経営の給付提供や医学的な観点の調整にとっても権限を有していた。

　ドイツの病院における給付構造はこの分業に相応する。大学ではない病院での病院経営管理はたいてい3人、すなわち、医療戦略について、例えば集中容量の拡大、手術ホールの作り変え、機能領域の構築について決定しなければならない唯一のアカデミカーとして医師院長を含む。彼の側面に、日付の同じ介護料金をもとにした会計報告のため、俸給者の支払いのため、規定による人事管理のため、購入のため、あるいは投資の手段の提案のために権限ある管理者がいる。管理者による医療上の専門の問い合わせ、あるいは進行への干渉は考えられない。指導の3極における第三者は有能な医師の助手、しかし患者に近い医療でない給付のための権限のある介護職務管理である。

　1990年代において症例一括概算額や特別報酬の採用によって病院医学の経済的観点の強調は、マールブルガー連邦の予測と結びついて、およそ6万の女性医師と医師が中期間失業になり遅くとも、進化的な変化に導いた。

　若い女性医師または医師は、彼らの勤め口探しをヨーロッパ内外の地域に広げたが、しかし医療上の任務姿勢も管理的給付産出の外部に切り替えられる。後にケースマネージャーにとってのDRGの時代において医学コントロ

ーラーのための地位が作られる。

　社会における透明さや品質の高い要求が、医者の品質マネージャーの採用に導く。それと並行して疾病保険金庫の信頼する医師の職務が医学上の職務に変換される。

　さらに病院の医師の管理、医師の院長に光を当てられ変化した要求プロフィールが、報告者の地位の創造に導いた。

　およそ2500の病院から21世紀に変わる際に、診療所やMDK（疾病保険の医学的職務）は大学卒業生の全年間を呑み込み、彼らはその後は中間のあるいは比較的高い地位のマネージメントに従事するべきであろう。

2）今日的挑戦

　決して驚くべきでないのは、一時的にただ外国から補助的な女性医師や医師の関係によって和らげられる嘆き悲しんだ医師不足ではない。

　医学部は法学、BWL（経営経済学）やVWL（国民経済学）などの隣接学部との協働によって、さらには医学研究の間の経済的な経営指導によって、しかもコミュニケーションおよび指導の責任によっても教えられることに心を配った。

　地位位階において急速にマギスター衛生部、公衆衛生のマスター、企業管理のマスターあるいはサイエンスのマスターのように、経済学あるいは疫学に対する特別な調整によって、追加資格取得のための教育提供が発展する。

　さらに、病院指導階位へ、ただし医療扶養センター（MVZ）のような病院経営の外部で現代の企業によって、医師が専門医修了と並んでさらに証明された資格を自由に用立てるべきかについての議論は閉ざされてはいない。連邦医師会"医師の指導"のカリキュラムは一つの隙間を閉ざすだろう

3）医師のマネージャーとしての評価

　住民は称賛や人望の先端に、職業グループの医師と大学教員を見るというアンケート結果がある。この場合、質問を受けた者は相変わらず積極的な医療上の給付産出の仲間や大学教員のことを考える。

管理活動に従事する仲間は、専門の医師仲間の視界からは純粋に管理的な領域への転換への雰囲気にはならず、なお相変わらずわずかな認識しかもち得ない。この評価は、ドイツ連邦国防軍の組織と指導領域の、自由な協議におけるMDKの場合、検査活動において、病院の中間マネージメントにおける同様な方法において、その地位の理解に迎合される。

　この評価の際、医師どころではなく、むしろ経済経営病院、病院経営のパートナー・顧客や最終消費者は、高められる期待によって変わったことを、習慣で見落としてしまう。

　専門用語である保健衛生経済をめぐる、病院の内部と外部での保健衛生制度の概念性の補足は、従来の未知の課題や機会を指し示す。克服されるのは市場や競争への挑戦である。倫理や感情移入の側面に、最善の場合、患者を含めて顧客の大きな満足、ならびに職場に関する安全と構築に導くことができる経済的な要求が歩み寄る。医師の中で長い時間気づかなかった変化や高い必要な資格を与えること、病院あるいは病院企業の医師でないトップ、さらによく教育された管理の幹部、包括的な能力のある業務指導者までを含んだ営業上の幹部に対してしばしば地方公共団体あるいは教会領域から任された管理指揮の変化が、診療所経営を明白に変化させた。

　日にちの同じ介護料金のDRGに切り替えることは、主として営業上の領域において行われる。しかしMDKや疾病保険の側面ばかりでなく、その間、医療上の数量や品質の公表のために消費者の側面から義務づけられた品質報告についても配慮する。医師の領域のまれでない悪化させた欠損は明らかになる。

　症例数と症例重大にとっての基準は現在、遅くとも2003年以来、コントローリングや医学コントローリングによって支えられて業務指導から現れた。

　商人はアウトソーシング、再インソーシング、機関の形成について、医療的でないまた明らかに医療的パートナーシャフトでもないことについて決める。経済学者は医療的扶養センターやポータル診療所の構築を決定し、また助言者の協力でどんな給付提供を病院の外部でもたらされるべきか定める。

　それは、指導能力や全体責任から、病院経営の医学的な内容も自ら決めよう

る権利が結果生じることが時間の一つの問題である。ガイドライン、ガイドライン回廊、臨床上の歩道、SOPs、処置の道、承諾したアルゴリズム、を証明することは、一般にはじめて実現化を可能にさせる。

　漸次、医師の中で業務指導者が使用者を代行し、しばしば人事主任が支配権と共に管理する従業員として彼の力になっている。管理する医師の最高の職務階級は、タイトル主任医師によって、管理する従業員の階層の下方でとどまる。

　それは新しい任務をもっぱら喜ぶばかりか、企業のトップで戦略的意思決定をし、また医師にも付き添っていく切実な必然性である。

　医師の職業位置の視点から、管理する介護者を病院管理から後ろに押し戻しあたかも今や医師の専門に関する造詣を放棄するかのように、そう見える批判的な状況になった。具体的な例は最大のドイツの地方公共団体の病院や―幸いにももっぱら一時的に―すべての私的診療所の幹部や業務指導者から目に映った。

　例外は大学診療所、それらの中で規定により執行部議長の地位はひとりの医師に留保されそして多数の中になお存在する。

4）マネージャーとしての医師―今日的挑戦

　メディアや費用の担い手を含めて、社会には最大可能な透明性を保健衛生制度における行動者によって期待することについて、コンセンサスが成立する。インターネットにおける品質報告はその間自明であり、IQ^M と品質診療所（Qualitätskliniken.de）との間の競争は、率直さや質的に高く存立する扶養が、評価や着手の基準として認められることをはっきりさせる。2011年施行の患者権利法が期待される。

　この新しい課題は病院、規模の大きい病院経営およびコンツェルンにおいて法律家、経済学者や医学職の従事者によってのみ克復される。このように役員あるいは業務指導の中で、保健衛生および患者介護職業の、特に資格ある医師あるいは従事者は欠けてはいけないだろう。

　"医学者"の任務は二重にある。品質は外部と内部の両方に媒介しなけれ

ばならない。明白に医師、介護する者およびまさに大学教育を受けた者、従来医学的な見習い職業の従事者が純粋な経済学者の品質基準を、もっぱら否が応でも受け入れる。

　管理構造において、それはなるほど保健衛生経済と生産している経営の競争および市場に正しい導きとの間の一連の比較がある。しかしまったく著しい相違が存在し、留まるだろうことが、例えば医師の任務を調停して成立させる。それは患者とその従事者との交わり、生活の限界状況およびまた死との交わりにおける特殊性である。増加する経済化は倫理的観点の強化を制約するだろう。

　職位の低い医師との対話の場合、規則による示唆が来る。病院管理は医療上の進行と従業員の思考を理解しないので、嘆かれるのは管理構成員の本来の医学経営からあまりに大きな隔たりがある。特に経済的に困難な状況においてまた経済的な圧迫の場合、医師、治療者および介護者は、患者に感情移入の援助などすべてを与える。しかし同時に資源を節約しなければならない願望との間の倫理的目標コンフリフトを感じている。

　ここでまったく別個に医学的な専門知識が、経営および女性協働者や協働者の心配に耳を傾け、そしてこれを商人に送ること、他方では、経済学や良い医学的な品質が庇護のもと、いかにもたらされるか方法を求めるよう問われている。

　自己の体験において、希望を正しく知らされれば、最大の成果が作成される。女性協働者や協働者は、予算処理、給与会話、州病院計画における変更をめぐる議論の本質的問題を知るようになりたいと思うが、詳細は問題ではない、しかしそれでも大きなルートは重要である。

5）今日的需要状況

　経営企業病院のトップにふさわしいのは、経済的および医学的な専門分野についての理解力である。マネージメントの地位は自明に所有者やコンツェルンの指導においてばかりか、基礎専門医師と共に能力あるマネージャーが、重点人事開発と共に人事経済の、あるいは全体コントローリングの非常に良

い領域を指導することができる。MVZ のトップは院長の地位と結びつけて記述する。

　マネージャーとしての医師の資格への問題がとどまっている。付加資格は、多くの例を挙げると、経験、感情移入能力、自然の医学的なもの、そしてマネージメント能力が修了証書を補償しうることも課する。

　管理的な診療所経営から女性医師あるいは医師として選び出しそしてマネージメントに取り替える意思決定は、急いで行われるべきではない。かくて手術による専門領域の最高に資格づけられた専門家が、たとえ医学的なそしてアカデミックな体験に、より良い成果を指摘しうるとも、規定により数年にわたる広い基礎一層の教育に手をつけうるように医師のある指導地位における上司からの受け入れは最高に大きいであろう。医学経営のすべての範囲におけるパートナー、女性協働者や、協働者、患者およびその従事者、最後に外部の顧客も、医学者や企業者の能力が比較できる方法で手もとにあることを本当らしく取り上げ、それを体験する。

　結論として、それはきっと今日抱いていることを、将来においてもっとはっきりさせ、女性医師や医師がマネージャーの役割を学び、また受け入れることの意義を強めていることが挙げられよう。治療のための教育を受け、また一層の教育を受ける医師が、広く大多数の患者に必要とされることは、ここではまったく争われない。

5. 病院操縦のための診療所マネージャーの情報

1）原則的着手の熟慮

　病院において投入される情報や報告システムの多様さが考察の際明らかになるのは、どんな情報が診療所マネージャーに一つの病院の操縦のために必要となるかについての疑問は、最初の段階においてもっぱら"それ次第だ"という決まり文句によって答えられる。このようにして高い利益を上げる私的な診療所運営者がいる。彼らは少ない目標指数の助けで一軒の病院を操縦し、そして赤字になる公共の病院は、大量データを準備し、例えば詳細な費

用の担い手の計算を症例段階で取り入れたにもかかわらず、家の資金的な全体結果を持続的に改善するためにこの情報内容を利用することはできない。それでも担い手は取り入れた情報システムの適正のための役割を演じうるばかりか、家の専門化程度の規模、あるいは現在の経済的、あるいはその他の問題状態にも診療所マネージャーの情報需要に決定的に影響を与える。

　指摘された広い多様性にもかかわらず原則的にむろん、中心にまた会計大綱に向けられた以前の予算化形式、変化した枠組み条件への適用は決して許されなかった。また強く過去に向けられて調整された情報システムは、それでなくてももはや変えられない出来事であり、現代的な病院マネージメントの利益をもはや計算できない。以前の管理者と相違して今日の診療所マネージャーは、彼のこれまでの行いの評価のための過去からの情報ばかりでなく、早期警戒システムとしての特別の指標を必要とする。その助けによって彼の将来に向けられた意思決定の質を改善できる。

　さらに、情報重要性の多様性は以前に比べて驚くほど高まったことが確認される。コントローリングと会計制度からのデータばかりでなく決定的な源泉として操縦に役立つ。産出される医学や介護の質についての指標も、新たに生じるチャンスや可能性についての情報を公表し、あるいは家における指導者や協働者の計画についての重要な情報は、地方自治体の市場出来事の脈にわけても、耳は正しい意思決定に出会うために、診療所マネージャーがそこから汲む基底となっている。

　病院において、またそれをめぐり急を要することは、現代に即して意のままにできる情報需要および必然性を近年驚くほど変化させた。決定的な情報を、診療所マネージャーは内部および外部の専門者間のコミュニケーションから維持する。拡大されたデータは客観化や評価のためにそうせざるを得ず、またそれに結びついている対話のための手引きとして役立つ。拡大し、次いで相談されず、また誰も困惑せず、また行動の刺激にならない場合、それで作動させるデータは眠っているデータの運命を繋ぎ、そして慰められて立ち去らせる。しかし重要なデータは当然、現代に即して精選されるために、コントローリングの質は相変わらず一つの大きな役割を演じる。

2) 現代の病院コントローラーの典型的特性

"データ変換"、それは決定的に、意思決定の重要な情報にデータを変換することそれに従事する、すなわち病院における立場は、たいていコントローリング部門あるいはスタッフ職位として組織される。コントローリングには、マネージメントの品質に本質的な貢献をし、それによって重要な任務が与えられて当然である。今日までコントローラーは、多くの病院において間違って"独裁者"あるいは"検査官"とみなされてきた。医者または介護者たちの、病院の内部生活におけるプロセスについてのノウハウ不足のため、ある摩擦のないそして構成上互いに力を合わせることが促進するだろう信頼と尊敬が必ずしも彼らの顔に強く当たらなかった。病院コントローラーについての人事配置の場合一つの高い職位価値を認める分析上に能力ばかりでなく、専門間の交わりにおけるコミュニケーションや緩和能力から目を離さない、それゆえにそれは推奨に値する。

再三再四コントローリングをもって単なる統制を意味しないことは、明らかな説明を必要とする。

コントローリング概念は、英語の用語に基づいて、コントロールすること、しかし支配する、操縦する、そしてプロセスの規則を意味する。それは同時に明白に"統制"の概念よりも広くとらえられる。コントローリングはゆえにもっぱら監視のためではなく、第一に基礎に守られたデータや指標の操縦のために権限を有する（Töpfer 2006）。

病院コントローラーならびに今日の診療所マネージャーも、一病院が解決する、すなわち彼は疾病や死のテーマと狭い接触において永久に存立している患者との交わりに、また一部著しい時間の圧迫に振る舞いながらの専門間の相互関係のもとで、人間に対する心理学的結果とまったく同じように従事すべきである。彼は今日まで強く階層に特徴づけられた医師の職業教育の特質を、一面で介護を増加するマネージメントパートナーとして、また他面で価値の高い介護活動に意識を戻すことに、委譲し得る医師の活動の引き受けを含めて変化する状態にある自己認識とまったく同じように知るべきである。およそ診断や治療に関して、新しい職業案内の一層の発展についての常に今

目的な知識なしには、彼はその病院においてプロセスの質を評価できず、またそれによって選別される指標の本来的な言明を読み取ることはできないだろう。

このようにわれわれは診療所マネージャーやコントローラーにとって、データバンクによって利用できるように整理され得ない、指導および実務経験によってのみ得られる計りしれないほど大きな情報源に行き着く。それは、病院において意思決定する人々、すなわちオピニオンリーダーや、家の目標が革新されまた獲得されるプロセスを決定的に決める人々のような方法についての知識が肝要である。最も異なる視界方法の緊張分野において、数によって真ん中に入る診療所マネージャーあるいは病院コントローラーは、しばしば中核プロセスの職業グループ医学と介護との間を緩和する役割をとる位置にあらねばならない。無駄な費用にとって実際の原因を調整されないプロセスで把握するために、グループにおける役割構造が把握されなければならない。"その際、かれ（コントローラー）は公式の組織図を知ることが問題ではなく、非公式の権力および意思決定構造ならびにグループの一員であることを明らかにすることが肝心である。"

3) 病院操縦のための情報

単純化し形式化して、診療所マネージャーが、短期、中期および長期に達成しようとした品質および財務目標が、診療所における諸活動によっていかに行われ、到達されるか、あるいは決められた道のりの進路訂正が必要かどうか、いずれの方法であろうと、彼に明らかにする情報すべてを必要とすると言われる。

もちろん彼はまた、必要な進路訂正の様式の指示を与える。すなわち彼に固有の指導における行動の必要を示す。彼はこの情報を現代に即して必要とし、この進路訂正はなお可能である。そして"われわれはそれでもその限りであれば"何らかの形式化領域を与えられる。

a. どんな情報を一人の診療所マネージャーは目標発見のために必要とするか？

　目標が達成されうるかどうか探すために、模範すなわち目標定義の中でそれが必要であり、また正しい目標発見のためにもその情報を必要とする。目標はこの関連において対策の結果として入るべきである診療所の努められる状態についての観念である。

　可能な行動代替案の多様性をその優性化に関して、望まれる病院の発展を最も強力に支える代替案を見出すために評価する目標を助けるものとしてよく知られた、"われわれはどこに一体行き、またいかにわれわれはそこで最善に到達するのか？"の質問が肝心である。

　それゆえに、われわれは一歩下がってそして自問する。"診療所マネージャーは、彼が正しい目標を、その中から次いで筋の通った行動代替案の優勢化に導くか定義しうるために、どんな情報を必要とするのか？"もちろん方法を指し示す情報は、もし"目標とそのビジョンを働いて獲得するための創造性を、病院が将来どこに発展すべきか"をマネージャーが携えるとき、その限りでのみ価値がある。

　われわれは差し当たり長期の目標を掲げる。今日の診療所マネージャーは、長期の目標をおそらく形式化した戦略なしに努力して得ることをあえてしないだろう。"ある戦略に従って行動することが長期の目標のもつ継続的なマネージを意味する。"

　長期の目標は、例えば失った市場シェアの奪還によって成長目標を、あるいは特定の少ない給付あるいは一般的な健康萎縮の特殊化も、すなわち人事や住み心地のよいインフラ構造の低下した給付範囲への適用である。長期的目標の媒介のため必要とされる情報は、都市あるいは地方にある病院標準の発展の評価に関する安定したデータと並んでいるが、むろん不安定な要素もある。死滅によって切迫される州の領域は、そこに次の世代がもはや定住せず、あるいは病院は高い転出率によってある人口密集地の中にある。それは問題になるか？ 5年から10年までのその地域において受容される病院給付は、どれくらいであろうか、苦境から抜け出すことをそれらによって試みら

れる情報は、たいてい地方の競争相手の一層の発展の評価によって基礎づけられる市場分析の人口や経済データをもとにするだろう。

長期の目標形式化の発見のために役立つよく選別された情報は、その間たいていはそれぞれの診療所マネージャーに提示される。ソフトウェア市場は、入居や年齢構造のデータならびに病院において取り扱われる症例の診断や手続きを、診断に従ってドイツ国内における優越や出来事に住民データと共に結合するので、長期の給付企画にとっての一つの基礎が存在する状態にある知的なツールを提供する。

それにもかかわらず実務から、時の脈に耳が、すなわち誰がいつどんな実務を課するかまたある世代交替後長く個人に制約された指示の道が方向転換される。それはグラフに選定された指示統計である。よりしばしば本質的に援助が多いことが確認される。今日の医長もこの"時の脈に耳"をもち、そして特に人口密集地での医学的処置のための選択が彼に振りかかる当然のことが問題ではないことを知る。診療所マネージャーは、長期の目標形式化はもっぱら将来の形成の場合、パートナーとして医長と共に優先させる。なぜなら彼らと一緒の場合にのみ、給付がもたらされ、そのため必然的な医師個人が労働市場で獲得されうること、また競争相手と比較して処置の質に競争力があることが保証されるからである。

保健衛生政策の観点も、権限集中および品質競争の促進のように情報の基礎として考察される。"モットーに従い—誰もすべてをなし得ない。なぜならついで彼はそれをまず十分になし得ず、また他人には高すぎる—法的な規定を病院は専門化と集中化の方向に押しやる。"MVZ あるいは他の構造によって、分野別のネットワーク形成は将来重要性を獲得するだろう。病院マネージャーは、いずれの形態がその地域において適しているかを知るばかりではない、彼は情報を必要とし、それによって可能な協働あるいは合同パートナー、そしてその信念の視点を客観的に評価しうる。ここにインターネットにおいて公開する年末決算書ならびに新聞での発表がある範囲の広い洞察を提供する。

今診療所マネージャーが、長期の売上金保全に取り組むために必要である

情報と示唆にたずさわっている。それを越えて彼はもちろん長期の費用展開にとっての指標を必要とする。ほとんどすべての診療所にとっての特別の意義について、今日長期の再投資費用の評価は、住み心地の良いまた道具技術的構造に基礎づけられた分析、またそれから導かれる革新と拡張需要を必要とする。多くの病院は次いで、もし将来不十分な産出手段をもとに住み心地の良い領域、あるいは診療所技術における革新のために投資停滞が生じ、そして持続的な費用構造が自己資金を超え再融資される利子や償却の重みに適用されなかったならば、そのとき売却候補者のために私的な担い手になる。長期的な事業計画にとって診療所マネージャーは市場の要求をかなえてやる。または支持者や患者に関する将来の給付提供を要求するだろう、ある戦略的な建築や器械企画を必要とする。

長期の人事費用の調査のために、協働者構造データ、労働市場状態ならびに人事費用領域における、例えば姉妹会社の形成によるような負担の軽減の可能性が重要である。

b. 診療所マネージャーは操作的年間操縦にとってどんな情報を必要とするか？

さてここからは長期の見通しを超えて診療所マネージャーの短期操縦に移る。彼はいかにその年間目標を首尾よく操縦できるか？"現代の医学は今日学際的、専門間にまたがる、IT、たしかに総じて技術に基礎づけられまた資本に依存している。"

診療所マネージャーは、学際的および専門間にまたがる持続的なプロセスの品質についての示唆を与える指標を必要とする。彼はIT支援の可能性についての基礎知識を、経営間の作業フロワーに関しても、また分野別のあるいは垂直の協力あるいは提携の利用においても、同様に必要とする。もはや産出手段によって融資されない技術に基礎づけられる高いシェアは、彼を必然的に資本市場の利用者にさせ、また同時に法律や今日的な状態や金融界からの可能性について、情報需要が同様にそうせざるを得ない情報源なしにはもはや考えられない。

実務における最初の視点として、一つの家はますます金銭的にうまくいき、

情報はますます少なくて済む大まかな規則において見かけの矛盾が現れる。

　数が大体において一致する限り、商人やきっと医師や介護者は、なぜ一定の費用があれこれの方角に展開したか、あるいは誰が費用展開の最終の良い影響を与えたか、それについての数時間の議論についてまったく受け止めない。労働契約が形成されると病院における決定的な行動者の自己利益が、家または科の経済的成果を含み、診療所マネージャーはただ成果測定のための非常に大きな指標を必要とする。細部は次いで分散的に操縦される。

　重要であるのは、診療所マネージャーも次の指導段階でも同様に、彼らがそのつど責任領域を操縦し、データに横たわる解釈の可能性の内容を正しく評価することを理解した後での、情報システムである。自明のことのように聞こえるかもしれないが、これは実務においてしばしば問題として現れる。診療所マネージャーは次の指導段階でも同様の絶対数を超えた情報をたいてい何も処理できない。すなわち彼はもっぱら相対的な情報について、ある大きさが他の大きさに比較して表され、またそれによってはじめて絶対的あるいは消極的なものとして一つの評価を与える。特に財政上狭い時間において激しくデータ品質や"罪の有無の問題"、すなわち個人的な費用影響可能性についてあらゆる段階で議論される。細部に没頭しないために、診療上の専門部の、すなわち販売して得た金額も、様々な職業グループおよび医学的な研究所における費用展開も、同様に一つの視線ではっきりさせる全体関連を表す、補てん負担計算を推奨する。

　"補てん負担計算は、販売で得た金額のシェアがどれほど大きいか突き止める。可変の—広げて増やす量に依存する—費用の控除に従い、さらに固定費の補てんおよびある剰余金を収めるため自由に用立てる"（Töpfer 2006）。

　"内部の予算化に対して補てん負担計算は、医学上の専門部の医長に、彼の部門全体の経済的な状態が透けて見える、また思考から個別ポットに離れること（例えば医師の立場あるいは集中ベッド能力〔州需要計画において継続される病院ベッドの数〕に）を可能とする、などの巨大な利点をもつ"（Thiex Kreye 2009）。

　超過割合の販売で得た金額に見合った費用上昇について議論することは、時間の無駄である。指標は常に目標システムとしての給付と費用との間の数

として、感情の比較的低下について、また深く考えられていない絶対的な数の低下についてではなく、子細に見れば、困難が過熱することなしに困難な改善を表現しうる。

4）現代の診療所マネージャー

もちろん今日の診療所マネージャーは、純粋な経済的指標にのみ関心をもつだけでは十分ではない。彼は家で長期にわたって生き延びうる能力に常に視線を向け、そしてそれゆえに、給付提供が正しい品質においてもたらされるかが知りたい。その際、彼は広報やマーケティング部門ならびに苦情や品質マネージメントから、支持者、患者および協働者照会からの情報を自分で集める。順番は任意に継続される。

指示者の態度について、給付ポートフォリオならびにプロセス品質に対する指示における変更について、滞在期間あるいは品質指数のパラメータについて、それらが例えば、品質イニシアティブを取る医学社団法人（IQ^M）（さらなる情報インターネット品質医学.de）の一部で、利用価値を検討する病院において今日の診療所管理者がいかに必要とする中核要件への洞察を提供するかについて一つの識別された考察である。

"体系的な品質保全は一つの指導課題であり、またそれゆえ病院管理の場合直接入植させなければならない。診断や治療における品質は投資を要求する。そしてこのため結局担い手に責任がある。ある家の業務指導は品質保全の特別の意義を認識しなければならない。またそれをさらに他人に委ねてはいけない"（Ekkernkamp 2009）。

地域をカバーする道は、いわゆる"実行のための支払い"のため、すなわち品質に支えられた病院治療の報酬のため、さらに少し先にあるだろうとしても、限られた手段をこれまで以上に強く品質視点に向け分配する。もはや受け止められない状態にあるだろう方法を展開する疾病保険の傾向と要求がある。"現在の報酬システムは同じ高さにある品質が劣った品質に同じ謝礼を払う。報酬システムは量には繋ぎ合わされるが、品質には繋ぎ合わせない。この事情はわれわれの視点（疾病保険）から受け入れられない"（Jacobs 2006）。

給付提供の品質と経済学は、同様に長期の観点において決めるために、診療所マネージャーが永久に他の専門家との専門間の対話を求める一方、進歩的な居心地の良い、器械技術のそして医学的なテーマに携さわらなければならない。目下病院における不満足な状況の多くは、もし"将来の病院が様々な専門家の視野から考察されるときにのみ解決され得るならば、保健衛生政策者、立案者、経験ある医学者、エンジニア、自然科学者、情報科学の研究者、マネージャーおよび診療所管理の専門家は、(彼らの相反する意図も) 述べるべきである"(Thiede u. Gassel 2006)。

5) 締めくくり―徹底した人事指導なしには全くダメ！

　この論書の理念は、次の病院マネージメント実務から由来する経験報告を、後継者が、ことによると苦悩に満ちた経験を貯える助言を保持するように作成するので、それは結局いくつかの警告指示を必要とする。

　どんな職業の発展過程についてでも、常に病院マネージャーはスペシャリストからジェネラリストに到達する。そして彼の固有の情報需要の問題において再三再四"少ないより多い"技法を練習しなければならない。彼は組織における自分の地位をもとにすべての情報への原則的道筋をもち、彼が担う責任をもとに原則においてまたすべてのものに関心をもたなければならないので、自分で創った情報氾濫の危険は極端に高い。

　テーマのもつ説明に関し、詳細の程度やその情報持分の優越化の際に、彼は再三疑問を設定する。"私の任務であるか、あるいは上司への委譲を許容され、あるいは勧められたか？　今日の病院マネージャーは彼の最善の協働者でなければいけない。彼は指導者の後援者として理解しなければならない。そして彼らに与えられた目標の達成のために必要とする情報を自ら創造する状態にあるチームを必要とする。彼の任務は、指導者に構成や行動の活動余地を残し、また同時に彼らにそのため必要な手段を自由に用立てることを保証することである。彼は学際的にまた専門間にまたがる交換を保証する一つの文化を作らなければならない。したがって領域間の情報は流れ、またそれによって組織目標の達成の意義において付加価値が獲得される。

チェンジ・マネージメント・セオリーの移動において、協働者に関する変化プロセスへの取り入れ、また携行の幾重もの重課を負わせる能力は、そこに診療所マネージャーの下方で決定的な指導地位に、彼が必然的な変化によって納得されるばかりか、個人的なあるいは専門的理由から彼に、ある積極的なチェンジマネージャーになる発展可能性も与えられない関係の保管者がいるところにその限界を見る。ここに多くのつらい一貫した人事対策を必要とする。なぜならそうしないと多くの他の計画した戦略が灰色の理論にとどまり、また診療所マネージャーは、彼が次の段階で適切な指導者を配置しなかった諸機能の引き継ぎにおいて金を使い果たしてしまうからである。
　それゆえ結論では、単一な実務に試したアピールとして、診療所マネージャーは情報氾濫や細部労働を前にもっぱら一貫した人事政策によってのみ守られうる。これは管理する地位における商業上の領域において、医師の管理機能においても、また同じく介護においてもすべての職業グループに適用される。これは過酷さや非人道的行為とは何ら関係ない。彼は、高い責任を彼に委ねた組織病院のために、受け入れる用意ができていることをそれによって示している。

6　指　導　者

1）概　説

　確かに指導者は企業の人事に属している。またその特別の立場をもとに、これは他の人事マネージメントの個人的な行動とは基本的な相違を示している。指導者は従業員である"他の個人に指示を与え、その指示にこの個人が従う義務がある形式的な権限を有する。"この権利は、管理する従業員の概念を規定するBetrVG 5条3項から労働法上に導き出される。管理する従業員は、労働契約や地位に従って、企業あるいは経営において以下のことをなしうる。
　　・被用者の自立的な雇用あるいは解雇の権限が与えられ、あるいは
　　・包括的は代理権あるいは支配権を所有し、そして支配権は使用者との関

係においても価値のないものではなく、あるいは
- 企業や経営の存続と発展のために重要であり、またその実現に、もし彼がその場合に意思決定を本質的に自由に指示を与えるか、あるいはそれに決定的に影響を与えるかのいずれかならば、特別の経験や知識を前提とする標準通りにその他の任務を主張する。

指導者に、持ち分所有者の利益をすべての人事政策的な意思決定の場合に代行し、そして協働者に対して実施するという任務を与える。主軸論（Principal-Agent-Theorie）の見解に従えば、指導者は、一面では意思決定を持ち分所有者（principals）の意味において的確に促さねばならない。そして他面で、彼らの下位に置かれた協働者（Agents）を所有者利益の意味において取り扱うために、適切な対策を講じなければならない。この使用者職能の実行によって、指導者は彼らの下位に置かれた協働者の行動に直接そして間接に影響を与えることができる。

直接の行動影響の形態に数えられるものは、およそ人事指導の枠組みにおいて労働指示を与えることである。人事管理から人事マネージメントへ発展の諸相（表Ⅰ-2-4）には、協働者の間接の行動影響もまた成長する意味を増す。例えば給付評価あるいは労働組織の重要な課題が、人事部門から増して直接の上司に移される。ツァンダーの見解に従うと、次の人事および専門部門間の分業が目的に叶って示される。

- 人事部門は人事の世話や管理、決まりきった型通りの賃金や俸給取決め、精算や支払いおよび人事募集のごときむしろ管理的課題を一般的傾向に従って行使する。この任務は高い企画可能性によって際立ち、詳細な具体的職場ないし協働者の認識なしに実行される。それに対してこの任務は、専門化した職位に配属することが意に適っている包括的な人事介在的および労働法的知識を要求する。
- 指導者はその時々の専門部門において、それに対して包括的かつ詳細な、または現実的な、そしてもっぱら頻繁に起こる相互作用によって見聞きしうる協働者についての情報や、その職業的（ならびに場合によっては私的な）範囲ならびに自発的行動を必要として、構成されている任務を行使

する。例えば人事指導、専門的および新たに雇用された、あるいは配置された協働者の社会的組み入れ、およびしばしば入れ替わる労働生産高の場合の労働組織などについて、任務を行使する。

　人事政策的手法の投入について人事あるいは専門部門だけではなく、相互の協議あるいは共通の意思決定が行われる。人事や専門部門間の任務や権限配分のこのような継続にとっての例が図Ⅰ-2-7で再び与えられる。

　人事や専門部門間の調整には、サウダー／シュミットの見解に従った労働範囲は適切である。その中で規則的に人事部門の管理する指導者が専門部門の代表と会う。不規則にあるいは1回限りで生じる任務の場合、類似の構造化したプロジェクトグループの開設は意味がある。さらに先に進んで表現される仮想的な人事部門のコンセプトがある。

　人事政策的任務をライン上司に委託するための前提は、その集中したこの任務に対する準備である。そのうえ、特定の資格を必要とする専門家が一方向だけに固まらずまた指導者であることが顧慮されなければならない。多くの企業はそれゆえ、指導や人事課題の引き受けと結びつかない専門家に階層性の昇進を可能にするために、専門と指導のキャリアの連絡を解くことに取りかかった。

人事部門の権限					専門部門の権限
人事部門だけ権限	人事部門以前の方針権限に相応して協議に従い行動	人事部門専門部門との共働でのみ行動	専門部門人事部門との共働でのみ行動	人事部門要望・協議や援助を与える	専門部門自立して行動
例えば： ・行動指導 ・人事統計 ・報酬計算 ・社会給付管理	例えば： ・指導方針の作成 ・人事企画 ・経営協定の締結 ・指導者評価	例えば： ・社会給付の供与 ・品質サークルの採用 ・人事開発 ・機会平等のプログラム	例えば： ・人事採用 ・協働者継続教育 ・人事配置 ・人員整理	例えば： ・方法援助（例えば会議の助言） ・組織開発 ・指導助言 ・人事の助言	例えば： ・作業構造の構成 ・任務の配分計画 ・協働者交渉

図Ⅰ-2-7　人事と専門部門間の任務および権限配分の連続体

表Ⅰ-2-4　人事管理から人事マネージメントへの諸相

	人事管理	人事マネージメント
目標	・合法性 ・労働生産性	・満足 ・経済性
理想像	・官僚機構 　（管理志向）	・市場 　（競争志向）
人間像	・経済人 ・標準労働力	・複雑系人間 ・組織メンバー
科学的基礎	・法律 ・管理科学 ・エンジニア科学	・経営経済学 ・行動科学
環境状態	・静的	・動的
刺激手段	・立法者 ・勤務指示と管理規定 ・年長者原則 ・階層制 ・形式的資格	・自由競争 ・給付志向の刺激システム ・参画 ・人事コントローリング ・グループ労働

（出典）Holtbruegge, *Personalmanagement*, 3. Auflage, S. 2.

人事指導は2つの機能を包括する。
・機関車機能（目標達成機能）は事態や給付目標の実現が扱われる。協働者はその行動によって共通目標を達成するきっかけにされるべきである。ここは人事指導の中心点にある任務関連である。
・緊密な結合機能（グループ維持機能）は、グループ内部が結束していること、およびグループの存続を促進して保証すべきであることである。それには動機づけをする労働条件が創られなければならない。
上司は2つの機能を等しく果たさなければならない。
　人事指導は上司と協働者との間の直接の接触によって、あるいは固定する基準や構造についての間接の行動影響によって行われなければならない。
　直接の相互作用の指導は、上司と協働者との間の対話、議論、会議、講演等について人的な入れ替えを前提にする。それは指導の個人的な観点が扱われる。
　間接の組織的な指導は、拘束力のある規則について行動を操縦する。これに数えられるものには、職務記述、階層的分類、原則管理、定められた意思

決定権限、経過計画等がある。指導の2つの形態は補い合う。間接の組織的な指導は、協働者行動のための一つの枠組みを定め、そして同じ行為条件を配慮する。直接の相互作用の指導は、その時々の個別状況の与件を考慮する。

2）模範と発動機としての指導者

全体的構想の作成実行のための本質的な歩みは、作業日に指導者を保健衛生テーマに敏感にさせることを含む。保健衛生思考が指導者の頭の中に碇を下ろしたときに初めて、これが協働者に委託されうる。保健衛生についての給付能力に対する高い意義と、実務における必要な対策を指導者に理解させるために、3つの方法が並行して行われる。

・第1の方法は、BGM（Betrieblichen Gesundheitsmanagement）の意義と目標についての情報が前面に立つ。上司にとってこの構想がどのように企業成果に積極的に影響するか伝えられなければならない。協働者のための模範機能と責任は明らかにされるべきである。

・第2の方法は、保健衛生に適した協働者指導を教え込むための特別ゼミナールについて指導する。この訓練において保健衛生志向の指導態度についての影響は、理論的側面を照らすばかりか、実務的な例や状況に基づいても具体的に示し、訓練される。

・第3の方法は、指導者のために刺激形成を継ぎ足す。上司は、それぞれ他の協働者に、かれらの労働の仕方を形成して、年頭に立てた目標が最善可能に達成されなければならない。保健衛生の視点は年間目標の取決めの際、何ら顧慮をしないならば、指導者は他の重点を彼らの労働に置く。そのうえ指標の形でよい計測性が、目標達成と同時に給付がこの規模に基づいて測定し、そして評価する前提を形成する。その場合、経済的目標は常に最上の優先をもち、保健衛生視点のような枠組み条件はまた一つの役割を演じる。

さらに重要な点は、保健衛生視点をあらゆる重要な意思決定に顧慮することである。すでに記述したように、BGMにおける指導者は重要な役割を受け取る。分析の時点で指導者は、SEMIKRONの場合必ずしも直接に責任は

ない。というのは、経営医(労働医学の専門医)のようなエキスパート、あるいは労働安全のための専門家は、"正しい"要求パートナーとして機能するからだ。そのうえ指導者は、彼らの協働者の保健衛生を活発に促進するわずかの刺激のみをもつ。というのは、彼らにはBGMの利益は必ずしも十分に意識されていないからだ。多くの指導者は特に経営経済的な目標に注意する。指導者はしたがって保健衛生対策についての費用 - 利益 - 関連についてよりよく報知される。それゆえ彼らには、彼らの固有の保健衛生態度によって模範として仕えることがはっきりされなければならない。

注)
1) ここでは、ベンチマーキングを単に"最善を学ぶ"ものと捉え、概要が述べられている。この場合、人が最高に統率され、また最大給付を達成する世界的な企業にシステマティックに向けられている。それは最善の革新を可能にして、それが自己の条件が許す限り、一貫して自己の企業において投入するよう試みられる。目標は、企業の給付能力を向上させ、そして費用を削減することである。
2) ペリナータル(Perinatal)とは、周産(周生)期(分娩前期、分娩中、分娩後期)、すなわち、妊娠22週目から生後28日目までの期間である(日本では生後7日目までを早期新生期として区別している)。
3) 1998年春に、ドイツプロテスタント病院連合、慈善救済事業福祉連合ならびに保険給付者協会であるドイツカソリック病院協会のイニシアティブによってproCum Cert GmbHが設立された。2001年以来ドイツ社会はマネージメントシステムについての証明のためにproCum Cert GmbHの活動する機会が増えている。

3章

病院における外来の手術
―すべてあるいはまったくダメ？―

1. 病院の治療

1) 概　　説

　入院による疾病扶養のシステムは、かなりの程度に国からの規制を受けている。一方で、GKV の被保険者の扶養のために許可されているすべての病院―全ベッドの99％を提供するおよそ90％の病院―は、法律上の疾病保障の権限に拘束されている。他方、被保険者のためにどんな病院が許可されるか、また公共的投資促進に対する要求を受けることについて決定する国家による病院企画がある。この国家による規制されたシステムのほかには、ほんのわずかな診療しか存在しない。次の病院扶養の組織についての叙述は、それゆえ"許可された"病院による扶養のシステムに限られる。

2) 狭義の病院治療

　GKV の被保険者は、許可された病院において法的な病院治療に対する権利を、必要とし、また治療目標が他の扶養の形態によって達成され得ない（SGB V 1章39条）限り、有する。病院への受け入れはたいてい、開業している契約医によって交付された病院治療の規定を基礎に行われる。ただし緊急の場合、被保険者は指定なしでも直接病院に行くことができる。病院への完全入院の受け入れのための前提は、権限ある病院医が病院治療の必然性を確認することである。規定において特定の病院名を挙げられ、また被保険者が強いられる理由なしに他を選ぶならば、疾病保険金庫は彼らに対し、それに

よって発生する予定以上の費用について、全部あるいは一部を負担させることができる（SGB V 2章39条）。この可能性によって疾病保険金庫は、極端にまれな利用の場合にのみ行う。

　病気の種類と重さに応じて医療的に必要であるすべての給付が、病院治療の一部である（SGB V 1章39条）。個々の病院に関係したこの要求、つまりそこから結果として生じる治療義務は、病院によって引き受けられた扶養委託の枠内において病院が義務づけられる給付にも適用される。かくて人は、それが非常にまれな重い病気、あるいは重傷の事故犠牲を測って扶養することを、基礎扶養の病院によって予期して待つことはできないだろう。必要な場合にこの患者は最初の手当ののち、この症例の治療のために都合の良いほかの病院に、例えばある群病院あるいは大学診療所に移動される。

　病院は患者を、完全入院で、あるいは入院前後ならびに一部入院で、あるいは同様にそして限られた範囲で外来でも、治療することができる。

- 完全入院の治療：完全入院としてもし患者が入院を受け入れられ、そして彼に治療の間の宿泊と介護が与えられるならば、病院の治療は適用される。完全入院に受け入れられた患者が、さらに同じ日に再び退出し、あるいは他の病院に移動される、あるいは亡くなる場合には、これはいわゆる"時間症例"あるいは"日時症例"として適用される。

- 入院前後の治療：1993年以来病院は、患者に入院前後の治療をする権利をもつ（SGB V 115a条）。入院前後の治療はすべての医学的に必要な給付を含む。しかし宿泊および給食はせずに行われる。入院前の給付は、完全入院の治療の必要性により、あるいはこれを準備するために許される。入院後の治療は完全入院の治療に接続して、治療成果を保証し、あるいは堅固にすることに役立つだろう。

- 一部入院の治療：一部入院として、治療が宿泊や給食を含むとしても、日中あるいは夜のみ行われるならば、入院ではなく治療とみなされる。患者はこの扶養形態の場合、朝に姿を見せ、そして病院から翌日の午後あるいは夜にかけて去る（当日診療）。あるいは患者が夜に姿を見せ、そして病院から翌日の午後あるいは夜にかけて去る（当日診察）。あるいは

患者が夜に姿を見せ、そして病院から朝に再び去る（夜間診察）。この扶養形態は、精神医学分野ではかなり以前から比較的広く流布されている。しかし最近は他の専門領域でも適用されるケースが増えている。

・外来の治療：病院は、一定の比較的狭く制限された症例において、患者を外来で治療する。外来としての治療が、宿泊や給食をしないで行われるならば治療が適用される。この意味において入院の前と後の治療は、外来の治療とは異なる、計画された、あるいは実施された完全入院の治療に関連して成立する外来の治療の形態である。病院における外来による医師の治療は、たいていそれに分けられて許可された（資格を与えられた）病院医によって実施されるだろう。いわゆる"資格"を、権限ある保険医協会の許可委員会が授与する（SGB V 116条、医師による職業行使についての州法の規則31条）。病院医は外来の治療のため、その位置で当該の病院医の資格なしには十分な扶養を保証されないだろう。もっぱら専門医の扶養に限定された領域のために許可される。それに資格は時間的期限を受け、そしてその許可はそのつどあらためて申請されなければならない。大学診療所の大学外来のみは、原則的に期限のない許可が外来治療のために法律によって与えられている。許可委員会は、治療が研究や理論にとっていかに必要であるか、外来治療のための範囲において許可することを義務づけられている（SGB V 117条）。2004年、外来契約医の扶養にとって資格ある病院医には清算症例のわずか1.9％、そして大学研究所のそれに診療所の約2.2％であった。

GKV現代化法（GMG）によって、2004年1月1日から病院に一連の新しい選択権が外来の扶養のために開かれた。かくてそれ以来一病院は—また個々の病院医ばかりでなく—外来の医師の治療のための制度として、州委員会が医師と健康保険にこの地域のために従属扶養を確認した限りで特定の地域において許可されうる（SGB V 116a条）。それに病院が、疾病マネージメントプログラム（Disease Managemennt Programme 本書196頁参照）の枠内において、外来による医師の扶養について健康保険の州連合との契約を締結する可能性を開く疾病マネージメントプログラムの実施に参加する病院が存続して

いる。それを超えて高度に専門化した給付、まれな発病それに特別な経過をもつ発病の一つのカタログが施行された。病院にとって外来による扶養のため、健康保険との契約によって許可されうる、また許可委員会によってなんら選り分けられた権能を必要としない（SGB V 3章 116b 条）。このカタログは共同連邦委員会によってさらに展開される。

　GKV 現代化法 2004 によって、同じく医療扶養センター（MVZ）は、外来の扶養にとって新しい組織形態として発起された（SGB V 95条）。医療扶養センターは専門包括的な医師に導かれた制度であり、その制度において医師は従業員としてあるいは自立的な契約委として活動する。多くの病院は MVZ を外来による扶養の入口のための機会として利用した。そして自ら設立した MVZ の担い手となり、やがてまず考えられる理由から担い手の病院と密接に協力する。2004 年以来 MVZ の数は継続的に上昇した。2004 年の終わりにそれはまだ 70 か所だったが、2007 年の終わりにその数はすでにおよそ 950 か所に、そして 2008 年第 4 四半期において 1200 か所（KBV 2009）になった。そのうち 2008 年の終わりにおよそ 37％が一病院の担い手にあった。

　2007 年 GKV 競争強化法によって、病院の外来扶養のための道がさらに広がった。2007 年 4 月 1 日以降病院は、原則的に SGB V 116b 条によるカタログにおいて実施される高度に特殊化した給付の外来による扶養に、もしそれが州の病院計画によって指示されたなら権限が与えられる（SGB V 2章 116b 条）。これによって権能が事実上所轄の州当局に移譲し、また健康保険との契約による協定はもはや必要ではない。

　外来の治療と同様に加えられるのは外来の手術である。1993 年 1 月 1 日以降、病院は原則的に外来の手術をすることが許可されている。そして病院医の相応の権能にもはや依存しない（SGB V 115b 条）。それにはただ健康保険、保険医協会それに許可委員会への報告が必要である。

　病院治療はたいてい全時間の病院医によって実施される。しかし病院の勤務医による扶養の可能性もある。勤務医は、勤務医としての正当な評価を受け、またその外来の患者の一部を入院も治療する開業する契約医である。こ

れは多くはいわゆるベレーク病院において、しかし通常の病院の"ベレークベッド"においても行われる。勤務医としての正当な評価は健康保険との合意における権限ある保険医協会によって言い渡される (SGB V 121 条)。勤務医による給付の報酬は外来による医師の扶養にとっての契約医の全体報酬から生じる (SGB V 3 章 121 条)。病院の給付は、患者もしくは健康保険とは別に勘定に入れる。それに応じて完全入院の治療にとって 2 つの分離された症例一括概算額カタログもある。全時間の医師によって主要分科における扶養のための一つ、そして勤務医の相当する報酬の分け前なしに勤務医の扶養のための一つがある。

2007 年に 5982 人の契約医が勤務医として活動していた (KBV 2008a)。最大の分け前は婦人科医 (1291 人) と耳鼻咽喉科医 (1527 人)、外科医 (615 人)、整形外科医 (626 人)、および眼科医 (583 人) に置かれた。1791 の一般的病院のもとで 155 の純粋のベレーク (勤務医) 病院には、全体で 5551 床のベレークベッドがあった。平均的なベレーク病院はかくておよそ 36 床のベッドを持っていた。

最近の統合化扶養の採用と共に、病院にとっても興味ある新しい組織形態や追加的な金融源が患者扶養のために創られた (DKG 2004a, 2004b)。統合化扶養への乗り入れは差し当たり GKV 保健衛生改革法 2000 によって行われた (SGB V 140a〜h 条)。2004 年 1 月 1 日に施行された法律は、健康保険が給付産出者と相応の契約によって改善された扶養プロセスの調整を、制度的および分野的な境界を越えて作用すると定められている。契約パートナーとして、法律において保険医協会、契約医連合および許可される病院が挙げられていた。統合化扶養の出発点は、強度に細分化されており、また扶養状況と分野との間の多くの接点の克服は、患者とその家族にしばしば委ねられるだろうとは、以前から言われていたドイツの保健衛生システムの批判であった。

統合化扶養のための法律的な規則は給付産出者により多く協力し、またその給付を患者の必要に沿ってより強く調整する刺激が与えられるだろう。また、これに必要な付加的な給付は、付加的な報酬によって謝礼が支払われるべきだろう。しかしこのことは健康保険の全体支出の上昇をなんら結果とす

るものではないので、関係保険医協会の全体報酬ないし参加した病院の予算は、余分の支出をカットされていた。この規定の現実的転換は、2000年と2003年の間に、特に報酬問題のために決定的に困難であることがはっきりした。そして契約の成立は、特に保険医協会で失敗した。GKV現代化法(2004年)によって、目標と共に障害を取り除き、そして有効な資金の刺激を契約のために創る法的な規定がさらに加えられた(SGB V 140a～d条)。最も重要な新規則により、保険医協会が契約パートナーの範囲から締め出され、また資金調達システムが統合化扶養のために法的に特典が与えられた。2004年にとって差し当たり2006年まで、また2008年末までの延長後"第1次資金調達"は、契約医の全体報酬や病院予算の1％までの総量において創られた。統合化扶養にとって資金調達システムは、健康保険が保険医協会の全体報酬および病院の予算のほぼ1％まで、それによって付加的な給付を契約によって協定した統合化扶養の枠組みにおいて、報酬を支払うために短縮してもよいことを企図した(SGB V 140d条)。その場合ドイツ連邦全体で、差し当たりおよそ7億ユーロの予算が扱われる。

最初は懸念されていたものの、開始後、新規則はGKV現代化法によって有効であることが判明した。2004年以来増加して、より多くの統合化した扶養のための契約が締結された。2005年の末にそれはぎりぎり2000件の契約が、そして2008年の末にはすでに6000件を超えていた。それは、この傾向が第1次資金調達の終了後も続くかどうかじっと待っている。

契約パートナーの申告された数の場合、もっぱら健康保険の直接の契約パートナーが把握され、統合化した扶養のそのときのモデルに参加したすべての給付産出者ではないことが顧慮される。それは、例えばある病院はある健康保険の契約パートナーである、統合化した扶養はしかし1人ではなく、広い給付産出者と一緒に実施する、しかし健康保険の契約パートナーとして現れないことはまったく可能であり、また見つけられる。費用の担い手の側に立って、契約パートナーは個々の健康保険あるいはより多くの健康保険と一緒にいることになる。

GKV競争強化法によって統合化扶養にとっての介護保険や許可される介

護施設に対する契約パートナーの範囲は拡大された。その結果2007年4月1日以来介護を必要とする者も統合化扶養に算入されうることになった。

2. 保険制度における発展

人口統計学的記述の発展、医療的進歩、社会的価値変化、市場の開放ならびに法的規則は、病院市場の変化した枠組み条件を招き寄せる。診断関連的症例一括概算額（DRG）の採用およびそれと結びついた待ち期間短縮は、病院の負担の低下につながる。ベッド数削減、部門閉鎖、全病院の営業中止には一貫性がある。かくて病院は増加する費用および競争圧力をさらけ出して自らをかえりみる。

1）入院による扶養の構造

原則的に病院は、その担い手をもとに、公共的、非公益の病院と私的病院に区別される。そのうえ1991年以来、一般的病院、その他の病院という細分化もされている。"その他の病院"は、もっぱら精神医学上あるいは神経学上のベッドを包含するものである。"一般的病院"は、"その他の病院"と異なるすべての形態とベッドを包摂する。

サイモンによれば平均的な"一般的病院"は次のように性格づけられる。
・200床から300床のベッドを持つ
・4つの医学的な専門科を、そのもとで通常内科、外科ならびに婦人科や産科をいつでも使える
・およそ25億ユーロの予算をもつ
・およそ500人の協働者が従事し、そのもとでおよそ50人の医師やおよそ200人の介護者が従事する
・そして年間およそ8000人の完全入院の症例を扶養する

それと並んでさらに予防やリハビリテーション施設が備わっている。

最近17年間の費用の担い手と発展に関する表Ⅰ-3-1から、2007年における一般的病院の区分が明らかになる。

表Ⅰ-3-1によれば最近17年間において一般的病院数の明らかな減少が確認される。これは公共的および非公益の病院の減少によるところが大きく、一方私的な病院は増加した。ここで病院ベッドの絶対数を計算に入れるならば、私的な病院の担い手はむしろ少ないベッド数で小さな病院を経営していることが明白になる。一方公共的および非公益の担い手はすべての段階でより大きな診療所を所有している。多くのベッド数削減および病院数削減にもかかわらず、公共的および非公益の費用の担い手の入院扶養の主要部分は確保される。しかし私的化の傾向は認められる。

　一つの病院の組織は一般に3つの領域からなる。①医師、医療の職務、②

表Ⅰ-3-1　2007年の一般的病院数とベッド数の所有者ごとの内訳

	2007	変更　1991～2007（in%）
一般的病院	1,791	-17.2
・公共的	587	-41.1
・非公益	678	-19.1
・私的	526	+59.4
ベッド	468,169	-21.7
・公共的	222,971	-37.4
・非公益	167,739	-18.9
・私的	70,459	+193.6

（出典：連邦統計局、サイモンによる省略、2010、S. 257）

表Ⅰ-3-2　2005年における一般的病院の職業グループ別職員数

従業員	2005	変化　1991～2005
実働者全体	747,149	-8.4
医師の職務	116,336	+27.5
介護職務	278,118	-6.2
医療技術的職務	116,531	-0.7
機能職務	81,776	+8.5
診療家事職員	14,064	-63.9
経済と扶養職務	49,889	-44.2
技術的職務	17,451	-22.2
管理職務	53,891	-5.2
特別職務	3,715	-58.8
その他の職員	15,379	-16.7

介護職務および③経済と管理職務である。そのためにつねに自己の指導構造が必要である。2005年には100万人の従業員が病院に勤めていた。そのうちおよそ75万人の実働者がいた。表Ⅰ-3-2では2005年の数ならびに近年15年における展開が表されている。

表によれば、1991年から2005年まで、今日もなお保持している医師による活動の強い拡大が与えられた一方で、介護職務や多くの他のサービス給付は、仕事が増加し圧縮されたとはいえ削減している。

2) 入院給付の権利行使

ドイツの病院では、毎年およそ1700万件の症例が治療される（2008年には1750万件の症例であった）。他のヨーロッパ諸国と比較すると、ドイツは上位の領域にある。この10年で入院の治療症例の率は上昇した。1991年には病院

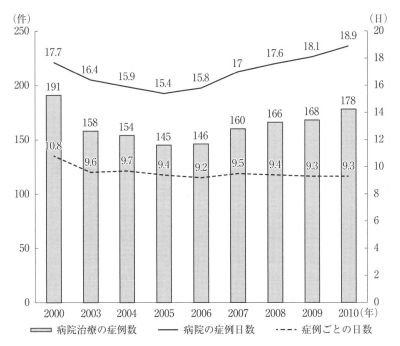

図Ⅰ-3-1　BKK被保険者100人あたりの病院治療の展開
（出典：BKK連邦連合）

への治療のための症例はわずか1400万件であった。それが2008年にはおよそ25％増となる1750万件の症例となった。また、治療症例の増加と並行して、入院の平均滞在期間は1991年に14.6日であったが、2008年には8.1日となっている。2000年以降の病院治療の症例数と経営疾病保険の被保険者の入院日数を図Ⅰ-3-1に示す。

病院において自由に用立てられるベッドの減少のため、図に示される数字のように、病院症例の増加および平均的な入院期間の減少は、より良いベッド稼働を表している。その結果今日では約77.5％に当たる。

しかしそれは、多くの患者が入院期間を短くするように指示されることを意味する。その結果、医師や介護職員はますます速く新しい患者や治療に合わせなければならないことになる。それはつまり介護や治療の構想が必ずしも最適に実施され得ないことを意味するのである。

治療症例の約3分の1が75歳以上の人に関わるものである。もっともこの人口グループは、人口のわずか17％を占めているにすぎない。経営疾病保険の被保険者のデータに基づく2010年のグラフではっきり示されている（図Ⅰ-3-2）。

病院における治療法指示をみると、最も頻繁に行われるものは心臓・血液循環ならびに眼疾患への治療である。つづいて消化器官、けがや中毒の病気ならびに筋肉や骨格システムの病気になる。この5つの病気グループだけで、すべての入院治療の原因の半分以上に相当する。ここで、似た症例で治療をしない患者が思慮される。病院統計のもと、いかに多くの患者が現に治療される症例の後ろにかくれているか、ないしは症例の後ろで一人の患者の多くの疾病エピソード（例えば診断のための入院の受け入れ、手術〔OP〕のための受け入れなど）が記録されているかは明らかではない。それらは近年の症例数の高まりから理由づけられるが、しかし実際の入院の気弱な体質のドラマチックな上昇について何らの発言も許されない。

最近は精神的障害の重要さが増している。それはしばしば長期間の治療エピソード（例えば病的欲求）と結びついているので、経営疾病保険の被保険者について精神的障害のために病院治療が必要となった日数をみると、第1位

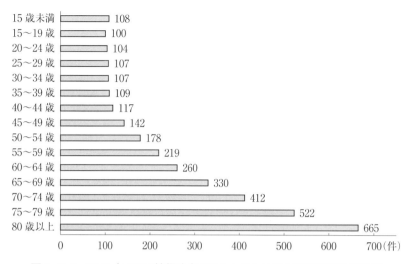

図Ⅰ-3-2　2010年BKK被保険者1000人あたりの年齢別病院治療症例
(出典：BKK連邦連合)

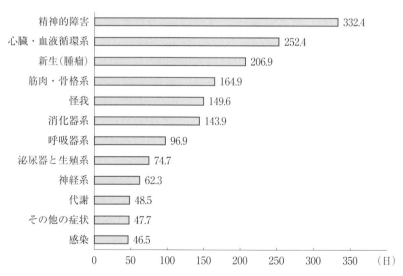

図Ⅰ-3-3　2010年BKK被保険者1000人あたりの日数で病気種類別の病院医療症例
(出典：BKK連邦連合)

となっている（図Ⅰ-3-3）。

2010年のBKK被保険者1000人あたりの数字でみると、精神的障害のために病院に入院した患者の平均入院日数は332.4日であった。一方心臓・血液循環疾患の場合は、252.4日であった。

3) 入院による扶養の費用と資金調達

本章2. においてすでに表したように、保証委託は諸州の場合、入院による扶養のためにある。諸州は投資費用について、病院の維持、新築およびその設備に関して権限を有する。流動費、いわゆる経営コストは、利用者ないし法的または私的な疾病保険が支払う。ここでは入院分野の一対の資金調達について述べる。2009年に可決された病院資金調達改革法によって、2012年1月1日から一州の病院計画に参入した病院にとって一つの投資促進は、給付に向けられた投資一括概算額によって可能となるだろう。

もし保健衛生制度に関してドイツの費用高騰について述べるならば、その原因はしばしば入院による扶養に負わされる。というのはGKVの支出のおよそ3分の1が取り分であり、またそこでは2000年以来明白なコストの上

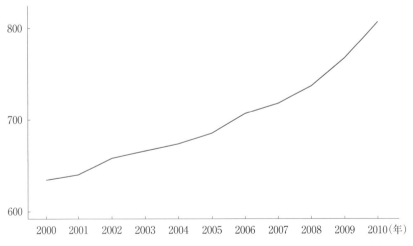

図Ⅰ-3-4　被保険者あたりのGKV病院コストの展開（2000～2010年）
（出典：BKK-Faktenspiegel, 2011/08）

表Ⅰ-3-3 病院への支出の資金所有者の分与

	2007	1992〜2007の変化
支出全体	100万ユーロ 67,309	BIP（％） ＋44.9
公共的生計	3,033	－27.0
GKV	52,859	＋51.3
PKV	6,652	＋62.4
GUV	841	＋15.0
使用者	2,307	＋37.4
私的生計	1,551	＋107.4

（出典：サイモン、2010）

昇がみられる（図Ⅰ-3-4）。

　病院の中心資金調達の担い手は、表Ⅰ-3-3が明白に示すようにGKVである。それは2007年にほぼ530億ユーロにのぼり、入院による扶養のための支出全体の78.5％の持ち分を占めている。

　表Ⅰ-3-3では、最近15年間でGKVとPKVの支出分与が明らかに上昇しているのがわかる。一方、公共的生計はその分与をおよそ27％軽減させているが、他の大部分が上昇しており、たとえ絶対的な金額が少額であっても、2007年には全体の支出の約2.3％であっても私的生計は記載する。ここで被保険者によって支払われる病院治療日（目下1日当たり10ユーロ、最大28日）の支払いが重要である。

　入院部門の資金調達を容易にし、かつ長期に保証するために、政策によって様々な用具が作成されてきた。こうして1972年の病院資金調達法によって自己費用補てんの原則が採用された。それは病院のために、患者が病院において過ごした毎日を振り返り、費用弁済を患者の診断と年齢から独立に想定した。この報酬システムによって病院にとって滞在期間を延長することへの、また実施された治療を削減することへの刺激が生まれるので、1993年保健衛生構造法によって、自己費用補てんの原則の対象にならなかった経済的な給付産出を確保するために、予算案の一つの補てんが採用された。今さらに生成している同じ日の看護金額と並んで、一定の病院給付が症例一括概算額と特別報酬によって一括して概算して報酬を払われた。したがって病院

にとって給付拡大や滞在期間を長くすることへの何らの刺激はなく成り立っている。

2000年のGKV保健衛生改正法によって、2003年から一貫した、給付志向で一括して概算する報酬システムが採用された。それはもはや何らの看護原則を含まず、また2010年までの入院による扶養における報酬システムの段階的な切り替えを、病院におけるすべての給付のための症例一括概算額（診断に関連するグループDRG）に予定している。それによって経済的な給付産出のための刺激が生じるだろう。経済的な理由から、患者の受け入れをできるだけ短時間にし、そして治療することは今や病院にとって意味がある。病院における症例一括概算額の採用によって、このように継続的な費用の計算と弁済のシステムが基礎から改造された。一方で患者はその診断のもとでグループに分けられ、そのために一括概算の報酬（平均的な治療費用）が供与される。それによって現実に付随して生じる費用の弁済の原理は見捨てられる。ドイツのDRGシステム2010は、2100種類の症例一括概算額と、いまだDRG症例一括概算額によって覆いを取られない調査や治療方法のために支払われる（143の付加報酬を含む）。

病院にとっては、症例一括概算額の採用により、患者の受け入れの選択に際して、複合病弱の患者の負担となる、短い入院時間でより軽い症例のみを治療するに違いないと考えられた。そして治療途中の患者の早すぎる退院になってしまうことが懸念された。これは付随研究のわずかなプロジェクトにおいてはこれまで確認されなかった。しかしこれまではもっぱら短期間についてのみわずかの病院で考察されており、また長期に基礎を置いた堂々とした研究の成果はまだなされていないことが考察される。

4）見通し

シナジー効果によって資源の消費を抑制するために、病院においてはより強い集中と民営化に向かうだろう。また公共支配はますます入院による扶養の資金調達から引き下がる傾向は長期化するだろう。さらにすべての病院種や全体の診断および治療グループに、症例一括概算額システムが、資金調達

できることを長期間にわたり確保し、そして病院間のより多い比較可能性と透明性を創造するために広げることが計画されている。より遠いベッドの撤去や滞在期間の減少は、症例数の同時の向上の際にもっともらしい。

同時に立法者は、病院が、外来による扶養を強化して、例えば医療扶養センター（MVZ）に参加することによって、含められるという可能性を創造した。さらに1993年以降病院は外来による手術をすることが認められている。そして2004年以降統合扶養の枠内においてふさわしい組織形態を共に形成することができるようになった。この活動力と共に外来と入院の分野との間の硬直した分離が、常に強く持ち上げられることが明白になった。

5）新たなる外来手術の展開

この展開は、入院や外来の扶養の間の境界を廃止し、そして両者の部門の密接なかみ合わせを収める法的な努力によって強化される。その結果、治療の外来部門への移動の増加、および入院領域におけるさらなるベッド削減が生じる。病院組織の最適化および広い活動範囲を求める探索は、この条件のもとで将来に向け、革新的な戦略を病院指導のために示すことができる。外来職能のためにオープンにして"統合化した職務給付センターとしての病院"が可能な将来の扶養構造を表す。

1993年以降病院では外来の手術を実施する可能性も提供されるようになった。"立証責任の反転"によってこれは同時に、一定の手術入院の実施は、今や一つの理由を必要とすることを意味する。保健衛生制度における資源不足の拡大や、法的基礎（SGB V 115b条）、他の国家の"先乗り役"、そしてもとより患者の願望が拡大しているにもかかわらず、これまでの病院の反応は総じて、そのうちにと、気の進まないものであった。"外来で手術すること"の意義は一層増しており、ますます病院は、外来の手術を提供するか、あるいはその中心業務を入院の給付に焦点を合わせようとするか、を自問しなければならない状況にある。

3. 法 的 基 礎

1993年4月1日に、"SGB V 115b条1項による契約―病院における外来を手術する"が疾病保険金庫のトップ連合、ドイツ病院組合（DKG）そして保険医による連邦協会（KBV）の間で締結された。2010年1月1日以降契約は、"SGB V 115b条による契約―病院に　おける外来で手術するまた入院に交替する手術"（AOP契約）と表記されている。"SGB V 115b条1項による基礎契約への添付1"は病院におけるSGB V 115b条による外来を実施しうる手術（Operation）および"その他の入院に替える手術（Eingriff）のカタログ"（AOPカタログ）を含む。およそ2800の手術や外来によることを認められた手術がリストアップされている（SGB, 41. Auflage, 2012, S. 546-547）。

> Operation：生きている人間の場合病んでいるプロセスを除去する目的をもって治療上の理由から実施される介入（Eingriff）、その際身体上の完全性は一時的あるいはいつまでも取り上げられる、あるいは欠陥が発生しうる（*Lexikon der Medizin*）。

社会法によれば、SGB V 115b条には病院における外来の手術、また116b条には病院における外来の治療についての規定がある。

115b条　病院において外来の手術を行う。
(1) [1]疾病保険金庫の連邦上部連合、ドイツ病院協会あるいは病院所有者連邦連合は共同して、また保険医連邦協会は結合して、
1. 外来患者に実施できる手術やその他入院の代わりとなる手術のカタログを、
2. 病院や契約医に対して統一のとれた報酬を、

[2]命題1ナンバー1による取り決めにおいて、2000年12月31日まで外来において実施される手術や、外来で実施されうる入院は別々に名を挙げられる。そして、一般的実情がある場合、入院の実施が必要でありうることを決定される。[3]取り決めにおいて135条2項による品質前提ならびに92条1項命題2および137条による共同連邦委員会の方針お

および決定が顧慮される。

(2) ¹病院はカタログにおいて挙げられた手術と入院の代わりとなる手術の外来の実施のために認可された。²ここでのために病院の疾病保険金庫の州連合会や任意疾病保険金庫、保険医協会および認可委員会（96条）への通知を必要とする。保険医協会は州病院協会に契約医の扶養における扶養の程度について知らせる。³病院は1項に従う契約を守る義務がある。⁴給付は直接に疾病保険金庫によって支払われる。⁵経済性や品質の検査は、疾病保険金庫によって行われる。病院は301条に従って、それが疾病保険金庫の任務を果たすために必要である限り、疾病保険金庫に資料を提出する。

(3) ¹1項に従い、協定の全部あるいは一部が実現しないならば、その内容は契約当事者の申請で89条4項に従い連邦仲裁局によって定められる。²これはドイツ病院協会の代表をめぐり同じ数に、それがいつも疾病保険金庫および保険医連邦協会の代表にとって予定された（拡大された連邦仲裁局）ように拡大される。³拡大される連邦仲裁局はメンバーの3分の2の同意で決定される。⁴112条4項は相応して適用される。

(4) ¹1項あるいは3項に従う規則の発効まで、ただし1994年12月31日まで病院は統一的な評価基準（87条）を基礎に外来の手術を実施する資格がある。²これは病院が疾病保険金庫の州連合会や任意保険金庫、保険医協会および認可委員会への報告が必要である。その中で病院において外来に実施しうる手術が示される；2項命題2第2の半命題が準用される。³報酬は被保険者にとって適用している報酬額と共に統一的な評価基準に従う。⁴2項命題4と5が準用される。

(5) ¹1項に従う取り決めにおいて病院や契約医の外来の手術給付の報酬のための共通の予算についての規則が与えられる。²薬剤は外来の手術のために認可された病院の予算や全体報酬から調達される。

116b条　病院における外来の治療。

(1) ¹疾病保険金庫あるいはその州連合会は、137条に従って構成される

治療プログラムの実施に参加する許可を受けた病院と共に、外来の医師の治療についての契約を結ぶことができる。ただし構成される治療プログラムへの契約において、外来の給付提供への要求が必要とする範囲である。[2]病院の外来の給付提供の物的および人的要求にとって135条に従う要求が最低限の前提として準用される。

(2) [1]認可された病院は、3項と4項に従うカタログにおいて挙げられた高度に特殊化した給付の外来の治療、まれな罹病および特別の疾病経過によっての罹病に、それが病院所有者の申請で州の病院規格の枠組みにおいて、契約医の扶養状況を顧慮してそれに決定されたか、または決定される限りにおいて資格を与えられる。

[2]ある決定は、病院が適切でないか、また適切でない限り行われてはいけない。[3]病院企画に直接参加している者とのある一致の決定が目指されうるからである。

(3) [1]外来による治療に対するカタログは、次の1. 高い専門化した給付、2. まれな罹病および特別の疾病経過のある罹病を含む。

1. 高い専門化した給付
   ・CT／MRT に支えられた介入鎮痛治療の給付
   ・短縮治療
2. まれな罹病および特別の疾病経過のある罹病
   ・腫瘍学の罹病をもつ患者の診断と扶養
   ・HIV／AIDS をもつ患者の診断と扶養
   ・リュウマチの罹病の重い進行形態をもつ患者の診断と扶養
   ・重い心不全の専門化した診断と治療（NYHA〔New York Heart Association〕分類Ⅲ—Ⅳ）
   ・結核を持つ患者の診断と治療
   ・囊胞性線維症（Mukoviszidose）のある患者の診断と扶養
   ・血友病患者の診断と扶養
   ・先天異常、生まれつきの骨格異常および神経筋の罹病をもつ患者の診断と扶養

・重大な免疫学的罹病をもつ患者の診断と治療
・多発性硬化症をもつ患者の診断と扶養
・けいれん性疾患（てんかん）の起こる病気をもつ患者の診断と扶養
・小児科学の心臓病学の枠内での患者の診断と扶養
・後遺症をもつ早期出産の診断と扶養

[2] 病院の外来による給付提供への設備上および人員に関する要求については、契約医による扶養のための要求が準用される。

(4) [1] 共同連邦委員会は 2004 年 3 月 31 日までに一度、3 項に従いカタログを広くまれな罹病と特別な病気進行をもつ罹病ならびに、命題 2 に従う基準を満たす高い特殊化した給付のために捕捉した。[2] カタログへの採用のための前提は、診断のあるいは治療の利益、医学的な必要性および経済性が課されることである、その場合医学的な必要性および経済性の評価の際、病院における給付調達の特殊性が契約医実践における調達に比較して顧慮される。[3] 指針はそのうえ、外来の給付調達が病院によって、委託を家庭医あるいは専門医によって前提とするか、またいずれの場合に前提とするかそのために規則を的確に捉えなければならない。[4] 指針において補足的な設備上および人員の要求ならびに 135a 条に従う品質保全の利益包括的対策が病院の外来による給付調達への 137 条と結びついて規定される。最低の要求が 135 条に従う要求に準用される。[5] 共同連邦委員会は法的に定められたカタログ、資格要求および指針を遅くとも 2 年ごとに、それらがいまだ命題 2 から 4 まで挙げられた基準に相応して、ならびに新しい高度に特殊化した給付、新しいまれな罹病および特別の病気進行をもつ罹病が命題 3 に従うカタログに採用されなければならないかを検査しなければならない。

(5) [1] 2 項に従って病院において調達された給付は直接に疾病保険金庫によって補償される。[2] 報酬は比較しうる契約医の給付の報酬に相応しなければならない。[3] 病院は疾病保険金庫に 3 項および 4 項に従って病院によって外来にもたらされたことを知らせ、そしてこのために算出できる統一的な評価基準の基礎（87 条）での給付を挙げる。[4] 2007 年と

2008年に置いてもたらした外来の給付の報酬は個々の四半期において平均の数値を基準に行われる。その数値は保険医協会の地区に関係した契約医の扶養における最後に、手元にある四半期決算から生じる。[5]命題4に従う数値はある保険医協会の地区において適用される金庫種に関係した報酬の支払い数値から四半期ごとに、いつも医師の給付にとって統一的な評価基準を基礎に差し引かれた得点を加重して計算される。[6]保険医協会、疾病保険金庫の州連合会および任意疾病保険金庫は規則的に四半期開始後8週、2007年5月31日までにはじめて、命題4に従う平均の数値を共同して、そして統一的に確認する。[7]平均の数値の確認がこの時点まで行われないなら、保険医協会に権限のある監督官庁が数値を確認する。[8] 2009年1月1日から病院の外来の給付は、その地域に適用しているユーロ料金規定（87a条2項命題6）の価格によって支払われる。[9]経済性と品質の検査は疾病保険金庫によって行われる。

(6)[1] 2項に従う外来の治療は73条2項ナンバー5の8と12までに従う給付の規定を、これらが認可の枠内における治療委託に実現のために必要である。73条2項ナンバー9は準用される限り含まれる。[2] 92条1項命題2に従う指針は準用される。[3] 87条1項命題2に従う記入用紙や証明についての協定ならびに75条7項に従う指針は、それらが規則を命題1に従う給付の指示のために与える限り準用される。[4]病院はその際300条および302条に従う控除の枠組みにおいて、はっきりした分類が可能である293条に従うある徴候を役立てなければならない。[5]命題1に従う指示の経済性の検査にとって113条4項は、契約に取り決められる以外にない範囲で準用される。

必要ではない完全入院の病院治療を避けるため、SGB V 39条の基礎で契約は特に、ある患者に適した経済的な扶養の保証に役立つ。報酬のための基礎は統一的な評価基準の計算規定（EBM）が表す。

AOPカタログに挙げられた手術の場合、一定の方向のみに拘束的ではなく外来による実施のための義務がある。"立証責任の反転"をもとに医師は、

各々の個別症例において、企図された手術の性質や難しさが患者の保健衛生状態の顧慮のもとで、医師の技術のルールに従って手術の外来の実施が自由に提供する可能性によって許す（DKG2006）かどうか検査する義務がある。医師にとってこれは、医学的な視点から様々な代替性を可能な限り包括的に相互に考量し、そしてその場合、彼に到達しうるすべての意思決定基準が育て上げられなければならないことを意味する。

　入院治療の必要性はいわゆる一般的な構成要件の存在と結びついている。これは"KHG 17c条による検査手続きのための共同推奨への添付2"（G-AEP規準）に特徴づけられ、また主たる欠陥を覆っているものから回避に役立つ。罹病の難しさ、治療の内容充実度、病的状態および集中的な世話、あるいは手術と結合した他の病院特殊な処置と並んで入院治療の必要性にとっての基準としての社会的な要素も役立つ（DKG 2006）。

4. 外来の手術の利点と欠点

　外来の手術は個々において経済的、医学的そして社会心理学的な観点が関係する多くの利点を提供する。
- ・入院容量の削減された利用によって治療コストの低下
- ・よりよい計画可能性によって容量の改善されたフル利用
- ・病院経営の繋留および固定費の低下
- ・低下する罹病感覚と同時に治癒経過の恩恵
- ・病院感染についてのわずかなリスク
- ・血栓症と塞栓症について、よりわずかのリスクによって早期の手術で回復させる
- ・患者の協働に対する高い動機づけ
- ・家庭のような慣れた環境における滞在による、より高い患者の快適さ
- ・精神的に負わされている病院の収容が避けられる
- ・短縮された労働不能期間

同時に、組織的、経済的、医学的および法律的観点に関係する確かな欠点

も外来の手術に負わされる。

- ・契約に定められた構造品質の保証、特に専門医標準、助手職員の資格ならびに立体的な、装置にそして衛生的な要請
- ・短期の手術日より高い人事拘束によって外来の手術に合わされた人事と進行組織
- ・新しい立体性ならびに人事および進行組織への投資
- ・一部にコストに見合わない報酬
- ・適切でない退院時期の選択の場合の二次扶養
- ・指定位置や啓蒙の際の特別の入念
- ・規定どおりの証拠資料の高い要求
- ・手術後の家庭の扶養に関する手術実行者の責任

5. 病院における外来の手術の投入

　法的基準の実現は、病院における外来の手術の設立にとっての本質的基礎と呼ばれる。これによって、外来で手術をすることは他の病院あるいは開業医に対する競争優位を示すことになる。逆に非採用の場合、魅力的なそして戦略的に重要な顧客を部分的に変える脅しになる。そのうえ金額欠損は見極めうる課されたものの後退のため、少なくとも一部償われ、ないしは職場を確保し、ないしは現にある操作的また人事的な容量をよりよく働かされうる。

　患者や開業医にとって病院の高められた魅力により拡大された提供パレットは、そこから生じる入院領域にとっての"乗数効果"と結びついて、一つの長期の市場成果を表す。外来の処置によって満足している患者は、この病院においてむしろ入院の治療も行い、病院をさらに他の人に推薦するだろう（"今日の外来患者は明日の入院患者である"）。

　外来での手術は、できるだけ早く退院したいという多くの患者の願いにふさわしいので、それはより強く患者に向けられた病院の本質的な貢献ともみなされる。結局、医師の後継者の教育や一層の教育の議論でもある。また病院として長期的な教育職能をも正しく評価するために、相応の手術は完全に

他の制度あるいは定住者の領域に譲渡されるべきである。

この背景を前に、外来の手術を取りやめる病院は、重要な顧客を契約医の領域、あるいは他の外来で手術をする施設に譲渡し、そして同時に長期に入院の患者も失うことを受け入れなければならない。他の入院患者によって不足する補充療法の場合、低下する症例数や収容能力の確保、不足する診断や治療の容量をフルに稼働させること、高められる症例コストそして結局は競争力の低下におびやかされる。外来の手術はそれゆえ病院の未来保障に寄与すると共に、給付ポートフォリオの不可欠な構成要素とみられる。

もちろん、外来の手術に対する抵抗もある。医師の職務において特別の法廷思考、存在する医長の個人的な権限、むしろ"容易な"、あるいは"日常の"手術に不足する専門的な関心ならびに外来病棟医師の"自分像"が、外来の手術を設立することを難しくしている。介護職務の協働者は、特に強力な給付圧縮、職位構築ならびに人事構造の変化をもとに高められた労働費消を、わずかの資格が与えられた労働力のために恐れる。管理はまず第一に不利な経済的な枠組み条件を、多くの外来の手術の不十分な費用補償のごとく、第二に建築上の器械による、組織的および人事的適用の必然性と共に相応のインフラ構造の不足を強調する。

これは、外来の手術の設立が、組織上の前提ないしは都合の良い病院内部および外部の枠組み条件の企画および創設と並んで、大いに個々の助成者、個々の医師あるいは業務指導に選ばれた個人、あるいは個人的な納得をもとに外来の手術を強行する管理指導のような助成者の個人的な関与に依存していることを、はっきりさせる。

病院において時流に即しまた技術的に機能しうる手術空間が、必要な器具類およびすべての必要な装置と共にすでに存在する。これにより構築的な、機器的、技術的および衛生的な必要の実現は何らの本質的問題を表さない。病院の設立あるいは執刀医ないしは処置をする医師の常駐の達成可能性の前提も、一病院において容易に実現される。それによって病院は、一目で他のどの制度より、より良く適している、高い品質および安全基準のもとで外来の手術を実施すると外部から思われることになる。もちろん病院経営に包含

する前に、立体的組織ならびに経過および人事組織は、より厳格にまた外来の手術の特別の要求に適合されるべきである。

組織上の包摂の目標は、これまで、一病院が提示する利点と共に実務から知られた利点を組み合わせることである。医師実務の利点として、とりわけ一人の医師による治療、狭い医師‐患者関係、執刀医の専門化や経験および病院特有の体質の回避が挙げられる。病院における治療の利点は、現存するインフラ構造での広い治療多様性ならびに器官の機能完全な合併症治療の場合の手術後の四六時中（夜間も含む）の監視の可能性において存在する。

6. 立体的組織

本質的な投資費用および費用のかかる組織的な対策なしに、外来の手術は完全統合化の組織形式として運営される。その際、外来患者のある統合は通常の入院経営においても、また存続する OP 経営においても同様に行われる。しかし実際には、外来患者の統合の場合に優越する入院経営への統合の場合多数の問題が発生する。例えば介護職員または治療する医師の交替に関する管轄権、ほとんど利用されない部屋の管理を専門科に任せる、ほかの義務のために執刀医や麻酔医を通した義務免除訪問の遅れ、執刀医の場合何ら保証されていない再面談、さらに治療する医師へ遅配の通知問題などが生じる。入院や手術領域間での協働における医療の緊急の場合や摩擦喪失によるプログラム進行におけるためらいは、この場合プロセス進行における著しい阻害につながる。したがってこの組織形式はただ一つの経過の形式を叙述しているにすぎない。

部分に分けられた組織形式は、例えば外来で手術される患者のために外来の手術給付を入院の OP 経営に同時に統合した場合には分離される介護単位の施設を含む。この組織形式はより良い顧客の方向づけや、より効率的な労働経過と統一的な品質基準を可能にさせる。しかし OP 容量の共通の利用の上に挙げた危険を隠している。

完全に分けられた組織形式の場合、分離された介護単位と並んで OP 領域

における外来の手術の分離も成立する。移動方法の短縮、経過の改善および基準の組織的または内容の観点における確定は、経済的給付産出を可能にする。この単位によって、様々な専門科を通した多様機能の利益が追及される。開業医との協力的な利益は、区分克服の観点のもとでも容量のフル稼働でも、同様に有効である。

　十分な症例数と結合した徹底的な一層の発展は、結局病院の内部での自立的な組織単位の発揮につながる。その際、外来の治療は、立体的にばかりでなく、医療的人事および管理技術的に入院の病院経営から分離して実施される。

7. 経過組織

　経済的な経過にとって、外来の手術の場合、治療の時間的短縮のためには大いに勢いの良い労働によって、組織と亀裂のないチーム労働を要求することが顧慮される。それゆえつねに分離された責任と権限によって、多数が参加する病院協働者との幅広い方法および特殊科の権利の主張が避けられる。

　できるだけ高い効率の尺度と並んで、最大限の患者の安全を保証することももちろん値打ちがある。法的視点から、患者が病院の条件のもとで外来の手術に着手された場合に、何ら大きなリスクと大きな負担にさらされてはいけないので、治療する医師にとって特別の配慮義務が生じる。リスクあるいは手術の啓蒙と並んで保証ないしは治療の啓蒙が中心の役割を演じる。患者は外来の手術特殊性を指摘されなければならない、そして指図、推薦および行動対策を手術後の段階のために維持しなければならない。

　この情報をメモ用紙の形式で交付することが勧められる。これを超えて医師は、患者の医師や介護の観点における的確な手術後の扶養が、家庭で自由に用立てられることを保証するために、指定設定の枠内においてすでに患者の家庭の関係および個人的な生活事情を習熟させる義務がある。患者の適切な治療にとって、賠償責任のリスクの回避のためにも綿密な説明・対談、そしてそこから生じる決定の証拠資料は不愛想な感じにみえる。

短い手術前の待ち時間や十分な手術後の治癒段階は、経過組織において同様にふさわしく顧慮されなければならない視点である。というのは、それは詳細な説明のように本質的に患者満足のため—そして同時に処置の成果にも寄与するからである。

8. 人 事 組 織

　報酬状況を顧慮した職員の削減は、入院の治療経過と比べると基礎的な前提である。給付プロセスはこの場合、比較しうる外来の開業医において存在する基準と比較されなければならない。

　専門的な要求は、外来手術のための法的な基礎から生じる。SGB V 115条1項は、医師給付がもっぱら専門医に関して、専門医の助手のもとで、あるいはその直接の監視や指示のもとで、遅滞のない手術の可能性と共に産出される（DKG 2006）ことが定められる。法的な視点から、さらに執刀医の専門化が要求される。これは理論的・科学的な知識と並んで、指示設定や具体的な手術の外来の着手に関して実務的な経験も所有し、そしてその可能な併発、危険またリスクが外来の条件のもとで識別ないしは認識しうるべきである。

　外来で手術する医師の典型的強さは、個人的な治療の継続性を、それが実務において自ら没頭するように表す。ある病院においても、明らかに高い組織費消によってこの継続性は作り上げられる。連続している継続性と並んで一部継続性も、外来手術の治療段階の一部のみをいずれが含むか、例えば手術前の段階そして手術の一部継続性、手術中や手術後の継続性あるいは手術前後の段階の継続性が考えられる。治療設定の選択にとって、継続性は患者にとっての治療の間で秀でた意義をもつ。だから残余の経営的な要請を顧慮しながら、十分な人事的な継続性が努められるべきであろう。

9. 結　　論

　保健衛生市場の枠組み条件が変化したことにより、病院は増加する費用および競争圧力のもとに落とし入れられた。経済性思考と費用マネージメントは、顧客、競争、市場および協働者志向の、成功裡の企業指導のための基礎を形成する。

　新しい活動範囲への探索、保健衛生職務給付の他の提供者との協力、ならびに外来の治療のための広範囲にわたる開きは、病院にとって保健衛生制度における変化に現代の職務給付センターとして効果的に対処しうるために将来性のある構想を表している。企業指導の変化した競争や市場条件への臨機応変な反応は、その場合の新しい業務範囲や協働プロジェクト設立の開発の枠内において、長期にわたり構造変化するマネージメント決定とまさに同じ決定である。

　SGB V 115b 条 1 項は、1993年以来、外来と入院の代わりをする手術の産出のため病院の許可によって、ならびに開業医との協力の促進のための外来と入院の分野のかみ合わせにとっての法的基礎である。同時に立証責任転向は、特定手術の入院の実施はある理由を必要とすることに備える。MDKによる欠陥賦課検査は、その際、疾病保険金庫の病院に対する法的要求に従う圧迫を高める。外来での手術の実績が患者に提供する医学的および社会心理学的な利点は、それらが病院にとって重要な乗数法およびイメージ効果を現すことである。かくて患者は、契約医の領域あるいは他の外来で手術をしている施設をいつまでも訪ね回り、またそれによって入院の領域にも長期的に不明になることが阻止される。

　病院における外来手術の症例数をドイツと他の国家との間で比較するならば、ドイツにおける病院の法的要求への反応が都合良く不自然に抜け落ちることに注意を引く。入院から30〜80％の外来の領域へ評価された転位容量は、都合良く達成されない。このための本質的な理由は、EBM の基礎で大部分不十分な報酬において、また建築上の技術的、器械的、組織上または人

事的適合のための投資費用においてみられる。外来および入院の分野にとって、統一的な診断と報酬システムは、将来外来手術の実施のための適切な刺激を提供し、また給付に適し、かつコストに見合った報酬を保証することができるだろう。

他の国家の"先駆者の役割"、また入院の給付を避けることによって期待される著しい節約能力をもとに、病院は将来大きくなって、外来の手術を提供し、あるいはその中核業務が入院給付に焦点を合わせようとするかについて問題を設定しなければならないだろう。戦略的なマネージメントの任務に属するのは、この意思決定をすることである。医療的および経済的観点のかみ合わせを顧慮しながら、いわゆる"実体のない資産"（例えば革新可能性、商標価値、顧客中核、協働者ノウハウ）は、給付範囲の"病院における外来の手術"を、純粋に資金経済的な目に見える範囲より本質的により評価する。

病院における外来手術の投入に関して、もっぱら正しい解決があるわけではない。むしろ各々の病院は自己のビジョンと目標を顧慮しながら、そして内部や外部の分析の実施に従って、今日的な競争や市場条件を正当に評価するために、常に最善の戦略的な選択を行わなければならない。

もしある病院が外来の手術の実施のために意思決定するならば、もちろんそれは冒頭に設定した「すべてあるいはまったくダメ？」の問いに答えるべきである。

経済的、医学的および法律的観点のもとで最適な給付産出がもっぱら可能なのは、病院における外来の手術が単なる数字ではなく組織形式として把握され、またそのために必要な、立体的、人事的そして組織上の前提が創り出されるときである。

4章

手術と手続きの鍵（OPS）

1. 概　説

　ドイツの症例一括概算額関連的病院統計の情報追加利得は、従来の病院診断統計に比較して、女性患者や患者の場合、彼らの全入院の病院滞在の間に実施された手術や医学的手続きの種類や頻度についての情報によって叙述される。

　入院の範囲ならびに契約医による扶養の枠内において実施される外来の手術における手術と医学的手続きは、職務上の手術と手続きの鍵（OPS）をもとにコード化される。

　手術と手続きの鍵は、診断に関連するグループ（DRG）のシステムによる入院の扶養において、治療の症例を特定のDRGグループの診断と手続きに基づき分類するため利用される。分類はSGB V 295条および301条に従い、連邦保健省（BMG）の委託で医療記録および情報ドイツ研究所（DIMDI）によって編集され、用意されている。OPSには主として数値の階級組織別に構造化され、また局所解剖学上の組み立てが認められる。階級組織は章、範囲見出し、3位置、4位置、5位置そして6位置を含み、コード化されてカタログにまとめられている。

　それぞれDRGは、症例重度の資源利用あるいは消費に反映する費用あるいは相対価値に秩序づけられている。さらにそれぞれの病院において、すべてのDRGsの、例えば1年の相対価値の全体金額を表すケースミックスが調査される。

　ケースミックス（すべての治療症例の費用の重要さの合計）がある病院の症例数

によって分けられると、費用の重要さの固定は非常に綿密に行われなければならない。というのはそうしないと思わぬ刺激に遭遇する場合があるからだ。例えば、入院による治療にとって費用の重要さがあまりに高く設定されると、これが外来の領域から入院の領域への大規模な症例の階層変動を生じさせることになる。

　次いでケースミックス指数（ケースミックス平均の値によって計算すると、症例の平均的な費用が得られる。その治療症例あたりの平均的な費用の重要さ＝CMI）が得られる。今日ではさらに、その間に病院独自の症例値をとった州基礎症例値が加わる。いくつかの特別要素と合わせた基礎症例値とケースミックスからの産出は、ある病院の純益額を形成する。それには定価システムが取り扱われる。

　この報酬システムの適応の前提は、主要診断および事情によっては治療が重要となる副次診断のICDコード（疾病の国際的コード、疾病の国際的分類）としての、またOPSコード（手術とプロセスの鍵）としての、給付のコード化である。コード化の統一性を確保するために、連邦にわたり有効なコード指導要綱が投入される。

　病院における報酬システム研究所（InEK）は、毎年いわゆる病院の原価計算の現実のデータをもとにDRGsを新たに計算し、そしてシステムを体系的に更新し続けている。その結果、採用時に比べてDRGsの数はほとんど2倍になった。その間130以上の特別報酬が定められ、また老人部門の細分化によりその間の小児科学の必要要件も広く斟酌されてきた。毎年再現されるシステムの作業によって学んでいるドイツのDRGシステムについて言及される。

　存在するDRG症例一括概算額によって弁済される革新的な方法は、まず年々の一層の発展と適応について次第に、DIMDIによるOPSカタログの計算および病院における報酬システム研究所（InEK）による計算も同様に、システムにおいて明らかになる。例えば良性の前立腺増生をもつ男性の治療において、現代のレーザー処理は確かに遅いが、今でもまだ優勢である電気網による前立腺の経尿道切除の標準処置と交替しつつある。

ICD-10 は"疾病や関連ある保健問題の国際統計分類"の略称である。後の数字10は「改訂10版」を表す。この分類は世界保健機関（WHO）によって編集されており、世界中で普及している。ドイツ語版（GM＝ドイツ修正）は、医療記録および情報ドイツ研究所（DIMDI）によって作成される。基準となるのはその報告年において有効な ICD の版である。

OPS カタログ記載のコードは、外来の扶養においても外来の手術においても使われる。

1）DIMDI への展開

SGB V 137条では、品質保証のための方針や鍵について、ならびに137a～g 条における基礎的に改革される目標において、部門を越えて広がる品質保証システムの方向づけをすることが定められる。その際 SGB V における多様な指示がこの節に見出される。多くの給付は、それに従い病院ごとに、ある品質保証システムが供託されるならそのときに取り決められる。目下のところ正確な定義が欠けており、またいくつかの地方の契約による給付取決めの形成には特典が委ねられている。内容的・専門的に、このための方法的・技術的な前提もますます多く病院において創造される。そのうえ、一部の科学的に基礎づけられた品質マネージメントの程度の高い任務は、存続する資金の枠内において経済的にも、またそのために節約による必要な資金の放出が他の立場で必然的に何を作るかを示さなければならない。2009年8月に外部の品質保証に関する切り替えが、共同連邦委員会（G-BA）や保健衛生制度および応用品質向上研究所有限会社（AQUA）に関する扶養品質の測定や表現の手続きの展開について、契約によって新たに設定された。契約により、女性患者や患者の医学的な扶養の分野を越えて広がる品質保証の発展が、ドイツにおいて委任された。それは、新しい基準の品質保証のための連邦事務所（BQS）に現存する品質保証の基礎形成をすることによって、すでに開始された。一つのさらなる構成要素は、公的な手術と手続きの鍵（OPS）の8章における複合給付の記述との関連で、その形成を描き出す。本源的に OPS の短い検索語における給付のみが記述されたなら、今や複合給付の場

合の構造およびプロセス品質に対する一連の定めが統合される。ある証拠資料や後に続くこの給付の決算書のための前提として、この条件が満たされる。法的な病院保証の給付義務に関する基礎にとって、その間の高い要求が設定される。ここで共同の連邦委員会ないしその委託において、保健衛生制度における品質および経済性研究所（IQWiG）が現存する明証性を批判的に吟味する一方、同じくこの構造および品質基準の固定とはみなされない。それは成果においてこのような給付を提供する病院にとって、病院処置の成果に対する影響が負担に応えうると立証されることなしには、重要な障害を表しう

表Ⅰ-4-1　症例一括概算額カタログの表（173頁の一部）

区分	名称	区分 D	OPS バージョン 2011		金額
			OPS コード	OPS テキスト	
1	2	3	4	5	6
区分 124	抗悪性腫瘍薬の投与・輸液療法			薬剤の投与、リスト5：抗悪性腫瘍薬、輸液療法	
		ZE124.01	6-005.00	150mg から 225mg 以下	749.57€
		ZE124.02	6-005.01	225mg から 300mg 以下	1,070.82€
		:			
		ZE124.06	6-00505	600mg から 750mg 以下	2,784.12€
		ZE124.07	6-005.06	750mg から 900mg 以下	3,426.61€
		:			
		ZE124.14	6-005.0d	2,700mg から 3,000mg 以下	11,993.13€
		ZE124.15	6-005.0e	3,000mg とそれ以上	13,278.11€
		:			
区分 125	種間の開帳の移植	ZE125.01	5-839.b0	脊柱の他の手術：種間開帳の移植：1区分	723.89€
			5-839.c0	脊柱の他の手術：種間開帳の交換：1区分	
区分 126	自律性/中和法/自家骨移植マトリックス誘発の軟骨移植		5-801.k	関節軟骨と半月板の外科手術：自律のマトリックス誘発の軟骨肉腫移植	構成2を見よ

460人を超える協働者によって年間140万以上の診療所、医長および医療センターからの報酬請求を処理するG-DRG 2010症例一括概算額カタログ。

る。新しい手術の鍵はすなわちドイツ医学的証明および情報研究所（DIMDI）に提案され得る。そこでの場合、続いてコードのさらなる形成について、ある作業グループが助言しそして意思決定する。IQWiG の鑑定において比較しうる形式における成果の一つの証拠資料は、その場合呈示されない。

　外部で前もって定められる品質マネージメントの構成要素に関する第3の例として、再び様々な法において、拘束的な秩序の枠内の意義において杭が打たれる連邦医師会の基準が挙げられる。それには、例えば2008年からその今日的な把握において、品質構成のための連邦医師会の基準が数えられ、包括的な仕方で品質マネージメントを診療所の仕事のために指示している。

2）実務における DRG

　実務において DRGS は厄介な義務になる。ある分類が適切な DRG に行われるために、コード化、つまりデータ入力がしばしば助手医たちの任務になる。その際、彼らはそのつど患者についてのデータを、グループソフトウェアにより適切な DRG に分類するために入力しなければならないのである。最も重要であるのは主要診断である。これは"分析に従って主として患者の入院の指示を行うための診断として確認された診断"（InEK GmbH 2012, S. 4）である。

　その場合、これによってまったくはっきりと受容診断と考えられないことが重要である。

　これに次いで副次診断がある。これは"主要診断と同時に発生するかあるいは入病中に発生する疾病あるいは痛み"（InEK GmbH 2012, S. 10）に関するものである。このための英語の略称は"CC"（併発症と共存症）である。

　入力しなければならないのは、さらにすべての実施された手続き、患者の性別や滞在期間である。新生児学においてはさらに出生体重や人工呼吸時間が付け加えられる。このデータをもとにグループソフトウェアは次いで適切な DRG を見出す。コード化の際の欠点の一つは、誤りの診断が入力されたときに生じる。それが故意になされた誤りの診断であれば、およそ病院にとって高額の報酬を得るためのものであり、それは個人に責任がある。

例：ある盲腸炎の40歳の女性患者

ドイツでは診断はICD-10による。手続きはOPSに基づいて提供されなければならない。われわれの主要診断は、"穿孔あるいは裂傷のない局地でくい止められた腹膜炎のある急性の盲腸炎"である。それは腹腔鏡検査による虫垂切除術を直接の術式とする盲腸の除去によって実施される。

診断と実施された手続きをもとに、グループはDRGのための分類"腹膜炎の場合を除き虫垂切除術あるいは腹腔鏡検査による抗利尿ホルモンを極端に重い、あるいは重いCC、年齢13歳以上"とする。"G-DRG 2012"によれば、このDRGはコードG23Cとなる。

最初の文字はつねに"主要な診断カテゴリー"を表す。Gはその場合"消化器の疾病や障害"にとって成立する。中央の数字は患者がいかに処置され

表Ⅰ-4-2 主要診断心不全（I50）がその最も頻度のある副次診断と手術 2010 と共に

POS番号	ICD-10/ 主要診断	数	
I50	心不全	370,465	
	ICD-10/ 副次診断	数	in%
等級	POS番号	全体	3,588,551	100.0

等級	POS番号		数	in%
1	I25	慢性虚血性の心臓疾患	191,248	5.3
2	I48	心房細動および心房粗動	184,210	5.1
3	I10	本態性（原発性の）高血圧	167,484	4.7
4	N18	慢性的腎臓疾患	153,954	4.3
5	E11	原発性、インスリン非依存性、真正〔2型糖尿病〕	148,652	4.1
		章5[1)] に従う手術	数	in%
等級	POS番号	全体[2)]	38,770	100.0
1	5-377	人工ペースメーカーと除細動器の移植	9,244	23.8
2	5-378	人工ペースメーカーと除細動器の摘出、取り換えと修正	2,453	6.3
3	5-452	大腸の病んだ細胞の箇所の切除と破壊	2,307	6.0
4	5-893	外科の傷の掃除（壊死組織切除）と皮膚や皮膚下の病んだ組織の摘出	2,163	5.6
5	5-469	腸での他の手術	1,700	4.4

注1）コピーなし。
 2）POS. 5-93～5-99（手術への追加情報）も含めた手術全体、ここでは分離して証明されなかった。
出典）統計連邦局 2012。

たかを意味する。00〜39が外科の処置のためにあり、40〜59がその他の処置、60〜99が保存療法的な処置である。最後の文字は患者の診断に対する資金利用を与える。ドイツにおいては8つのカテゴリー、A〜Hを想定している。"A"は最も低い利用のために成立する。8つのすべてのカテゴリーが利用しつくされることはまれである。たいていの場合は3つのA〜Cの区分が適用される。これは次いで文字"Z"によって表される。

　こうして、女性患者は消化器の障害によって外科で治療された患者にグループされる。そしてそのDRGの内部で彼女の処置はおそらくそれほど高価ではない。

　この女性患者が40歳ではなく90歳であり、また彼女がさらに2次の右心不全を患っているならば、DRG G22C "腹膜炎あるいは極端に重い、あるいは重いCC、15歳以上の虫垂切除術あるいは腹腔鏡検査による抗利尿ホルモン" と判断される（*Survival-Guide Chirurgie*, S. 60-61）。

　健全な新生児（238）の扶養を顧慮せずにするなら、35万500症例によって心不全（I50）は頻度が最も高く置かれた重要診断であった。この疾病像は最も重要に置かれた副次診断をまず初めに慢性虚血症の心臓疾患（I25）、心房細動および心房粗動（I48）、ならびに本態性（原発性）高血圧（I10）であった。実施された手術は、この主要診断によって処置された者の場合、特に人工ペースメーカーと除細動器の移植（5-377）ならびに人工ペースメーカーと除細動器の摘出、取り換えと修正（5-378）、ならびに大腸の病んだ組織の部分適出と破壊（5-452）に関係した。

　"報告年2010"において完全入院に配慮された女性患者や一般患者の場合、総計で4740万件の手術や医療の手続きが実施された。前年と比較してこれは約5.2%の増加であった。病院の症例ではこの種の平均2.7%の処置が取り分であった。連邦諸州別の手術と手続の平均的な数は、女性患者と患者の場合、ハンブルク（3.0%）、バーデン-ヴュルテンベルク、ベルリン、ザールラントとテューリンゲン（いずれも2.9%）の病院において処置された。

　OPSのうち第4領域までは次の通りである。診断的治療（例：バイオスコシー、内視鏡検査）、画像診断（例：コンピュータ画像断層撮影、磁気共振撮影）、非手

術的治療処置（例：血液循環、患者モニタリングの処置）および補足する処置（例：出産に伴う処置、精神療法医の治療）。

この分類によると、すべての介入のうち 26.8％が非手術的治療処置（1270万件）で、19.9％が診断的治療処置（940万件）そして 17.8％が画像診断で（840万件）での取り分であった。最も頻繁に指示されたのは、女性患者と患者の場合で 31.5％の分与による手術（1490万件）であった（図 I -4-1）。

手術による介入のおよそ半分は、次に挙げる 3 つの専門科、すなわち一般外科（29.7％）、産婦人科および産科学（11.6％）ならびに整形外科（9.8％）においてもたらされた（図 I -4-2）。OPS の第 4 位に類別されている女性の場合、前年のように最も多く処置されたのは破裂・裂傷による生殖器官の復原（24万 6800 介入）、その他の帝王切開（18万 7100 介入）そして腸の手術（18万 2300 介入）。男性の場合は第一に鼠径ヘルニアの閉塞（15万 5600 介入）、病んだ皮膚や皮下組織の外科の治癒が行われる（15万 1500 介入）。続いて関節軟骨や半月板で視診により体型および体格を判断しての手術（14万 400 介入）である。

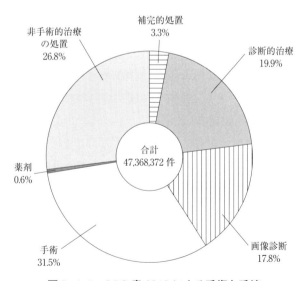

図 I -4-1　OPS 章 2010 による手術と手続

出典）統計連邦局 2012、*Krannkenhaus-Report* 2013。

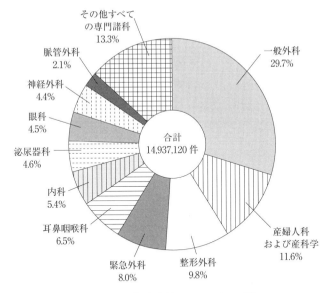

図Ⅰ-4-2　専門諸科 2010 による手術
出典）統計連邦局 2012、病院レポート 2013。

3) DIMDI の内容

　DIMDI は、OPS（および ICD〔疾病国際分類項目〕-10-GM〔ドイツ修正〕）の一層の展開と介護のために手続きを整えた。その支援によって専門知識の科学的、医学的な専門社会および保健衛生制度における自己管理の組み込み、ならびにフィードバックが OPS 利用によって保証されるだろう。分類へのすべての変更提案は、その際、電子の質問表については DIMDI の場合、中央で受け入れられる。変更提案は次いで、報酬システムに参加しているすべてを一緒に含めて一つの処理および調整システムに入る（図Ⅰ-4-3）。

　DIMDI と同義に解され、同様な意味と働きを所有する"医学的データの交換―IHE 構想"は手術と手続きの鍵にいかなる手がかりを与えるのだろうか（*Krankenhausmanagement*, S. 467, 665）。

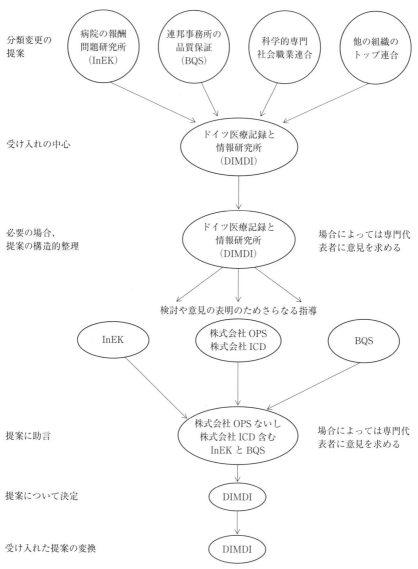

・個々の人は、相応のトップ連合の可能性に従ってその提案をするだろう

図Ⅰ-4-3　OPS-301とICD-10-GMでの変化提案の処理でのプロセスグラフ
出典）DIMDI。

2. 医学的データの交換―IHE 構想

1）開　　始

　病院にとって最も異なる諸機能や諸過程の IT 支援は、基本的に重要である。これは様々な任務―例えば委託コミュニケーション、給付把握―においても、鑑定証拠資料ないしは医師郵便物のような直接的な医学的適用においても、また、勘定や報告制度、コントローリングあるいは器械マネージメントのような管理的な任務の支援においても、同様に該当する。なお一部の研究や理論の領域から、さらに追加の要求がある。一般企業と同様に、病院インフラ構造にとって中枢となる IT サービスも独自に解決される。これは例えば安全視点あるいは中枢の利用者目録、または受け入れの問題（契約書へのサイン）である。これについて典型的な例として非常に異なった IT による解決が投入され、しばしば大きな診療所においては、不十分な一つのデータ交換のためにシステムの境界を越えて支援する 100 以上の異なるシステムを起動することができる。ここでは様々な成果をもつ IT 部門にとって、異なるハードウェアおよび経営システムに取りつけられた解決についていろいろに受けもつ特別の要求が出される。利用者にとって特に非効率的で費用のかかる二重費消の不利および一致しないデータのリスクによって、異なるシステムにおいて様々に繰り返されるデータ入力ないし、把握の必要性が生じる。管理的領域において、これは統一的な"データ‐商品‐家庭"ないし"ビジネス‐知能"による解決の欠陥の場合や、異なった成果に関する様々な部門によるデータ分析の場合、およびそれによって首尾一貫した企業操縦のための難しさがある。医療の領域において様々な IT システムの不足した統合は、患者扶養にとって直接の医療のリスクになる。一方で例えばデータ入力の欠陥の場合は、検査機器に発生する、あるいは医療の報告が時宜に合わず利用される。

　医療的経過の IT 支援は、様々な専門分野で異なって形成される。放射線学においては、例えば科組織の科情報システム（RIS）による支援は 20 年以

上前から組成されている。デジタル映像マネージメント（PACSないし映像達成とコミュニケーションシステム）は多くの診療所において数年来、一部では10年以上にわたって利用されてきた。それは心臓病学においても同様である。それゆえこの両者の専門方向は、基準の適用と打開の中において、国際的手術による回復への挑戦であることは驚きではない。デジタルによる映像中継システムの支援にとって特別であるのは、作成者の包括的基準の発展である。DICOM（診療におけるデジタル想像とコミュニケーション）によって、1993年以来、世界に受け入れられてきた出発点としての基盤がある（http://dicom.nema.org/ ミルデンベルガー等2005）。ここでDICOMは様々な映像対象の定義を越えて、一つの研究の流れの支援の中での打開、品質保証あるいはデータ安全をも提供している。発展の過程で、一面で様々なITシステムの統合にとってさらなる基準（例えばHL7、CCOW、Web-Standards等）が重要である。そして他面で、オプションによる打開の手がかりを通して、基準は複合的であり一つではなく、あるはっきりした国際手術による回復を保証することが明らかになる。1998年当時、RSNA（北米放射線学会）やHIMSS（ヘルスケア情報とマネージメントシステム学会）以来となる新しい市民団体が設立された。それが「ヘルスケア企業を統合すること」（IHE）である。IHEは、比較的早く2000年ないし2001年にヨーロッパにおいて、フランスによってもドイツレントゲン学会（SFRないしDRG）によっても同様に取り上げられた。そしてそれ以来規則的に支援されてきた。

2) IHE―手術で回復可能性のある要求を解決する新種の手がかり

　IHEはこの場合、一つの新種の手掛かりを追求する。その中では個々の労働プロセスが分析されまた記述される。これらは役割ないし活動者や業務として定義され、個々の処置ないしは活動者、例えば"患者管理"、"検査要求"あるいは"（顧客の）勧誘様式"の場合、異なるシステムによって引き受けられる。システム間で必要になるデータや伝達の種類は個々の業務によって記述される（図Ⅰ-4-4、Ⅰ-4-5）。病院における異なった労働経過は個々の統合プロフィールによって記述される。ある診断プロセスにとって、標準プ

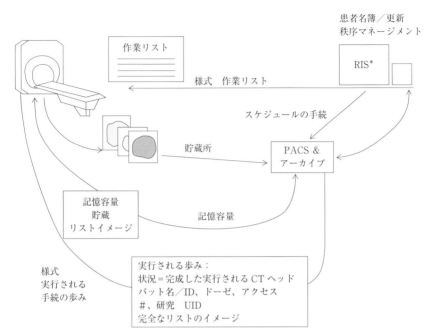

図Ⅰ-4-4　スケジュールされる仕事の流れプロフィール：ある放射線学の検査経過のための標準作業経過と参加する活動者の表示

＊RIS：コンピュータリスク、縮小命令セット（命令形式を簡単にすることにより、複雑なデータの高速処理を可能にするコンピュータの方式）。

ロフィールは"スケジュールされた研究過程プロフィール"（Anm：単なる比較可能性にとってここは英語の記号が利用される）である。他の任務は固有のプロフィールによって記述される。例えば放射線学について言えば、IHEが過程および技術的な変換を共に記述する、技術の枠作業の18の異なるプロフィールが構成要素である。さらに9つのプロフィールがテスト作成を経て実行されることも公表される。放射線学におけるIHEに関する採用に従い、やがて常に特殊な統合任務を宛名書きするために、IHEモデルを受け入れた他の専門領域（いわゆる"範囲"）も追及した（表Ⅰ-4-3）。

　IHE自身は、保健衛生制度において何ら新しいIT基準はないが、医学的基準（例えばHL7、DICOM、LOINC等）でも、一般的IT基準（特にインターネット基準）でも同様に完全に構築されている。場合によってはその時々の組織

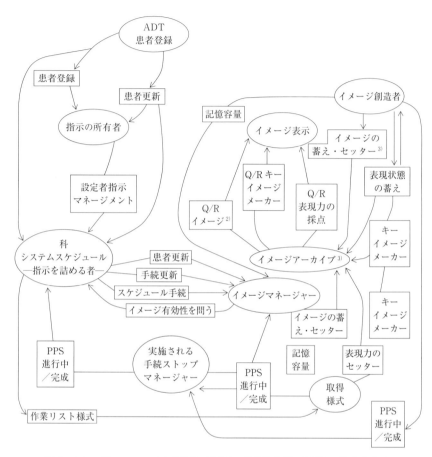

図Ⅰ-4-5　図Ⅰ-4-4での経過に対応して活動者間の通常の枠を超えた経済行為の技術的記述

注 1）アーカイブ：複数のファイルを（通例圧縮して）1個にまとめたもの。
　 2）イメージ：イメージスキャナー（画像情報をコンピュータに取り込むための入力装置）。
　 3）イメージの蓄え・セッター：画像を含む高解像度の文書データを印刷用に印画紙やフィルムに出力する装置。

にすることは、統合プロフィールの仕様のために求められる場合に、正確化することないしは補足に求められる。IHEプロセスの部分は、しっかりと確立された年々の再検査や一層の発展のリズムであり、それは利用者や会社によって共同で支えられる。IHEの構成者は、その間多くの専門学会や医

表 I-4-3　IHE が率先する専門領域

IHE　範囲（状態　2010 年 2 月）
IHE　解剖病理学（PATH）
IHE　カードロギー（カード）
IHE　視覚ケア（視覚）
IHE　IT インフラ構造（ITI）
IHE　実験室（LAB）
IHE　患者ケア調整（PCC）
IHE　患者ケア装置（POD）
IHE　薬剤（PHARM）
IHE　品質、調査と公衆衛生（QRPH）
THE　放射能腫瘍学（RO）
THE　放射線学（RAD）
さらなる専門方向は目下企画中である（例えば外科手術）。

療の IT 利用の領域におけるほとんどすべての重要な会社にいる。IHE プロセスの一部は IHE プロフィールを具体的に作成実行する再検査の製品中でもある。これはいわゆる"連結態"（連結性およびマラソンからのある人工語）において生じる。そこでは典型的に 5 日間に 100 以上の会社の 300 人を超える開発者が、統合プロフィールをもとに国際協力による手術で回復する可能性を製品間でテストするために集まってくる。これは USA においても、ヨーロッパやアジアにおいても同様に起こる。成果は公表されまた会議の枠内において、公開の"潜勢の病院"の形式における IHE デモンストレーションも差し出される。ドイツにおいては最初 2002 年参加者として 19 の会社によるドイツレントゲン会議が開催された。

3）異なる専門分野における IHE

続いて様々な専門分野の IHE プロフィールについての大まかな一覧が与えられるだろう。今日的また包括的な記述は、IHE 国際のインターネット側で見出される（http://www.ihe.net）。

　放射線学領域が、最も長い IHE の歴史の中において、その間標準プロフィールである"スケジュール作業の流れ"と並んでさらなる統合プロフィールが様々な要求によって確立される。これはすなわち、

- 様々なシステムを超えてデータバンクの等化は（"患者情報調和作業の流れ"）、例えば人工統計的記述のデータの変化がある
- 正確なメディア（いわゆる"DICOM-CDs"）の作成にとって記述データ交換（"イメージのため持ち運びできるデータ"）のため、またそのPACS環境（"輸入調整作業の流れ"）に記述
- 様々なプロフィールは特別の調査種（とりわけ乳房撮影、核医学）そして映像データ（例えば"イメージの首尾一貫したプレゼンテーション"）の叙述を宛名に書く。
- 症例収集や臨床上の研究を規則的な所見発表経過（"教育ファイルや臨床上の試験輸出"）に結びつけること
- さらなる重点は科—ないしは施設—包括的な情報伝達（"放射線情報にアクセス"または"イメージを与える企業情報区分の横断"、専門領域ITインフラ構造参照）にある

病理学における適応にとって、作業経過の特殊な要求を試すことの情報処理が顧慮される。それと並んで病理学所見から腫瘍記録への伝達が記述される。

心臓病学にとっての心臓カテーテル検査、例えば生体パラメータによって、エコー心拍器やEKG診断の結合ならびに"多重態様"データを把握することは、ストレス調査の枠内において生じる特殊な要求にとっての適応と拡大である。

相応の特殊な適応は、眼科ケアと放射線腫瘍学領域にとっても行われる。

労働の領域は、IHEがその当時決定的に国際手術治療回復可能性を打開する展望台として国際的に受け入れられた一つの例である。この領域は最初はヨーロッパとアジアから発展し、またプロフィールは労働実験の基準経過にとしても、また"ケアテストのポイントテスト"あるいは試用標識のためのバーコードにとしても、同様に記述される。この領域においてすでに意味論の国際手術治療回復可能性の任務も宛名書きされる（"実験室コード配分セット"）。

他の領域はそれに対して専門を包括して活動する。これに数えられるのは、

例えば患者ケア調整プロフィールである。その中では特に電気患者活動（EPA）ないしは緊急症例扶養にとって重要なデータ（"医療給付"、"機能性持続状態評価"等)、ならびに様々な参加されるITシステム間のデータ交換の機能によって規定される。

ITシステム（とりわけ患者データマネージメントシステム）における生命パラメータの統合は、患者ケア計画プロフィールの領域において記述され、これは体内移植しうるシステム（例えば心臓ペースメーカー）も含まれる。

品質や安全視点は品質、調査、そして公衆衛生プロフィール領域において2つのプロフィールによって把握されており、その際、一面で臨床上の研究の枠内におけるデータの把握と伝達が、他面で望ましくない薬剤効果の把握が、それぞれ記述される。

そうこうするうちに、国際的に最も多くの顧慮と意義がもたれるようになるのは、放射線学と並んで、ITインフラ構造の領域である。ここで非常に様々な領域が宛名になる。一部非常に基盤に近い解決をある施設において包括する。例えばITシステムにおける終始一貫した時間指示の保証、"ひとり署名"解決の変換であり、あるいはある職場でのIT応用の同時化（例えばある情報システムからの映像呼び出し）である。全世界に広まっている受け入れは、この場合特に一つの施設を包括するコミュニケーション構造の構想を見出した（"横断的企業証書配分"あるいはきわめてお粗末なものしかなかった）。この構想は一つのオリジナルデータの中心への蓄積の代わりに、たいてい地方の登録の構築を手もとにある書類への指示によって実行される。それは適切なデータ保護規定に相応して閲覧され、またそれを越えてオリジナルデータの書き換えが率先して行われる。それによってデータの主権は本源的に責任ある施設に留まり、そこでは自立してある分野を包括したコミュニケーションが可能になる。この構想は、多くの国において地方および国家のe健康構想（例えばオーストリアのEIGAならびにUSA、カナダ、中国、イタリア、フランス、南アフリカ等々における多くのプロジェクト）の一部ないし基礎となっている。

4) 結　　論

　病院における IT の異なる任務の範囲は、常に多数のシステムを見極めて条件づけられる。このシステム間の情報のコミュニケーションは、品質も効率要求も同様に本質的である。IHE は、一つの国際的に受け入れられ、そして試される打開の手がかりをすでにこれに置き、それは連結の長さの枠組みでの具体的な形成実行の検査によって産出の明白な改善を伴っても起こる。IHE は、ドイツでは 2、3 の領域、例えば放射線学や心臓病学において、非常に早く把握された。例えばドイツ研究共同体（DFG）の大型機器申請の要求により、2004 年以来収められている（計算装置のための委員会の推薦 2004）。まして IHE は他の領域においても、ドイツにおいて気配りを見る。IHE は、ヨーロッパでは様々な EU プロジェクトで、緊急症例コミュニケーションないしは患者記録（epSOS、RIDE）、国際手術治療回復可能性テストにもち合わせている。

5章

外科における品質マネージメントと教育・訓練

1. 品質マネージメントの概念

内科医は常に間違いを犯そうとする。決定的要素はわれわれがそれをいかに取り扱うかである。

もし人は長い研究の後、医師になるなら、彼の短い医師人生においてすでに多くのくだらないことを作った—それは介護実務（マネージされるケア）において始まっている。すべての医学臨床実習や患者審判を貫き、愚かにも開業免許に従っても止まらない。われわれは静脈に穴をあけ、そして二次的に循環をさせる。われわれは患者を取り違え、殺菌していないまま OP を行った。われわれは患者に事実を説明せずにサインをさせた。そしてこのようなとき、われわれはまれにしか罪悪感をもたなかった。

なぜこのような誤りが起こるのか？　われわれはしばしば、誰もが決してもち合わせていなかった出来事を除去すべきであった。そして人は自ら単純にもふつう、何もしないでその横に立っている代わりに"しよう"とする。あなたはもちろん修得すべきであり、そして過ちを犯してはいけない。それゆえ、あなたの診療所は有効な品質マネージメントによって一つの領域を創り、そこではあなたが学んだことと治療される患者の安全のバランスが保たれうることがますます重要となる。

二次的な注入が行われても患者は多くの場合には死なない。しかしそれに対する取り組みが、各々の診療所において何千回も毎日あらためて明白になる大きな問題のための具体例にとして成り立つ。われわれは医学においていかに間違え、そして誤りに対し取り組むのであろうか。

人は誤りを犯す。人はそれに気づく。人は患者に、なぜそれはそんなに悪くなかったかという話をする。しかし人は彼にまったく何も話をしない。人はそれを次回には、なんとかしてより良くするよう試みる。真実の結果が引き出されるかには疑問もある。

　もし人は医学者としてADR（ドイツ連邦共和国公共ラジオ放送局連合体）の文書を"権利のない患者"あるいは"殺人者"のように読むならば、人は怒る。それを示される"医師のいいかげんな仕事"の例は、固有の科において決して起こることはあり得なかった個別の症例として知覚される。実際に、法廷で事実有罪と認められた外科医もまれにいる。

　医療過誤の問題で判決を下される外科医の数は、医療過誤の実際の数を考えるとき決して適切な指標とはいえない。それには多くの理由がある。第一にうろたえた患者や女性患者にはもちろん、彼らが医療過誤をもとにごたごたを、あるいはそのうえ続く保健衛生の制約を甘受しなければならないことが明白でなければならないということがある。これは、給付に参加した者が完全な透明さに置いているかにもよる。第二は医療過誤の支配的な判決に従って損害のための原因になっていたに違いない。もし彼がそうでないなら、治療を誤った者は自ら法的に従うことはない。この原因—結果—関連に患者の多くの請求は失敗する。なぜなら証明の責任はまず患者のところにあるからである。

　ここで大きな意義があるのは、健康保険金庫である。なぜならSGB V 66条により損害賠償請求の訴追の被保険者を、例えば医学的職務健康保険（MDK）によって医学の専門家が無料で援助するからである。それにもかかわらず、ある法廷の手続きは多くの場合非常に高額で、たいてい彼らの新しい保健衛生の制限を克服することと十分に関係し、困惑した者にとっても努力のいるところである。それにもかかわらず告訴する患者のうち、およそ30％が成功を収める。

　幸運であるのは、このような複雑な法的手続きが必要な医療過誤がまったくまれなことである。少なくとも、ある診療所において日々のすべてのものが傾いて進んだ仕事を。それゆえに、われわれすべてのものに生じ、またあ

なたの職業上の学習カーブの始めに起こるであろう多くの"小さな誤り"にかかりきりになるのと同じくらい大切である。もちろん、あなたがそれぞれ小さな寛容のなさによって、すでに片方の足を起訴の階段に載せているほどではない。また、これはあなたの職業初心者としての状態を決して正当に評価しないであろう。というのは人はあなたに確かにある意味で、誤りをなす権利を告白しなければならないからである。われわれは確かにすべてを知っているように名人は天から落ちない。そして一般に医師の職業—このように複雑な活動の習得そして特殊な外科のような仕事—は、その活動に取り組むときに大小を問わず誤りを避けることはできない。学習のためには、この誤りは—可能であれば—あくまで無駄ではあるけれども、効果のあることには、このような誤りを将来において回避するために行われる厳格で重要なものであることなのである。なぜなら、"誤りから学ぶ"という格言に忠実に従うからである。

差し当たり再度患者に話を戻すと、患者の正当な要求を支援するために、立法者はいわゆる立証責任反転のための2、3の原則を定めた。いいかげんな証拠資料あるいは粗野な治療の誤りに関して、およそ患者が医師の責任を立証するのではなく、医師が患者の損害に対して無実であることを迅速に立証しなければならないこととした。この規則にもかかわらず多くの患者は医師との衝突を嫌うのである。

この理由から患者の立場で決定された法定裁決の多数は、ドイツの保健衛生システムにおいて医師の治療の品質にとってほとんど適切なパラメータではない。不快な誤りの事実的程度にはもっぱら漠然とした評価のみが存在する。例えば連邦保健衛生省（BMG）は、ドイツにおいては毎年1万7000人が医療過誤で死亡し、予想よりも多くの死亡者が生じていることを知らされる。

この数は、人が一度、どんな仲間によってあるいはどんな診療所において医師として自ら手術をするだろうかと考えるならば、だいたい把握できる。もし一人の善良な仲間をあるいは善良な科を、素朴に存在しない測定可能な品質標識によって一体化することが、自らシステムにおける医師として、ま

た年間の職業教育によってもいかに難しいか、さらには、予備折衝において悪い執刀医から良い執刀医を、あるいは悪い科から良い科を区別することが、患者にとって非常に難しいかを想像することができる。われわれにとって、個々の執刀医をさらし台に立たせることは問題ではない。われわれは、もっぱら測定できる品質標識か、医療的扶養のすべての領域や分野において給付産出者を、あなたが同封メモにも薬剤の測定可能な二次作用について明らかにされるように選択することを支援することができる意識を作ろうとする。しかしこのような透明性なしに、目立つ品質不足を指摘するあの外科の診療所でさえ、年に十分な数の、治療の質がある患者を、萎縮に導くことなしに手術をしうるだろう。

　手術の結果やもめごとから選ばれた干渉への証拠資料によって、連邦職位品質保証（BQS）は過去における毎年の報告を定めた。今やG-BAは、ドイツにおいて分野を超える品質保証のAQUA研究所（保健衛生制度および応用品質向上研究所有限会社）への分析のための委託をもつ。それは肝臓移植や股関節移植のような異なる手続きのための最も典型的なもめごとの頻度を把握し、最も悪いそして最も良く把握された科におけるその数も公表する。それによって一面で透明性が高められるだろうし、他面でその成果の悪い診療所にはその治療の品質の改善の誘因になるであろう。しかしこの報告において名前をまったく挙げられない診療所がある。それは診療所自身にとって、他の医院と比較される可能性につながっている。

　女性患者や患者にとって、彼らの状況の改善は、直接的には何ら意味がない――彼らはさらに彼らの同様の判断に、ともかく品質標識に従った一覧において、いずれの病院がより良いか調べることができない。もっぱら不十分に知らされる家庭医を頼りにしなければならない。

　しかし圧迫が外部からわずかにとどまる限り、変化の意思はある改善の治療品質や誤りの回避にも、また特に保健衛生システムにおける従事者の中間から自ら、各々の患者の最適な扶養に関する固有の要求によって支えられて生じなければならない。

　法的に義務づけられている品質保証を超えて、ドイツの保健衛生システム

のために議論され、また多少ともためらって目下ドイツにおいて 2、3 の前進者によって採用される多くのさらなる解決の手がかりがある。

1) ガイドライン

　ドイツの神経学のホームページを見ると、そこでは 108 のガイドライン―アルコール譫妄（うわごと）から大脳の血管まで―を見出す。しかし、神経外科学の側面からみると、何ら唯一のガイドラインを見出せない。他の外科の部門においてそれはなるほどわずかに良いが、しかし原則的に保存的な部門に対して編集する専門領域は、固い明証性を基礎にしてその行動を与えることが関係すれば、ある大きな遅れを取り戻す必要をもつ。

　しかし、自由に使える科学的なデータを基礎に、患者がいかにベストに処置されるべきかについて必ずしも共通のコンサンセスが成立しないなら、もちろん各々の医長は、正しいと思うことを自身の診療所ですることができる。たとえわれわれが医学において行われるすべての研究成果を必ずしも手もとに置けないとはいえ、それでも何らかの客観的標識（動脈瘤の場所あるいは大きさといったデータ）が従来の神経放射線学あるいは外科の治療にとっては重要であったが、今やいずれの都市に患者が組み入れられるかにむしろ依存するのである。ドイツにおいては、例えばある動脈瘤の治療法が何なのかという問題が生じる。具体的症例において意味するのは、例えば都市 B においては治療が必要とされる動脈瘤の症例の 90％が外科により扶養されるだろう。他方、都市 A においては例えば 50％においてのみ、神経外科と神経放射線学科間の力関係がいかに形成されているかによって扶養が決まる。医長まで再び交代する。しかし、ついには神経放射線学や神経外科の専門学会が共同してガイドラインを製作することになる。

　動脈瘤の治療にとって神経外科あるいは神経放射線学のどちらがより良いか、どの病院で患者が今より良く治療されるかは、誰も述べることはできない。なぜならデータが比較されないからであるが、もし治療品質を基本的に改善しようとするならば、比較することこそがまさに必要となるだろう。

2）チェックリストとM＆M会議

　具体的な疾病像にはまったく関わりなく、多くの研究において、OPチェックリストが手術による干渉の際の紛争割合を大きく低下させうることが確認される。チェックリストは、ホールにおけるチームがOP開始前に最終的な短いミーティングをし、共に短い質問カタログをくまなく見通すことを意味する。どんな身体側面が手術されるか？　抗生物質はすでに投与されたか？　患者にはアレルギーが認められるか？　外科の立場からはどれくらいの血液不足が予期されるか？

　これによって、特にわれわれすべての者にきっと対処されるOPにおけるコミュニケーション不足が予防される。それぞれがおそらく、その場合突然強い血液不足に陥ったOPを思い出すことになる。しかし保存血液が遅延してやっと与えられることができた、というのは、血液はまだ品種間交配していなかったからである。時々生命の危機となるこのような予期せぬ出来事に、再三再四起こっている身体側面の取り違いによってまったく沈黙するような事態は、チェックリストによって防がれる。

　ある科の治療品質のさらなる改善のための手段が、罹病率と死亡率会議（M＆M）である。すべての参加者の規則的な出会い、そこでは予期せぬ出来事や死亡が話し合われ、また理想的なケースの場合将来のための結果が導かれるだろう。しかしその効用は、いまだチェックリストのそれと同様に科学的、基礎的には調査されていない。

　規則的なM＆Mの存在およびその頻度により、しばしば人は、良い外科とより悪い外科を区別する。それでもそれらが開かれるときでさえ、それらがいかに組み替えられるのか、大きな差がそこには存在する。多くの診療所においてM＆Mは外科医、標識設定や治療—例えば内科医、麻酔科医による—および、そこでは対立して議論されるOP介護が参加していた他の専門分野の代表との義務のあるものである。他の病院においてM＆Mはただ小さなミーティングであり、そこではもっぱら医師の一部が出席し、そして立て続けに一つの症例が議論しないで簡単に行われる。

　ここでさらに病院における誤報の場合にまったく重要な用具となる"批判

的発生レポーティングシステム"（CIRS）を指摘したい。

3）患者の状況に依存しない助言サービス

2007年以来ドイツでは、オンライン、テレホンホットラインを通じ、また21か所の相談所にわたって到達しうる患者の状況に依存しない助言サービスがある。すべての人間は彼らの疑問をもって法律家、医師および広い専門家からのチームに、彼らがどの疾病保険かまた保険に加入しているかには関係なく、問い合わせることができる。治療への疑問は医学権あるいは薬剤への疑問と同様に設定される。申し出は無料であるが、まだあまり知られていない状況である。

4）失敗者のより良いコミュニケーション化

治療の失敗あるいは期待通りにいかなかった多くの女性患者や患者は、後から医師自身のわずかな怠慢で、何が起こっていたのか、それについて誰も明らかにしようとしなかったことを嘆いている。多くの状況では関係した医師は回避できる代当責任法上の理由からこの患者と必ずしも会話をしようとしない。

患者安全活動同盟は、これを変えることを自らの任務とした。そして他の治療指示をしながら医学上の騒動を治めることに成功するコミュニケーションのために発行する。なぜなら、人は医師としてある予期せぬ出来事について、単なる知らせによってほとんど彼の保険保護を失い、あるいは本当に自己の診療所に損害を与えることは正しくはないからである。

予期せぬ出来事をもとに、もう一度処置をし直されなければならない。各々の患者はこの予期せぬ出来事について知らされることが重要である。もし何らかの後処置が要求されないならば、患者に知らせるかあるいは知らせないかは個々の医師の自由に委ねられることになる。

しかし、医師が予期せぬ出来事に対する責任を受け入れ、また患者に金銭的な賠償を保証することは相変わらず難しい。なるほど人は従来のようにもはや自動的に彼の保険保護を失うことはなく、職業義務によれば、騒動や賠

償間の因果的な関連が患者にとって立証しうるときにのみ支払う。他の場合では保証された賠償を私的に負担しなければならない。

5）あなた自身

もし誤りについて話をするならば、次いである認識が非常に重要である。最も少ない誤りは、一人の個人によって引き起こされている。むしろ欠陥のある組織経過は、患者が保健衛生システムにおいて損をする最も重要な理由となる。それはまた、人が個人として、治療の品質を明白に改善するために比較的わずかしかなしえないことを意味する。

この理由から、職場として自ら、その治療の品質を改善することに積極的に努力する一つの科を求めることが重要である。一つの科、そこでは誤りについてオープンに話し合われ、該当する協働者は烙印を押されず、共通して解決が求められそしてチェックリスト、ガイドライン、M & Ms、それにCIGSのような患者安全の保証のための対策において一貫して変換される。

2. 外科医の教育・訓練

1）自己の一層教育への構造化

手はハートで、あなたたちの誰が本当に、その日の終わりにきっと行き着くだろうと真剣な心配をしたか？ 理想的な最終地点は何か。また人はそこまで来るのに、どれだけ費やそうとしたか？ 労働と費用は一体どれだけかかったか？ おそらくまれに新人は最初に、行きつくところに行くだろうと知っている。そしてそれはこれ以上の悲劇ではない。彼方は外科医あるいは女医になろう、あなたは手術を学ぼう、苦しみを和らげよう、生命を救おう。すべては異なっていてもこの明白に形成された目標の背後においてはあまり重要ではない。もし彼の職業目標を途中で具体的に述べないならば、いくらかの不運によって袋小路にたどり着く。最初の100日にはそれは起こらないが、しかし、どこに行こうとするのかが、事前にわかっていれば、ますます簡単に道が見出せる。それゆえに今この章で問題にする。

はじめに、何度も混乱に導く2、3の概念が明らかにされなければならない。あなたがまさに卒業した医学の勉強は職業教育といわれる。教育は医師に対する免許で修了した。

　人は助手医として、専門医試験によって終わる一層教育へのスタートを切る。一層教育規定（WBO）は、その際、一層教育の内容を定める。ドイツで連合しているシステムにおいては連邦事項である。それゆえ一層教育規定に責任があるのは連邦医師会である。それにあなたは毎年の義務構成員として力強い貢献をしている。それぞれの州医師会は好んで固有の計画を立てるので、専門外科にとっての内容は、多くの州において互いに相違したものになる。全体の混沌を避けるため、われわれ専門医にとって2003年の一番最後につくられた連邦医師会の模範一層教育基底が役に立つ。7年の間、最後の州医師会もこの模範一層教育基底を置き換えるまでそれは継続した。

　休みの時間をとること。そして州医師会のウェブサイトで"今日的な一層教育規定"を学ぶこと。一層教育は、現在8つの異なる専門医一層教育が集約されている外科領域をとることができる。神経外科医と口腔、顎および顔面外科のみは固有の領域を置く。他の8つの専門医一層教育は共通の基礎として2年の共通のトランクを持ち、それは主柱モデルの内部でそれぞれ交換できる専門医部分に認められる。共通トランクにおける基礎一層教育にとっての要求カタログは、次の2年の習得内容を定める。6か月の周期で外来において集中的に、また周辺の科で規定される。最後の4分の1は流動的に果

図I-5-1　外科一層教育の中心モデル

たされる。

　針のめどはしばしば集中指導部である。というのはこの領域は多くの診療所においてその間に麻酔学的に導かれるからである。その活動の正確な進行を人は契約署名前に明らかにするだろう。それは確かに、あなたが集中指導部で現に働き、あるいはそこで活動する医師を見くだすかの差がある。潜在的な集中医療の知識を、人は専門教育が十分でない変形においてむろん得られない。真の集中医学は長期の投資である。それは複雑な外科の病気形象を確かに判断するのに役立つ。

　州医師会の要求カタログには、長い一層教育のリストがある。序文のもと実施されそして手伝わされる手術の数は比較的小さく、まったく意識的に計画されている。一層教育の最初の2年において、手術の教育は結局、前景には立たないで、むしろ前には手術のマネージメントが立っている。失望するだろうか？　ここであなたの基礎は全職業生活のために置かれていることを考えてみよう。あなたがそれを作り、OPにおいてさらに十分な時間を費やすならば、しかも前手術のマネージメントを困難な手術の場合熟達していればいるほど、ますますOPにおいて確かに思えるだろう。忍耐は外科の徳であり、もっぱら共通のトランクが最初に代金を支払う。

　この代わりに、さらに一層教育権限の概念が説明されなければならない。すべての外科の診療所あるいは科が、外科領域において教育を受けてよいというのではない。このための許可は権限ある医長あるいは診療所首脳によって、州医師会に委託されまた規則正しく今日的なものにされなければならない。評価の基礎として、診療所や診療所管理者について構造や給付に答える。様々な条件を十分に正しく評価するために、州医師会は一部権限を立てた。この状況において科の管理者はもっぱら短縮された一層教育を自由に用いる。まずいわれるのは、この診療所では、特にどのくらい留まりまた待たなければ専門医になれないのかである。その代わり人は、必要な条件を専門医試験のため満たすのに他の診療所に移らなければならない。彼らはチェックリストのこの点をまだ終えていなかったか？　どうか、われわれはあなたのキャリア企画によって続けうるために、できるだけ早く戻してほしい。

あなたの職業目標について、外科医・女性外科医の企画のため3つの質問を明らかにしなければならない。
1. 外科学のどの専門領域で活動したいか？
2. どの扶養構造において働きたいか？
3. 外科学における私の目的位置をどのように考えているか？

この3つの質問に早く答え得れば答えるほど、ますますあなたのさらなる職業のキャリアが計画される。簡単に聞こえるが、しかしこれは難しい。最初の100日を、明晰さを手に入れるために利用する。もし職業的活動の診療所の視点を前景に立てるならば、彼方は基礎および規則扶養あるいは重点扶養の病院を探すべきだろう。活動する外科医の過半数があなたの病院における職場を有し、また外科医のすべての専門領域が地元にとって適切ではないことを、目でしっかり見てほしい。

もし補足的に科学的な労働に関心を持ちまた普通の学生に授業するなら、可能な限り大学診療所を取り上げるのがよい。しかしここで以前から、大部分のあなたの時間を、終局に大学教員資格の取得のようなアカデミックな地位に届かせるために職業上の進捗に投資しなければならないことが明らかにされなければならない。大学の外科医の科へ求められる個人的な配置は確かに大きい。若い助手たちが大学でわずかの手術をすることは、しばしば決められてはいるが、しかし必ず決められているということではない。それはまたその時々の診療所の様相や固有の約束にも関わる。それゆえ多くの大学診療所は、基礎や規則扶養に囲まれている病院と共に、一層教育の連合—それで両者が得をする一つのモデルとして形成するよう努めている。

効果的なキャリア企画のためにはあなたの能力、強さそして弱さを分析すべきであろう。それも最初の100日の課題に属する。どんなに楽しいのか？あなたはマニュアルの活動を持っている。あなたはどんな意思決定の喜びをもち、どんなストレス解消をするのか？ あなたにとって社会的ステータスやイメージはどれくらい重要なのか？ すべての質問は、外科専門医にとって主に内因子あるいは外因子に動機づけられるか、それを狙っている。内因子の動機づけは願望および必要に向けられ、外因子はそれに対して"目的へ

の手段"の動機づけとして表示される。静かな時間だけにそのことについて考えないでも利益があることを示している。

　もし個人的なキャリア企画によって先に進まないならば、経験ある上席医あるいは医長は適切な相談相手である。この問題について適格であり、そして愛情込めて相談に応じることは最も高貴な義務に属する。議会権によれば一層教育権能者は、少なくとも年に1度一層教育の対話を導き、また彼らの目標と調和しまた証拠資料にすることが義務づけられる。このような対話は最初の100日以内に導入されるよう努められ、相互の期待はその際、明らかに形成されるだろう。

　医長や上席医もあなたに期待していることを忘れないでほしい。あなたが長期に医長のため関心のある協働者であり続けるかどうかの意思決定はまず初めに"似た者同士"であることに依存する。経済からわれわれは、この"正しい化学"があなたの側の4つの要素によって影響されることを知る。①一般に通用する行動規範集、②広く調整された一般教育、③鋳造された企業の考え方、および④最も重要な個人的な主権と自己安全との確かな関係。

　さらにこの代わりに、構造化する一層教育と直接関係せず、しかし間接的に影響する短い指摘がある。成功する外科医になるために、外科の手腕ばかりでなく、以前にも増してそれが最も重要なコミュニケーションを意味する、社会的資格やソフトスキルが問われることになる。ソフトスキルのカテゴリーにおいてネットワーキングは、ことによるとネガティブに置かれる、しかしキャリア企画から、もはや一つの現代の職場にないものとは考えられない一つの概念が属する。ネットワーキングは情報や知識交換、協働や協力に役立ち、またすべての段階で診療所職員との専門的関係を促進する。この意義においてネットワーキングは職業のキャリアの最も重要な礎石である。

　われわれはこれまでの記述において、まったく個人的なキャリア企画の"いかに"に集中したが、今はまた内容に関係することになる。最善の試験にもかかわらず、あなたはことによると巨大な無知の山の前に立っており、そしてシャベルを投入すべき何らの観念も持っていないのである。

　ここで良い修得戦略のための最も重要なヒントを次に挙げる。

・あなたは手元にある知識を要約して繰り返してほしい。そして知識の隙間をもっぱら患者関連に結びつけてほしい。それは、すべての情報を一人の患者に収集することを意味する。したがって医学的関連としばしば一つの症例の複雑性も理解して学ぶことになる。これには病気の形象ばかりでなく、診断や治療の手続きならびに手術の前後の段階の随伴している薬剤治療も含まれる。
・あなたはまず、自分の科において対処する最も頻度の高い病気形象、すなわち先端イデーの前の主徴に集中する。それは診療所の重点に応じて様々になる。
・少なくとも一人の患者を1週間検査すること。
・修得手段の選択は修得タイプに従って行われるが、その場合は決定的ではない。
・同じ病気形象の場合、収集した情報を容易に取り出すことができるよう知識を構造化すること。
・しっかりと立つこと。多発性選択検査の生き残りにとって、必要である珍しい収集品に展示室から誰かを分類しての放心状態を機械的に唱えるのは今終局的に過ぎる。

　最後に、教育や一層教育と並んでまたさらに継続教育がある。われわれは真正のアカデミカーである。個人的な知識の成長に役立ち、また一層教育の規定の直接の対象でないすべての諸活動が、継続教育の概念のもとで集約される。

　継続教育は、専門医試験に従って特別の意義を獲得する。だから人は規則的に自身の専門に継続して留まるために、証明された継続教育を受講しなければならない。これも州医師会に規制される。証明された継続教育の参加によって、州医師会におけるバーコードあるいは証によって登録されるCME付点 (Continuous Medical Education) を維持する。5年以内にこのCME付点に規定された点数を集めなければならない。それはもちろんすべてよく統制されており、医師会寄与がガラスの城やデザイナービューローにばかり差し入れてはいない。しかし、それはよく創られているので何の不安もない。修了

したすべての継続教育については、医師会にある各個人の収集口座に記録されている。

　ドイツ語市場では、外部による継続教育の提供が広く行われており、職業初心者の場合にはほとんど一望できない。誰が、何を、いつ、どのようにして、では最初には解けない。それゆえあなたはこの問題を最初の100日のカタログから線を引き、そして、何を自身の診療所が提供するかに集中することである。内部からの継続教育の提供に属するもので多いのは、放射線医学者と一緒に開催される毎日の午前あるいは午後の指定相談である。より大きな科ではしばしば月々の罹病および死亡率会議を実施している。ここにしばしばテーマになる継続教育、あるいは"ジャーナルクラブ"が入る。たとえ破れた床に当たろうとも、常に提供されるものはいつでも役に立つ。確かに必ずしもすべてが輝いているゴールドではない。そして、講師が張り詰めた弓のそれぞれの規則を無視するので、受講者は眠気と闘わなければならないが、その時には最初の3つの並びには座らない。しかしその場合には、退屈したらコーナーを見る、そしていかに早く自身の基礎知識が成長するかに驚くだろう。

2）手術の方法を修得する

　"手術の方法をいかに学ぶか？"は大きな問題である。確かに手術ホールにおいてすべてが開始される。ここでわれわれは最初に専門の魅力を感じた。解剖学上の知識と技術上の手腕との間の緊張、勇気と責任との間の狭い稜線、理路整然とした行為の一貫性、あるいは多くの疾病と外科の治癒との間にある率直な短いライン。それはわれわれにすべてをもはや解放しなかった。そしてまさにそれゆえに外科に引き寄せられるのである。

　"電子化している職業リストは包括的でまた短い。しかし外科医は欠かしてはいけない"、とSüddeutsche Zeitungは述べている。そして、外科医の名声は折られていない、それどころかOPにおける円刃メスを用いた英雄への道が長くそして厳しいと、また決めつける。良い執刀医として彼の専門領域を確実にまた自立して支配することは、ある非常に大きな精神的および心

理的な挑戦となる。才能のある医師1人では達成し得ない。この職業はしばしばあなたの全力を要求するだろう。だから考えてほしい、その時どうするのかと。それはよい、なぜなら期待の態度が今スタートした長い道のりの先で、成功して目標に届くかどうかと共に決定されるのであるから。たとえしばしば、それが早急ではなく十分に前に進み、またあまりに小さな歩みのため苦痛を与えながらそこを引きずり歩くように思われるとはいえ、前に横たわる道のりを短縮することはできない。しかし延長することがもっぱら感じられる。そしてそれは何もないだろう。あなたはそれゆえ注意ぶかく落ち着いてスタートに進みなさい。自分の個人的なマラソンを多くの小さな段階に分けなさい。かくて勝利はより良く祝福され、敗北は容易に耐えられる。そして耐え抜いた先、雨の後に再び太陽が昇る。もっぱらそうしてあなたは必然的な自己疑念とフラストレーションを通り抜け、また信じられない幸運の瞬間を獲得するだろう。

a. 手術する—精神的挑戦

外科医がすべての人を魅了するとことに何ら疑問はない。あなたもきっと、テレビ、ラジオあるいは雑誌類での医師シリーズでは、カットして編集されても仲間の中心的役割としては外科医が一人の代表としてほとんど放棄されないことを記憶している。しかし現実は、外科医は必ずしも輝いている英雄ではない。OPにおける普段の日はハードに全力を出すよう要求されている、その日中は長くそして夜は短い。"これあるいはこれもまた"たくさんの頻度で"われわれを一度見て"と発し、それは限界までしばしば行っているだろう。きっとまた手術を行ったその中で、執刀医は大声でまたおそらく自制心がなくなった、あるいはそのうえ極端にめまぐるしくなったが、それはあるべきことではない。おそらくストレス量が頂点に達していて、それぞれの外科医はここでも彼の個人的な修得カーブを通り過ぎているのである。

精神的な負担は様々な条件から生じる。最も重要な点は、直接の行為と出来事の間の関係から生じる莫大な責任である。手術での切断と縫合は直接の首尾一貫性をもつ。人は、それが患者と共により良くあるいはより悪くなるか見るために、ひと月は待たないに違いない。むしろそれは、成果あるいは

不成功が明らかになるまで数時間、数日継続する。勝利はまったく個人的に飾りつけられる。しかし"未熟の中での皺"がいつまでも身についている。それには、血液や排泄物からのあるシナリオにおける強い印象を与える技術的経過があり、生と死の限界もまれではない。それにはまったく誰もが無関心で、次いでまたさらに舞台で演じられるのである。われわれはいつも公衆の前で振る舞う。他の側面で生半可な知識の知覚消失者が批判的注釈を提出するとはいえ、彼は事実に合致していないに違いない。それでも言葉を置くのである。そして最後にはまたさらにすべてが出てくる。いかなる専門領域も切断する技術の横断幕はない。レントゲン軽傷、組織学上の所見あるいは罹病率統計学は、それぞれの小さな偏差を暴く。そうして第二段階にただちに尋ねる。"誰がどうだった？"、そしてまったく決まって、すでに前よりよく知っていた一人の抜け目のない者も明らかになる。

　それらすべてに耐えるために、人は幅広い十字架と確かな立場を要する。すべての取り掛かりは確かに難しい。しかし開始の負荷はそれほど大きくない。すべての手術をできるだけ前日に個人的に準備することによってスタートすること。人は症例を、患者を、そしてOP方法を原則的に知っている。そのうえ個人的な修得カーブを尊重すること。患者に対する尊重は、個人の弱さをまったく個人的にも減らすことを要求する。

　すべての能力は日々上昇することによって得られる。最初の採血検査を思い起こしてみよう。このような採血検査のように、また長いキャリアを通じて多くの手術でも興奮しないようになる。手術をすることを学ぶのは、次の任務を探すことも意味する。しかし、このような飛躍のない外科医もいる。

　あなたが今、手術をするとき精神的挑戦はどこにあるのかを理解しよう。ベテランは、ある教育状態から離れて依然として支配しているマニュアルの技量が背景にしりぞいていく。その代わり、OP戦術としていずれを決めるか、内部手術の意思決定プロセスがつねに中心の役割を占める。役に立つこととリスクとの間の内部手術の考量は、適応と並んで本来の挑戦を示す。この修得カーブも上部への厳しさばかりにはいかない。外科医は、合併症の人が、それを活動の一部として受け入れていることを学ばなければならない。

合併症は苦痛を与える。それゆえ、合併症を支え、そして耐えうるかのような手術のみを実施するべきである。それはまったく早すぎずに十分精神的に深めることができる。

　b.　個人的修得カーブ

"私は、簡単に何もなし得ないところから始まる。そうすると私は少なくとも失望はしないだろう。"このような言葉は確かに過去に属する。しかし相変わらず誰もが職業初心者ではないので、まさに真面目に受け取ってしまう。だから初めに知識の成長がますます大きくなるようにそれを軽快に受け取ることにしよう。

共通の基礎は、さらなる修得カーブが対となる非常に個人的な研究に置かれる。個人的な才能の基礎に、多くの変数が時間と技能を媒介変数として影響を与える。重要な外部の要素は、例えばあなたの教育者の質や関与ならびに適切な患者の選択である。しかし決定的であるのは、手術を実施する頻度である。一つの例は、平均的な才能や症例の複雑性の場合、腹腔鏡手術での胆嚢の間隔、あるいは甲状腺の手術の間隔にとって、修得カーブのプラトー（停滞期）はおよそ30～40手術のあとに届く。通常の区分において、それ者もある。おそらく大きな関節の補充は積み木箱の原則に従って置かれるが、二次元の傘での三次元の行為は、関節鏡検査法の間にはむしろ置かれない。そのとき外科用の能力のガウス区分の左端から独立の安全な港までまた長く継続する。

次いで携えなければならない最も重要な基礎前提は、関与される忍耐である。注意してチャンスを求めるならば、賢明に新しい任務を要求し、また隙間を先に見ながらふさぎ、自身の能力をピラミッドのように構築し基礎のみを鋳造していく。

　c.　訓練は名人を作る

安全にそして成功裡に手術する能力は才能に従うが、それは提供されてはいないので、訓練しなければならない。したがっていかに最初の手術において最適な準備をしなければならないか？　自立の作業に必要な安全をいかに獲得するか？　修得カーブがいかに短縮されるか？

前提は、これまでしばしば強調してきたように人によって非常に異なっている。最初におそらく自己の才能の限界を奥深く探り、そしてそれを受け入れなければならない。それはいずれの場合にも職業上のスタートの前に明らかにされるものである。"2倍の左利き"あるいは"上に開いたマグニチュード"はOP机では決して幸運にならない。確かに何の効果もない、変わった凄いセンスもある。

　そのアプローチはしばしば難しい。最初の手術はより多くイライラした気持ちを負わされる。そこでは最も簡単でしばしば困難になる、そして意地の悪い公衆はあざけるような眼差しでむちを付け合わせる。もし競技でスタートする訓練ならば、それは存在しないに違いない。

　訓練としてもちろん多様に提供される縫合などの技術コースは役立つ。ここで手工的に訓練される。しかし付加的に行われる精神的な準備に意義がある。マニュアルによる能力習得の場合、認識に関する（心理・教育学）また運動性の（生理）要素が修得プロセスにおいて結合する。精神的準備の場合は、修得される運動進行は部分処置に分解され、また、後に再び大きなプロセスに連結されるため個別に仕上げられる。それは浪費的であるが、しかしそれ以上に効率的である。最初の研究によれば、手術の教育においてもこのような精神的な訓練は積極的な効果を示した。精神的に学習される際、訓練されない者としてよりよいばかりか、まさに実際の訓練に参加する被験者（心理）の比較グループとしても仕上がりがはっきりしている。

　共通トランクにおいて第一に基礎をなす、マニュアルの技能のより確かな修得が問題である。この学習プロセスは典型的な準備コースへの参加によって加速されうる。効果はそれほど長くはないが、しかしスタートを容易にする。ビデオゲームは腹腔鏡検査法の用具と共に開始に、二次元の行動にすでに精通しているのでより確かに動く。ある縫合や結節コースを学習してみよう。これをまだ研究の中でやり遂げていないなら、その後マニュアルの技量をOPにおいて明らかに素早く訓練することができるようになる。内容が充実した市場における古典として、ドイツ外科医職業連合（BDC）によって提供されるゼミナール"基礎外科医"がある。ここで理論的な知識の稼得と並

んで、シミュレーターあるいは動物モデルで運動性の調整が厳しく訓練される。

手術は先見の明がある者が行うが、メスを使ってばかりでなく、同様にあらゆる手法を学ぶことができる。注意深い手助けによって手術の技術が、たとえ自分の手を掛けなくても学習できる。そして一層教育の最初の年に、明らかに手術するよりも多く手助けをすることになるだろう。ここでも、人は見るよりも準備をすることに向けられる。理想の場合において、患者、症状、計画および進行を知っている。次いでOPの間にある量を見つけるばかりか、以前からたくさん知っていた人・モノを見て、その人・モノだとわかることもある。人は手助けによって、進行や再度のOP報告において共感しつつ、滴が石に穴をあけるようにおそらくすべてを理解するのである。

d. OP準備

もしあなたの名前が初めて執刀医として翌日のOP計画に示され、次いで正式に執刀するならば、まず、良く準備してスタートするために計画を立てる必要がある。

3つのことを手術前に執刀医として行わなければならない。それは、

1. 患者に知らせる
2. 解剖学を復習する
3. 手術進行を理解する

患者の既往症および所見の知識は、それぞれの手術前に絶対に必要である。それには全体の診療所の所見と共に病歴が、古いOP報告と一緒に重要な前手術、そして文字つきの映像と画像がある。患者がOPに入る前に、患者行動を完全にチェックしなければならない。この自己研究の際、いずれの治療戦略がなぜ行われるかを明らかにしなければならない。そして次にわれわれはさらに極限に歩み、そして患者にとって彼の手術についてすべて明らかにする所見とともに個人的にじっと見つめる。

しかしそれだけでは準備はまだ終わっていない。不可欠なのはそれに次いで、OP領域の解剖学を理解することである。責任のある上席医あるいは専門医は、手術を通して管理するだろう。しかし何ら闇雲に行ったりはしない。

それは各々が手術前に解剖地図を組立てそしてどんな解剖学の構造が準備されるかを反復して覚えることを意味するからであり、手術を"家で"覚えるなら、ずっと楽しくなるだろう。

それによって計画された手術の進行を信頼するべきだろう。それが、最初の100日においてあるOP論を専門規律のために追加することは誤りではないが、それはまだ必要ではない。たいていは小さな手術のために割り当てられ、そしてここに是非とも経験ある仲間をメンバーに呼び入れることそして、あなたに手術進行をわからせるよう頼むことができる。そうするとあなたの任務は、前もって手術を思考上2、3のわずかの部分処置に分解し、次いでそれらを手術の間忘れないよう注意しながら手術を終えるように努力することである。

e. そしてOP後準備：OP報告

手術の終結は手術報告が定める。それも、すべてが十分費やされたと考えよう。しかし十分ではない、なぜならOP報告は医学的ばかりでなく、法律的な証拠資料でもあるからである。それゆえ多くの診療所において、若い仲間のOP報告は手術の補佐をした専門医あるいは上席医によって連署されることが通例である。

はじめに申し分のない医学的な証拠資料が前面に置かれる。その重要な視点は、

- 報告要旨の最初には、患者の身元確認をしたか調査すること！
- 指定通りにスタートしたか。なぜ患者は手術されたか？
- 経過を簡潔に記述する。解剖学的特殊性は標準以上の考慮を払うにふさわしい。それは通例の手術からの相違にも適用される。
- 最後に計画した手術後のマネージメントを証明する。

f. 合併症のマネージメント

そのような大きな才能や厳しい修得カーブはまた、遅かれ早かれ合併症にも直面することになるかもしれない。合併症の悪い進行は感情的に非常に負担である。それを、あなたは患者を医師の行為によって損ないうることを自覚している。可能な再手術、長期化した入院、手術した器官の機能制限、高

額な集中治療処置あるいは死そのものが、患者を脅かす舞台裏を形成する。このストレス要因は外科にも残念ながら存在しており、そして各々の専門の代表は、孤独なそして暗い時間の中で報告することを知っている。苦境からの唯一の逃げ道を、再三再四実行した責任割り当てがそれに対してばかりでなく、障害にもなる正しい合併症のマネージメントを提供する。

　行動する個人のすべての感情の負担の場合、患者は注意の中心にとどまる。すべての必要な対策を現代に即して把握するために、公式の付き合いが互いに重要な前提となる。それは、あなたが患者との相談を求める前に、すべての合併症を即座に権限のある入院医あるいは上席医に知らせることを意味する。彼はついで必要な診断や治療のきっかけとなる医学的な外科の実情を検査する。そして患者に対しても説明する責任があるが、最初の100日においては、それは職務ではない。

　しかし、合併症のマネージメントに困惑した患者との公式の相談も属している。患者は説明を受ける権利をもつ。医学の視点と並んでこの公式の付き合いは、法的に詳細な説明をかわすための本質的な鍵でもある。しかし自責は確かに問われない。そしてあなたは忘れないだろう。最小の合併症はまことに治療の誤りであり、さらに少ない合併症は現実に法的な首尾一貫性をもっているのである。たいていの予期せぬ出来事や再発は疾病あるいは手術に関する運命的な構成要素である。

　治療の合併症に関するコミュニケーションは、それにもかかわらずあくまでもたくさんの経験と繊細な神経を必要とする難しい領域である。

　合併症との専門的な付き合いを容易にするために、多くの診療所においていわゆる重大事件レポートシステム（CIRS）が設立された。たいてい匿名の欠陥あるいは重大な事情がここを中心に報告され検討される。そして可能であれば、この欠陥の将来の発生を防止する方法・規則が創られる。このようなシステムがあなたの診療所にあるか問い合わせてください、またあなたの仲間に引き受けるかを尋ねてみてください。

　しかし、合併症のマネージメントに属することは、発生した誤りから学ぶこともある。われわれは、手術の経過を一歩一歩要約して繰り返し、誤りが

どこで生じることになったか分析することを試みるだろう。それが必ずしも一義的に可能ではないことを付きとめられ、長い間探して見つけ出すことができれば、この誤りを二度と起こすことのない最善の戦略をもつことになる。それも手術を学ぶことに属する。

　最後に合併症マネージメントのための例を挙げてみる。

　移植に用いるレントゲンコントロールが、指示された安全な場所になるほど正しく置いてあるが、上部の大静脈用の安全カテーテルを同時にしかし拡張された左の気胸症が中間皮膚の始まるシフトによって生じる可能性があると放射線医学者から電話があった。生命機能は安定していたが、彼は女性患者を念のため緊急処置室に受け入れた。その後ただちに女性患者の緊急受入れ時に立ち会った上席医に知らせる。レントゲン映像であなたは放射線医学者の所見を自分のものとすることができる。頻呼吸や呼吸困難が生じた場合、麻酔医が女性患者に酸素を与え、静脈の入り口を定めた。さらなる女性患者の状態の解明なしには、局部麻酔による上席医からの胸腔排液用ドレーンを付けられず、また吸引装置も置かれない。女性患者の状態は急速に改善し、また再度のレントゲン検査によって彼女はその入院でのさらなる監視のため受け入れられる。午後遅くにあなたは上席医と共に女性患者を訪問する。彼は彼女に詳細に、どんな合併症を想定してポートカテーテルの設置に踏み出したかを説明する。そして緊急治療の説明をする。訪問後彼はあなたと共に再度鎖骨下諸点についての技術、およびどんな処置の場合胸膜が傷つけられないかを相談する。女性患者は２日後排液ドレーンを外したのち診療所から退院するだろう。

　　チェックリスト"手術することを学ぶ"
　・自分自身忍耐を持っていますか？
　・基礎コース"縫合部や結節技術"を訪問してください。
　・手術の準備：解剖学、外科学や患者関連の知識を習得してください。
　・OP報告の標準化について練習してください。そして現代的な証拠資料に慣れてください。
　・合併症の扱いをオープンにしていますか。

6章

医師の自己マネージメント

　医学における自己マネージメントは自ら置かれている、あるいは医師と共に進展される（予防の）保健衛生、あるいは処置目標の脈絡における指導を規定する。

　医学的な自己マネージメントの原理は、
- 自己観察（現実化の保健衛生および処置目標の進展および評価に向けられる〔自己モニタリング〕）
- 自己評価（今日的なある標準との関係の比較に向けられる〔自己評価〕）
- 自己強化（行動に依存する報酬や罰則に向けられる〔自己増援〕）

　患者の自己決定、自己責任および自立整備の努力を、予防の意図あるいは病気克服の脈絡において最大にすべきである。その後に続く視角は、社会的修得論、自己統制と自己規制および認識に関するもの、ないしはランドラ、カンヘルやマイヘンの木の運動による行動治療と密接に結びついている。すべてのこれらの構想は、患者を積極的な自己操縦しうる、すなわち彼にそれに必要な基礎の熟達、そして専門知識を媒体とするパフォーマンス阻害（不

表I-6-1　自己マネージメントの基礎熟達（生活の基礎熟達とも呼ばれる）

- 社会的、個人的そしてコミュニケイティブな能力
- 効果的な問題解決する行動（例えばストレス克服や択一法の追求）
- 目標および価値の解明（意義に関する疑問への従事を含む）
- 自己動機付け（意味のあるそして現実的な生活目標）
- 自己の繁栄に取り組む（緊張緩和、楽しむこと、ベストコンディション等）
- 固有の積極的な側面の発見と価値づけ（個人的な強めと日常的な資質）
- 新しい挑戦との関わり（不安を克服し、強い好奇心を持って思いがけない状況を処理できる）
- 構造的な自己指令による自己操縦（行動思考、解明的思考、前向き思考、スモールステップ思考、柔軟な思考、未来思考）
- 自己の仮説を現実においてテストする（現実の行動を通して個人的な確信を検証する）

表 I-6-2　自己マネージメント治療法のための7段階モデル

1. 入門段階：診断・治療上のプロセスのための有利な前提を創造すること
2. 変更の動機づけの構築および（暫定的な）変更範囲の選択
3. 行動分析：問題記述および維持しながら条件の探索
4. 治療上の目標を明らかにし、取り決める
5. 特殊な方法を企画・選択し、実施する
6. 進歩の評価
7. 終局段階：協議。治療の成果の最適化と終了

（出典：カンフェルなど〔2006〕による）

安、憂鬱、抑圧等）を解体し、彼を規定された保険衛生あるいは処置目標の意義において動機づける意図を共有している。

　自己マネージメントの熟達は、少なくとも一部の医師との対話において斡旋され、自己マネージメント治療（表 I-6-2）において修得され、そして続いて記述される処置や手段によって支援されまた促進される。これらはしかしすべての患者のためまたすべての疾病状況において同じように指示されるのではなく、状況に基づいた、すなわち患者の場合には、意図された行動変更に依存して組み合わされる。自己マネージメントにとっての基礎的な前提は、あくまでも医学的な行動推奨に関する患者の"願望"（治療動機づけ）および"可能性"（患者能力）である。

1. 患者訓練

　患者訓練は保健衛生促進のための対策として理解される。その場合リスクは和らげられ、また患者の資質（そして彼を取り巻く環境）は利用され、ないしは強化されるだろう。その場合どうしても初期、第2期そして第3期の予防の観点が層をなして重ね合わされうる。例えばストレス克服、過重体重者に栄養を与える助言、喘息患者について訓練などである。

　患者訓練プログラムは疾病マネージメントプログラムの参加を義務づけられる。それは―リハビリテーションのために補足する給付として、慢性的な病人に対する現実的、かつ効果のある訓練対策と同様―法的疾病金庫によって促進される。親族や常設の世話人は、医学的な理由から必要であるなら、

算入される (SGB V 43条1項2節)。患者訓練は、医学的なリハビリテーションのためのさらなる統合的な構成要素である。

　基礎づけられる患者訓練プログラムの展開は、認識に関する行動心理学から起こり、そして学習や動機づけ論のモデル、ならびにストレスおよび最後の仕上げ研究に支えられる。そのときに、構造化し、内容的に特定の患者グループ向けにアレンジされた、たいてい多面専門的な(とりわけ諸医師、心理学者、保険衛生専門職業の成員、自助グループの構成員による)コース、あるいはゼミナール形式において実施され、また様々な保険衛生制度における研究所によって組織される継続教育プログラムが取り扱われる。

　このような学際的に志向され、その効率性や経済性が多様に課されることができた教育的手掛かりは、患者に"力を与えること"を促進し、また第一に疾病に対し成功した自己マネージメントに寄与するだろう。目標は患者を"自身の病気についてのエキスパートにする"ことである。なぜなら自らの疾病についての知識は、はじめて患者に、日常における病気へのより良い対処法を教え、そして自己操縦の力を発展させるための熟達を習得するのに役立つことができるからである。専門家としての能力の媒介によって、患者訓練は社会情緒的医師の援助と同様に、患者から"必要な他の異なる不安を取り除く"ことに共に寄与する。

　患者訓練は、患者の自己責任や自己マネージメントに焦点を当てれば当てるほどますます効果的である。それゆえ近年において訓練の手掛かりは、疾病および治療関連の知識媒介としてばかりでなく、行動変化ならびに変化した行動の長期的な安定化を達成するため様々な介入に基づく手掛かりが宣伝された。成果において患者の自己マネージメントはそれによって強化され、(慢性的な病気を持つ)患者の生活の質を改善し、先行人の負担を軽減し、そして慢性的な病気の治療に際しての費用削減が達成されるだろう。

　ペータマンによれば、患者訓練のためのプログラムは6つの要素を持っている。例えば糖尿病患者の場合、ドイツ糖尿病学会のあらすじと組み合わされ、次のように示される。

・解明：疾病の基礎についての知識の斡旋(糖尿病の原因、臨床部門での特徴、

進行と予後）およびその処置（行動修正、薬による糖尿病治療、インスリン治療等）。
- 疾病およびその克服のための積極的な考え方の構築：適切な疾病活動への処置や補助のための動機づけ、糖尿病との自己責任の扱いのための支援。
- 身体認識の感作化：自己統制対策についての習得（尿および血糖の自己統制等）。糖尿病の重要な症状に対する自己観察、自己評価および自己統制戦略の習得（栄養、運動、脚の保護等）。
- 自己マネージメント専門家としての能力について媒介：薬剤による治療、改良された補助手段（例えばボールペン）の取り扱い、食事療法に叶った計画を守ること、緊張緩和運動の実施、個人による治療目標についての作成および評価。
- 発作予防および2次的予防のための対策：急性合併症の認識、処置そして予防（低血糖症、流行性肝炎等）、マクロ血管による後遺症（心筋梗塞等）および糖尿病の後遺症（糖尿病の足症候群、神経障害、勃起しうる機能障害等）にとってのリスク要因（緊張過度、ニコチン等）。糖尿病処置に関する食事の意義。カロリー低下ないしは炭水化物に規定された食事の形成に関しての認識や能力の媒介。個人的な生活習慣を顧慮しながら、また治療形式に基づく栄養計画の習得と実践。糖尿病処置の枠内における身体的な運動の意義。個人的な生活習慣、治療形式および保健衛生状況を顧慮した運動計画の習得と実践。特別の状況での行動（病気、旅行等）。
- 社会的資格の稼ぎと社会的支援の動員：発病についてのコミュニケーションの力とその影響、医師や薬局に対する診療に関係する懸念や欲求についての明瞭な発言、家族や関係する個人の算入。糖尿病の社会法的一貫性（職業、運転免許、諸保険等）。日常における糖尿病治療に成功したとき負担との関わりに対するサポート。コントロール調査（糖尿病の保健衛生パス）や保健衛生を知っている糖尿病患者との交わりでの保険衛生システムの利用。自助グループの情報。

患者訓練は、個別あるいはグループ訓練として組織され、また個別化した

書面の資料によって、すなわち特別に訓練されるグループに合わせた情報を、視聴覚のメディアとコンピューターに支えられた学習システムにより提供され、支援されうる。個別訓練は個人に対し時間を集中させるが、より大きな効果が得られるのは、関係者たちへの訓練が経験豊かな医師あるいは他の医学的な専門職員を通して実施され、また他の訓練方式と組み合わされるときである。グループ訓練はいつも、関係者が、たとえ自助グループにおいてであろうと、同じ関係者から学ぶことができるならそのときに価値のあるものがわかる。訓練される者たちの、その様々な期待と病気段階の個性構造の変位は、グループ訓練の場合、心理学的および教育学的学習方法を顧慮しながら特殊なリスク成層別に分類した内容を学び、種々の科学媒介の方式、実践的な転換と後からの個別訓練が結合されることによって生じる。

特に訓練構想の企画の場合次の要素が顧慮されるべきである。
- 患者の動機づけと期待の保持
- 教育水準と学習力
- 年齢
- 精神社会的要素（例えば家族に囲まれること）
- 身体の要素（援助入用、例えば患者は自分自身で世話をし、あるいは家族によって世話される）
- 自己マネージメント力
- 社会的身分

経験的な調査は、患者訓練が単に科学の媒体を基礎に、たいていわずかしか成功せず、しばしば再発に導くことを示した。特に糖尿病患者のような慢性の病人の場合は、行動様式の継続的な変化と習慣が必要である。彼らは疾病形成に積極的に取り囲まれてはじめて理解され、また置き換えられうる。

2. 患者ガイドライン

ガイドラインは、医師および患者にとって特別の保健衛生上の問題の場合、適切な行動の仕方について明白に設けられた体系的な意思決定の助けである。

医師のガイドライン（路線章、D6.6）に対して、患者のガイドライン（決定援助）は医学的な専門用語によらずに、医学的な門外漢のために理解できる形式で作成される。意思決定の援助は、内容的に病人に関わりなく、健全な人間に関係するものであれば、保健衛生ガイドラインと呼ばれる。彼らは、様々な処置の選択の間の、特別な比較考量する意思決定をまねき、そして（個人化した）治療計画の処置の原因、実施および意義を理解することを患者に援助すべきである。今日の知識状態に基づいて意思決定援助は、患者の情報状況を改善し、彼を援助して生活の質や効果に関する期待を現実的に達成させる。そして病原体侵入の手順のより低い給付の利用を案内する。

3. 患者契約

心理学的研究によると、書面上に固定した目標は、もっぱら思考したあるいは言葉に表したものよりも、より高く結合することが知られる。ここに患者契約の自己マネージメント用具が置かれる。

この自分との契約において患者は、書面により自分の保険衛生あるいは処置の目標を、そして自分で計画したその到達への処置を証拠資料にする。

たいていその場合、直接の医学的な内容が扱われるわけではなく、日常の生活進行の支援にも寄与すべき自己マネージメントの能動性が問題である。このように物質交代症候群による患者は、自身の運動および食事態度の変化に対する医師の推奨を、運動活動性や週ごとに正確に測り、分けられた食事計画のために具体的に組み入れられた期間によって具体的に述べられ、また例えば患者日記に記録することができる。大いに役に立つ患者契約はまた、多様な障害の場合の処置における優先、およそ精神療法における優先が肝要である。次いで医師や患者は、患者の場合最大の疾患圧迫を引き起こし、あるいは臨床部門の前面に立つ問題の処置に集中される。

重要であるのは、患者が、過剰な要求の結果、欲求不満を避けるために具体的および現実的な目標に入ることである。後まで残る行動変更の場合、患者はすべて彼の行動様式を今日から明日に切り替えることが期待されないの

で、ある性質における優先や時間連続を段階計画に定めることが取り付けられる。動機づけのために患者契約への自己定式化の刺激が受け入れられるだろう。それらにより患者は自身の目標達成の際に報われる。同様に患者契約の実現のために動機づけを促進するのは、家族の精神社会的支援と相互の動機づけが自助グループにおいて同じ考えを持つ人である。

これまで述べたことは、患者が患者契約を自分自身で結ばず、書面で医師と患者（分担意思決定）の間で取り決められるときの状況においても通用する。書面上の四半期や年間の目標は、次いで両者のパートナーにとって一つの統制用具を表現する。その医師との対話における達成度は、協働者年度対話の場合と同様にテーマにされうる。

4. 遵守観察

遵守観察は、患者の自己マネージメントの支援のための指導警告システムとして理解される。目標は、定期的に問い合わせをする。患者自らが声を出す症状や測定値（例えば血圧や血糖値、体重）は、非遵守によって早期に認識される。また、提供された場合、医師に（動機づけに）仲介される。

これは、例えば糖尿病患者の場合、処置を行っている医師に提示された糖尿病患者日誌、血糖値測定器の測定値の経過記録、Web に基礎づけられた観察システムである。それは再分析や傾向計算のため電算機算法を利用し、あるいは外来の患者との電話に基づいた観察である。

遵守観察のすべての手続きは、取り決められたあるいは疾病マネージメントプログラムについて規定した個人的な助言を超えて、患者のより細かい医学的な監視を可能にする。それらは共に、患者の困難を治療構想によって早期に認識することに寄与する。

5. 回想システム

思い出す（回想する）ことは、相当する組織の手段を通じて支えられ、あ

るいは通信、ファックス、郵便あるいは E メール、SMS を通して行うことができる。大いに役に立つものとして実務においては、例えば時間配分の付いた薬剤ボックス、服用記録の案内および患者日誌が利用される。新たに比較されるのは、抗生物質の生産者が医師と薬局と一緒に提供する"潜在的看護師"である。処方される薬剤に応じて患者は、SMS 回想サービスにより分離された情報を受け取る。私人一体ナンバー（PIN）に基づいて患者はサーバーと結合され、そして次からは規則的に SMS を通して錠剤の服用時間を通知される。"潜在的看護師"の回想職務は最後の錠剤で終わる。相応のデータは申請の際記号化され、そして保管される。

コミュニケイティブであるのは、召喚返答の持つ書面の思いがもっぱら口頭の回想を前に出されることである。思い出がネガティブな刺激と結びつくことを忠告する。それらの場合、患者が同意するシステムは、もしそれらが、例えば時期や治療推奨について応えないならば、むしろ、意図された自己責任の自己マネージメントのための動機づけを低下させる危険性がある。

6. 精神社会的支援

患者が病気を克服した際に、社会的環境から経験する精神社会的支援は、彼の処置目標に一致する行動（患者遵守）にまったくまちまちに影響される。

原則として社会的な環境のためにオープンに、また理解されているコミュニケーションは、患者の自己価値観の安定化のため重要な要素を示す。関係する個人を通じた積極的な精神社会的な支援は、それゆえ患者に構造的に病気の克服を容易にさせる。配偶者あるいは患者の願いで医師との対話に統合され、またこのように感作される直接の社会的な環境から、親戚はより多い理解と採用資質を通して日常において患者を支え、また必要な治療推奨の転換に際して勇気づけることができる。患者訓練プログラムあるいは精神教育の構想の助けによって家族を組みこむことは、患者にとって相互の理解および病気状況の克服のために最大の可能な支援となる。自助グループの形式において同じ意識を持つことも、病気発現の段階において、まさに疾病に対す

る積極的な立場への大きな貢献を行うことができる。

　それに対して、社会的環境の側から"訓練医学"に対して明白に拒否する批判的な態度が支配的あるいはいわゆる代替的ないしは温和な治療方法が好まれるなら、思いきって下げながら"クラシックな"医学的治療手掛かりに対する患者遵守に及ぶことになる。まさに同様に関係者の治療批判的な発言は、彼らの特別な信ぴょう性をもとに高い治療への動機を下げる力を所有し、また変動のない治療処置の枠内において、ある全段階の患者遵守にネガティブに影響する。患者が、自らの社会的環境の"人生経験"を基礎にしたこの見解を、医師の科学的な解明以上に信用するならば、非遵守は特別に変化の抵抗として、そして難しく解決される。

Ⅱ部 給付マネージメント

1章

医師実務と医師ネットにおける給付マネージメント

　外来扶養における給付産出は、伝統的に自由職業性の形式によって規定される。これは、個人的能力と並んで、保健衛生制度のこのような慣行は、結局ある実務のマネージメント、すなわち第三者（例えば法や規則）によって、前もって定められる多様な要求に支配されて、可能になるよう指導・管理される。

　以下の章ではそれゆえまず、外来の扶養において活動する医師のために前提として通用し、どのように扶養が差し当たり連邦医師規則と職業規則によって規定されるかについてどこにでも当てはまる枠組み条件を取り扱う。給付産出やそれによる給付マネージメントが増して、協力構造において様々な費用の担い手の負担にもたらされるので、医師たちの協力の形態が、私的に、もしくは法律の疾病保険（社会法）における給付マネージメントのように取り上げられる。しめくくりにはその間社会法において義務づけられた品質マネージメントの原則が外来の扶養のために記述される。

1. 法的そして構造的な枠組み条件

　医師による給付産出のための前提として職業教育の入口がある。給付マネージメントは、給付産出者側で連邦医師規則に関する医師による活動の入口によって、またそれを基礎にした医師の免許規則に規定される。職業教育は、議院や治療職業法について州医師会への本質的な課題を委譲する州法に支配される。これは定款法として医師の職業行使の基礎を取り決める職業権も、一層教育権におけるさらなる資格（専門医ないしは重点に対する）も同様に取り決める。特に職業権は、"営業による"職業行使をもっぱら商業や利潤極大

163

化に関する形態において、給付マネージメントの組織上の枠組みの何が外来による分野において著しく影響するのかを想定していない。

外来の扶養における医師の活動は、それを越えて多数の枠組みを設定する諸法、拘束的特徴（例えば連邦情報保護法、感染保護法、薬剤生産物法）を有する法規則や規定によって定められる。

外来における、法的な患者扶養の組織にとっての法律上の基礎は、広範な諸機能を共通に自己管理するために、特に保険医連邦協会（KBV）のパートナー、または疾病保険金庫のトップ連合に割り当てる社会法Ⅴ（SGB V）から生じる。私的な疾病保険における給付産出は継続せず、職業法を超えず、付帯条件が何らつけられない一方、外来の給付産出者は法的な疾病保険金庫にとっての、何らかの症例において規格化した認可手続き（医師認可規定において規定された、連邦保健衛生省の法律規定〔BMG〕）がある保険医師協会の成員にならなければならない。保険医協会は、疾病保険金庫がその成員に現在手助けする会費のため責任がある外来の扶養を、現物給付において保証する。"下級法の規律"としての共同連邦委員会（G-BA）の方針において、また法的拘束的に給付産出者や連邦マンテル契約における疾病保険金庫のために統合される契約や取決めにおいて、自己管理のパートナーは契約医の扶養の詳細をきちんと整理する。州レベルでこのパートナーシップは保険医協会（KV）また州疾病保険金庫連合によって継続される。まして州レベルでのこの全体契約は選択契約的規定によってKVの参画なしに補整される。

契約医による扶養における規範ヒエラルキー（段階）

・外来にとっての法的基礎、契約医の扶養は、権利の規則に調整され、枠組み条件を定め、そして自己管理のパートナー（疾病健康保険金庫のトップや州連合、保険医の連合や保険医の連邦連合）の存在や働きのための身分証明書を契約医の扶養のために創設するSGB Vを表現する。

・自己管理パートナーは、共同連邦委員会の方針（下部の基準の形式において）にとっても、"連邦マンテル契約"（契約の形式にそして取決めにおいて）としても、直接にすべての参加者のための結合的な規則について取り決める。両者の規則は連邦マンテル契約の構成要素として、医師や金庫に

その州や連邦段階での提携を含めて拘束力となる。組織の連邦段階での活動は、州管轄では州段階での組織に、連邦管轄では法監督のもとにある。

・連邦マンテル契約は、独自の契約テキストと並んで契約医の扶養の組織のための詳細（疾病や治療症例、書類の回付規則、協力形式、記入用紙等）、特別の扶養任務（特に、糖尿病扶養、乳房撮影機映像）、SGB V 135j 条（2）による品質保証のための取決め、統一的評価基準ならびに共通連邦委員会の方針を含む。それと並んでSGB Vから、連邦マンテル契約において規制される具体的な任務（例えばSGB V 73条（1）2項による家庭医の扶養の内容と範囲、あるいはSGB V 135条（2）1項による特別の給付のため統一的な資格要求の取決め）が生じる。連邦マンテル契約の内容は（G-BAの方針まで）仲裁職であり、したがって平等に置かれ、そして中立の議長のもとで日々送る仲裁裁判所の争いごとにおいて交渉にかかわる。

・連邦マンテル契約はその州段階での対応をいわゆる"全体契約"によって、連邦マンテル契約の内容をさらに謝礼配分あるいは州特殊な契約（例えば構造契約）のような実情を補充して表す。

・SGB V 73b/c 条によるいわゆる選択契約において、補足的な扶養契約は給付産出者グループ（医師職業連合）のKVによる関与なしに個別の疾病保険金庫によって結ばれる。

・SGB Vを基礎として、疾病保険金庫ならびにその傘下連合ならびに保険医団体は、傘下連合KBVを含めて独自の定款に身をゆだねる。

1）医師職業のための入り口

医師の職業のための入り口—すなわち医師の職業教育（医師許可権）のための権利—は、連邦医規則（BAO）によって規制される。連邦内ではこの法により、6年の教育の後、その教育内容をしっかりと修了して、国家試験を経ることによって医師としての免許がいかに与えられるかについて手続きが定められている。免許の詳細は、諸州によって許可される医師のための免許規則（AAppO）に基づき、医師認可規定に規定された、連邦保健衛生省の法律

規定（BMG）の手続きから生じる。完全な諸要求を満たしたのちの免許の授与と並んで、同様に連邦医規則（BAO 5条・6条）は、医師が医師職業の行使の過程で信頼性を根本的に損なう大きな違反を犯した場合、免許の取り上げあるいは一時停止を定める。

連邦立法者の管轄は、免許の後につづく職業行使の視点に広がっているのではない。職業的なさらに導く資格や特殊化、州法の規定に譲られる継続教育や品質保証のような視点がこれに属する。相応の諸州の議会および治癒職業法において枠組み条件が確定され、その具体的な形態は広く、自律的な医師の自己管理の枠組みにおける専門的な自己決定の意義において、州医師会の保護のもとに置かれる。州医師会は、州議会内閣の法監督権限下にある定款法として、その同意によってそのつど医師会構成者のために、権利拘束的な職業および一層の教育規則を公布する。

医師の職業行使にとって本質的なこの規則の基礎は、州医師会を連邦段階への労働共同体を通して、連邦医師会に引き継がれる模範規則である。この模範規則によって、基礎となる諸要求に関して氾濫する地域的な差異性が、前もって防止されるだろう。

わずかな例外によって、連邦において転換される模範職業規則（MBO）は、たくさんの給付マネージメントに直接触れながら、その全体において多くの活動者に十分に知られない不定条件を含む。これには特に次の規則が属する。

模範職業規則（MBO）
・継続教育および品質保証のための義務のような職業行使のための原則
・女性患者や患者に対する義務（治療原則、説明義務、黙秘義務、証拠に基づく資料、謝礼と報酬の申し合わせ）
・職業上の行動のための原則（協力の形式、コミュニケーション、同僚による協働）
・行動の規則（女性患者や患者との交わり、治療原則ならびに医師でない女性協働者や協働者との付き合い）

品質保証のための義務は、特に医師会によって配慮された対策の注意および実施を含む：“女性医師と医師は、医師会によって採用された医師の活動

の品質の保証のための対策に参加し、そして医師会にこのため必要な問い合わせの案内を与える義務がある"(MBO 5 条)。

実例としてこれに輸血、実験室の医学、頸細胞学あるいは移植のための規則が挙げられる。

職業規則において、原理的な医師の職業行使の要求が理路整然として書き止められた一方、処罰の可能性のある違反は比較的わずかしか利用されない。例えばここで、職業規則において拘束的に書き止められている生涯の継続教育の要求が言及される。不履行の裁可をすることが、室内法の途中で優先的に扱われなかった後、立法者は社会法について、(GKV 近代化法の枠内において) 心を打つ処罰を含め、継続教育のための義務の非遂行の場合に定めた。

2) さらなる、職業法的に規制された資格 ("一層教育")

模範職業規則は、医学の扶養の複合性を考慮して、矛盾なく"治療の受け入れと実施は医師のもつ技術の規則に従って提供された医師の処置の誠実な遂行"(MBO、間違いのない医師の職業行使の原則、治療原則 2 番)を追求しなければならないことを確定する。自己の能力が診断あるいは治療の任務の解決のために十分でないなら、そのとき常に他の医師が適時に招かれる。

医学教育において取得した知識は、その修得が免許によって証明されていても、専門的見地から今日、直ちに自立して医師として活動するためには、もはや十分ではない。医師による職業の教育のために細分化され、また包括している知識の基礎は、それゆえ医師の能力を一層教育規則における全体領域で叙述し、そしていずれの医師グループがいずれの扶養領域を引き受けるかを定めることを必要とした。一層教育法に特別の章を与える諸州の議院や治癒職業法を基礎として、州医師会は一層教育規則を発令する。

模範職業規則に類似し、また類似の動機づけから、すなわち連邦における要求の統一性から、連邦医師会の模範一層教育規則 (MWBO) において最低限の要求が定められる。つまり、特別の専門医知識の承認にとっての前提 (例えば外科、一般医のための専門医)、あるいはそのうえに有効な、さらに進むべき重点 (例えば内科医や重点脈管学のための専門医)、あるいは補足の一層教育

(例えばアレルギー学)を叙述する。国家の制度によって州段階に委任される免許とは異なり、専門名称の誘導のための資格は、効果的な一層教育の終了後、権限ある州医師会に任せられる。

給付は、それがそのつど専門領域の中核能力に属するならば、そのとき産出されるべきことから出発する。専門領域にそぐわない給付の実施は、なるほどはっきりせず禁止されるが、しかし別々に理由のある義務がある(例えば予想していなかった緊急の場合)。外科による給付の実施は、それゆえ外来の給付において適切な、模範一層教育規則によって定められ、そして相応に有資格の一層教育の場で獲得した知識を前提にする。

総括すると、外来の職業行使にとっての免許に従って、さらなる特別の知識の獲得が必要であることが固く守られる。この一回獲得された知識が、職業規則の基礎として常に現代においては即応される。この知識が再証明される意味において、形式的、規則的な再検査は今まで存在していない。それにもかかわらず連続の継続教育は、今や社会法について義務づけられ、医師の知識の生涯にわたる修得の意義、保証のための一つの処置と理解されうる。

3) 職業法に認定される医師の協力および組織形態

特別の意義があるのは、医師たちの協力に関しての職業権である。病院の外部での外来の医師による活動の行使は、法的な規定が他の形態を許さない限り、ある実務における開業権(実務席)と結びついている(MBO 17条1項)。実務席と並んで、さらに2つの給付産出の場所(例えば部門実践)が創立される。年間で比較的限定的な規定が、例えば弁護士あるいは他の自由な職業の場合のように協力することが可能でなかった後に、第107回ドイツ医師会2004は、協力形態の広い自由化を可能にした。それはとりわけパートナーシップ会社法(PartGG)の組織形式に方向を定め、そして目下のところ社会法に定められた可能性を超える。

模範職業規則の改正による修正のための原則

・職業教育あるいは協力の選ばれた形式に依存せず、医師と患者の関係における保護水準は同質でなければならない。またこの関係の特殊性は考

慮に入れられなければならない。
- 協力の給付産出の際にも個人的な給付産出の原則は顧慮される。
- それは、職業教育の形式についての透明性および協力ならびにそれに参加した者は、保証される。

それに従って、通例の個別あるいは共同体実務と並んで、職業行使の共同体ならびに他の協力形式（MBO 18 条）、私権の法律上の個人に関する形式における医師社会の教育（MBO 23a 条）、女性医師や医師および他の専門職業間の医学的な協力共同体の教育（MBO 23b 条）、ならびに実務連合の教育（MBO 23d 条）が可能である。境界が設けられるのは協力形式であり、共通のまた分業の職業行使のそれ、組織の形式について、その場合、道具類あるいは部屋の共通の利用は、取り決めの対象である（例えば器械共同社会）。同時に次のような医師に関する共同の職業行使の基礎形式がある。

医師に関する共同の職業行使の基礎形式
- 職業行使共同体：協力は医師職業にとって許されるすべての社会形式、例えば一つの社会の形式において、市民の権利が設立される。多数の医師席が、各々実務席で医師が主要職業的に活動するならば可能である。多くの職業行使共同体における所属は可能である。古典的な職業行使共同体は共同体実務を表す。
- 医師による職業行使にとって、GmbH あるいは株式会社のような社会形式は自由に用いられる。さらに許可されないのは完全商人によって導かれる社会（例えば公立の商業会社や合資会社）である。外来の医師による扶養の"営利化"は、例えば純粋に利潤志向によって第三者による資金を受け、また医師によって管理されず、外来の施設を回避するために、医師社会の教育にとって特別の条件が通用する。社会は一人の医師によって管理されねばならない。社長はたいてい医師でなければならない。第三者は会社の利潤に参画してはいけない。会社の分担や投票権の多数は、当然医師に与えられる。
- 医学による協力共同体：この協力の形式は、医師の所属員との外来による共同作業に他の治癒職業（例えば医療体操、言語治療、例外として療法家）、

あるいは自然科学者あるいは社会教育学の職業の従事者にもオープンにする。社会形式として社会の法形式は市民の権利を、私法権の法律上の個人、あるいは PartGG に従うパートナーシップ社会の形式において自由に用立てる。
- 実務連合：実務について、互いにある協力を取り決め、そしてこれを書面に固定する緩んだ連携として理解される。対象は、例えば特別の品質改善対策の組織である（例えば品質サークルの実施、あるいは互いに合わせる特別の疾病にとってのサービス提供の組織）。実務連合は原理上すべての興味を抱いた実務を開いている。病院にもレファー診療所あるいは保健衛生制度における他の患者扶養の施設が加わることができる。

他の協力形式における外来の給付産出は目下職業権的に予定されていない。

すべての協働形式は、その時々の州医師会に示される。その際に添えられる証拠資料の程度について、様々な要求が立てられる。同様に医師や非医師の従業員についての従事は可能であり、そこではこのための別々の規則（例えば適切な報酬、実務席は配置された医師によって個人的に引き受けられそして行使されなければならない）。協力することでさらに患者のための自由な意思選択が制限されるべきではなく、同様に報酬に対する振込金（したがって振込金から結果生じる給付産出の利潤参加）は許されない（MBO 31 条）。全体として前に出された記述は、連邦医師界の模範職業規則の要求に関与し、その州医師会への転換は、必ずしも完全に行われるとは限らない。職業規則に対する規定は連邦主権のもとに置かれるので、州段階での違反は生じうる。

医師による同じ職業グループの所属者と、あるいはまたこのような他の治癒職業の人々との共同作業のすべての形式で、個人的な給付産出の原則が通用する。治療は医師と患者との間の市民法（BGB）の職務契約を基礎に成立するので、医師は患者に対するこの給付の個人的な実施の義務がある。給付の持ち分を第三者に委譲することは、BGB の一般的規定と並んで、職業規則が制限を定める。規定は、医師が何らの事業に携わっていないこと、またある特別の患者に事業の関係なくその給付を算出する（MBO 3 条）"取り決めのないこと"、の原則に従う。共通の立場から連邦医師会と健康保険医連合

は、2008年に医師の給付の委譲の可能性と限界を現実的にした（連邦医師会および健康保険連邦連合2008）。

総括の結果、模範職業規定は医師の協力形式に関して次の改革を予定している（連邦医師会2004）。

模範職業規定の改革
- 一つの実務席に何ら厳格な結びつきの関係はない。職業行使は3実務席まで優先的に扱われる。
- 医師は多くの職業行使共同体に参加できる。
- 職業行使共同体は居住地を越えても形成される。
- 協力はまた個人の給付に限って可能である。
- 専門領域以外の医師は配置されうる。
- 他の治癒職業との協力の可能性の拡大。
- 協力は、医師社会として"私法の個人"の形式において基礎づけられる。

4) 一医師席の制度にさらなる要求

外来の制度における給付産出は、上に表された職業法上の要求と並んで幾重にも法的な規定に支配され、その不履行が経営の場の営業中止に導きうる。知っていることも相応の規則を守ることも、外来の給付マネージメントにとっての基礎的前提であり、その場合一部の矛盾する法的な規則の増加や複雑性が原因で、資金的および時間的な費用が恒常的に高まる。規則の網細工は、様々な扶養企画の段階で、連邦、州、市町村および自己管理段階で定住される権限によって特徴づけられる。教科書の枠内におけるすべての要求ある記述は、すでに医師席の理由から問題にはならない。衛生学要求の例でみると、医師実務にとって、どんな規則の密度がこの実例となる領域に入り込んだのかが明らかになるだろう。

衛生学に対する対策は患者扶養における感染の予防に役立つ。それは、実務衛生学のための基礎的な要求を守ることに配慮する実務所有者の任務である。これは様々な法において、感染保護法、薬剤生産物法、公共的な保健衛生職務についての州の特別規則のように、ならびに職業協同組合の規則にお

いて明らかになる。

　これらの法や規則は実務の管轄による巡察に対する誘因を基礎にする。その場合同じ実情に同じ実務、この衛生学の症例において、相違する規定をもとに繰り返し企てられうる。ある実務における衛生学の所轄の監視に特に権限があるのは、保健衛生局である。それでも同局だけで薬剤生産物法の転換と連邦全体にわたる異なる権限がみられる。実務にとって厄介になっているのは、たいてい当局の同意がまったくなく入り混じって行われることにある。同時に、病院領域においていつものように、実務の規則的な監視が目下すべての連邦諸州においてまだ行われていないことが突き止められる。

2. 実地の転換

　前に仕上げられた諸要求は、外来による開業において活動するすべての医師に当てはまる。まれに医師の給付産出がもっぱら患者自身の負担で調達される。外来の扶養における費用の本質的な担い手は、私的および法的疾病保障ならびに補助金、法的災害保障の担い手としての職業協同組合、連邦国防軍あるいは連邦警察（以前の国境警備隊）である。

　この保証と費用の担い手にとっての給付、連邦国防軍付産出によって、様々な範囲において法律上の患者保証の領域における特徴がはっきりと見出され、さらなる付帯条件が結合される。しかし職業協同体のような費用負担者も、災害治療の枠内において給付をもたらすその医師に特別の要求を向ける。以下では、私的あるいは法的な疾病保障にとっての給付マネージメントの特殊性が詳細に記述される。

1）私的な疾病保障の負担で調達される給付に関するマネージメント
給付産出のための資格

　私的な疾病保険（PKV）における給付産出は、原則的にすべての免許を与えられた医師が相応の一層教育と共に与えられる。そこでは、私的な疾病保険にとっての給付産出の資格を与える何ら特別な認可手続きはない。前提は、

治療する医師が全体の法的および職業法の規則について行うことである。それによってPKVは、本質的にすべての医師にとって通用する法的および職業法による規則に支えられている。個々の場合におけるこの要求の規則による再検査は行われない。給付産出の現場に関しての制限は生じない。病院あるいは医師実務における外来の給付がもたらされたかどうかは、原則上の給付の弁明には何ら影響はない。

給付範囲

法的疾病保険（GKV）と異なり、給付範囲は被保険者の個人的に常に締結した契約に従い、私的な疾病保険によって決められる。たいてい予防から療養（待機療法を含む）までの全体の給付一覧が含まれる。まれにリハビリテーションの処置の際に制限がある。原則的に私的な疾病保険は、契約に拡大された給付範囲が取り決められている場合を除いて、もっぱら医学的に必要な治療の責任を負う。それによって、これがGKVにおいて事実であるように、取り決められていないいかなる給付カタログも存在しない。たいてい、GKVによって資金調達されない給付も受け入れられる。補助金にとって、給付範囲を具体化する個々の給付目録が通用する。給付は次のように申し込まれ、そして決着される。

給付目録

・もし科学的に承認された試験や治療方法ないしは薬剤が取り扱われるならば。
・もし実務においてまったく同じように成果が期待でき、定評ある方法と薬剤を利用するならば。
・もし一定の症例において、何ら科学的に認められていない調査や処置の方法を用立てないならば。

患者の特別の要望でもたらされる医学的に必要でない給付は、疾病保険によって補てんされない。このような症例において医師は、患者自身が責任を負う要望のある治療が扱われることを指摘しなければならない（いわゆる"過剰治療"，連邦医師会2005）。アメリカ国際医学協会はこのような場合のために、ある規範集を決定した。それによると、医学的に必要でない給付は、たとえ

明確な患者の要望によるものでも提供されるべきでないとした。

常に高まる私的な疾病保険の行使をもとに、これはすべての費用要求をもはや伴わないように増して見過ごす。疾病保険による費用の受け取りがおそらく承認されない治療について患者に指摘するのは、医師の義務である。

給付産出の法形式

患者は、私的な疾病治療の枠組みにおいて市民法の治療（職務）契約を基礎に取り扱われる。治療契約の領域における給付要求は、医師のための謝礼規定（GOA）について他の法律が特別の規定を置いていない限り、たいてい徴収される。これにより、医師と私的な疾病保険の間に何ら直接の契約関係は存在しない。職業法的要求を超える治療義務に対する要求は存在しない。医師のための謝礼規定（GOA）は、私的医師ならびに私的歯科医の給付の差し引きのための謝礼規定である。GOAは、連邦政府の法的規定として連邦協議会の同意によって許され、そして目下基礎的な超過労働において存在する。

協力と組織形式

医師の職業法的に可能な協働形式が通用する。ここでも、PKVの場合、形式的な認可手続きはたいてい存在しない。これは、直接契約を給付産出によって締結しうる私的な疾病保険が欠けている可能性が理由となる。PKVによる医師との直接契約による結びつきのための法的基礎は、これが例えば"締約修理工場"と共に、Kfz保険において行われるようには存在しない。

特別の諸要求

医学的給付産出に関して職業法を超える要求は存在しない。また、たいてい私的な疾病保険の被保険者を、迅速にあるいは優遇して取り扱う義務は何ら存在しない。より高い謝礼を基礎に、しかし特に何ら緊急事態に基づかない期間の場合、差異が書き留められる。社会法においては、常に先に進むGKV患者のための資格要求が定義された（比較：さらに下に）後に、給付産出の品質の相違の関連が生じる。しかし医師は、たいてい同時に双方の費用の担い手のために働くので、現場で通常患者のために何ら感じられない違いが行われる。一つの例外はGKVの負担で、給付産出は特別の品質要求が実現

されないため除外されず、また医師は、給付を今後はもっぱら私的医にも提供しない。

2）法的な疾病保険の負担で産出される給付のマネージメント

特に外来の GKV 疾病扶養に基づく事実給付原則は、付加的に成立する職業法がさらに進んで、組織上の規則がこの要求の実現のため被保険者に対して必要となった。すべての被保険者は、いつでも外来で医師の治療について十分な、目的に叶ったそして経済的な範囲において権利を行使することができるために、法的な疾病健康保険金庫は保険医協会との集合契約を締結する。医師と疾病金庫との間で個別契約が負わされていた持続的なコンフリクトと共にあった歴史的な経験の後、団体において作成された医師による集合契約上の規定に特典が与えられた。ある契約は、それに従ってただ医師と保険医協会との間でさらに、そちらの側で疾病金庫の州連合も共に契約関係において立っている。契約（従来は保健）医は、そのため労働争議の手段を捨て扶養委託"GKV 患者の外来の扶養"受け入れのための全体債務者義務を受け入れる。

保険医協会（KVen）は、自由職業として活動する医師、あるいは医師に管理された施設によって教育され、また疾病金庫にとって、その被保険者は彼らに当然されなければならない外来医師の給付を受け取ることを保証する。健康保険患者を処置してもよいという法により、多くの役所で職業法の要求を超えて、そして契約に規定される広範囲に及ぶ義務も伴って現れる。

主として、医師会の職業および一層教育権に指示される家庭医における規則と異なり、それゆえ GKV、いわゆる契約医による扶養の外来による給付産出のため、継続教育に対する義務ならびに付加的な資格要求についての許可から、一定の給付領域のための再証明までを広く包括する要求が存在する。本質的な秩序の機能はその際、報酬配分、外来による医師の扶養の保証や、給付についての操縦（例えば量、品質）に責任のある保険医協会が受け入れる。保険医協会の機能として、またその連邦段階での締結は、保険医連邦協会（KBV）にその任務が言及されるときには、常に受け入れられる。

給付産出のための権利

　契約医の扶養は、許可された医師および心療医、許可された医学的扶養センター、権限を与えられた医師および権限を与えられた医師に管理される施設によって保証される。

　GKV の負担による外来の医学的給付の給付産出は、職業法の要求を超えた別々の許可を前提にする。相違するのは権限についての規定どおりの許可である。許可の基礎には、SGB V 95条・98条ならびに契約医（医師ZV；連邦保健省2003）の許可規定がある。決定的な基準として医師許可協定が規定しているのは、

- 地方の保険医協会および健康保険金庫（ないしは健康保険共済組合）の州連合による許可地域の施設
- 医師記録簿の企画
- 医師による許可地域に関する過剰および不足扶養の確認
- 契約医による扶養のための許可に対する医師の前提
- 医師の権限
- 実務における医師の代行と地位ならびに協力形式（章"協力と組織形式"参照）、ジョブシェアリングを含めて
- 保険医協会の代表と健康保険の州連合によって同等に設立される許可および使命委員会の設立

　続いて最近10年における開業権の高まりから、やっと後発的に過剰扶養に関する一つの節が医師許可協定に差し込まれることになった。これは、もし必要に見合うと思われた扶養程度の約10％を超すと適用される。"一般的に必要に見合う"扶養程度の検査はその際、包括的な科学的調査に従わず、それは最初1993年に取り決められた、標準となる医師や健康保険の連邦委員会（2004年1月1日以来合同連邦委員会 G-BA）の方針で決められた。需要企画方針は継続的に一層発展と合わされる。認可は許可委員会によって、何ら過剰扶養が存在しないときにのみ与えられる。これが与えられると、順番待ちリストが取り計らわれる。例外は、いわゆる個別需要認可の枠内において創作された。それは G-BA の需要企画方針によって SGB V 101条1節と結合

して次の実情に応じて規定される。
- ・明白な局部的な扶養需要
- ・ある特別な、資格を必要とする扶養需要の証明
- ・専門化した扶養任務を持つ共同体実務の基礎
- ・重点的に外来に手術の活動
- ・人工透析扶養

これによって、ある部位の扶養需要を取り上げる局部の可能性が成立する。さらなるオプションとしてジョブシェアリングが可能となった。それによって追加の医師がある実務に入ることができ、それによってもちろんこれまでの計算書の量は最大で3%高められるだろう。10年後この認可制限は廃止され、"ジョブ分担者"は全体の大きな認可を所有することになる。個別の規定は、定住の締約位において給付を病院の勤務科において産出する、いわゆる勤務医に適用される。これは特に手術に活動する専門家ならびに助産師に該当し、勤務医の活動は主として外来でなければならない。

許可の手続きは2つの方法で行われる。まず医師名簿への記載が行われなければならない。それに従って契約医の扶養に対し新たになされる許可の委託が設定される。

医師名簿への記載の委託に際し、下記の項目が付け加えられる。
- ・生年月日
- ・免許
- ・医師試験合格後医師活動の証明
- ・終了した一層教育についての文書

契約医の扶養のための認可の委託について下記の点について判断される。
- ・医師名簿への記述
- ・個人的な適正（とりわけ履歴、警察の指導証明、麻薬中毒あるいはアルコール中毒でないこと）
- ・55歳の年齢制限
- ・禁止された認可地域ではない

それはSGB V 95条によって設立されたように、医療扶養センターでも

（それについては協力と組織形式の章でさらに徹底して扱われる）、またGKV現代化法以来、企画領域における相応の専門領域にとって下部扶養が確認された限り、病院でも可能である（SGB V 116a条）。

契約医の扶養における給付産出のための第2の来院形式は、いわゆる医師の"権限"を表す。ある認可領域の一つの下部扶養が、患者の専門化扶養に関しても特定の病気によって突き止められ、また認められる契約医によって取り除かれないなら、認可委員会はたいてい病院医師を、まれな場合にもっぱら外来で活動する私的医を、契約医の扶養に許容する。許可は時間、場所およびその範囲に従って制限される。同様に、権限ある医師が直接あるいは委託にのみ要求されうるか定められる。権限が与えられるのは医師にも管理される外来診療部（SGB V 117条）、社会小児科学センター（SGB V 119条）あるいは精神医学の制度移動診療所（SGB V 118条）である。一つの特別例は、一般病院の法として権限が独立に専門医に管理される精神医学の科によって、特定のグループの精神医学上または精神療法の扶養のためにある（SGB V118条2項）。追加になったのは連邦マンテル契約について、がん発病上の細胞学上診断にとってならびに外来の調査や協議のためG-BAの方針の枠内において、誕生管理の企画に関する助言のため需要の検査なしに権限が表明されうることが定められた。

契約医の扶養のための許可は、権利（GKVの給付から負担の差し引き）と義務（とりわけレジデンツや居合わせる義務、治療義務、個人的な給付産出、品質安全に対する個別の付帯条件緊急職務での参加、定められた実務開店時間、経済性および納得性検査、場合によっては召喚要求による継続教育義務）によって判断される。そして、固有の専門領域の全体の給付は、自動的に差し引かれるとは限らない。補足的に医師は、給付のおよそ30％を統一評価基準（EBM）において、外来のGKV扶養の給付カタログに、個別の品質水準をもとに、個の給付（例えばKoloskopie）を産出するために立証しなければならない。これは"特別の諸要求"の章において個別に取り上げられる。

病院での外来の治療

契約医による扶養の枠組みにおける権限から独立して、立法は継続的に病

院での外来の給付産出のための可能性を拡大した。外来の手術が適用されるためは、病院が特に健康保険と疾病保険の州連合に、SGB V115条に従う外来の手術を提供してよいかその意図を示さなければならない。最近の法的追加条項を付け加えることによって、さらに病院における高度特殊化した給付および患者のうちでまれな疾病および"特別の病気経過のある疾病"の外来の扶養の可能性が整頓された（SGB V 116b 条 (3)）。

　SGB V116b 条による高度特殊化の給付については、
- コンピュータ断層撮影法あるいは磁気共振撮影法（CT/MRT）に支えられた介入の鎮痛治療給付
- 短期治療

まれな発病と特別の病気進行をもつ罹病については、
- 腫瘍学の発病による患者の診断と扶養
- HIV/AIDS による患者の診断と扶養
- 重いリューマチの発病の進行形式をもつ患者の診断と扶養
- 重い心不全（NYHA 段階Ⅲ—Ⅳ）の特殊化された診断と治療
- 結核患者の診断と扶養
- 嚢胞性線維症患者の診断と扶養
- 血友病患者の診断と扶養
- 欠陥形成、生来の骨格体型欠陥形成と神経筋肉の発病患者の診断と扶養
- 重大な免疫学の発病患者の診断と治療
- 多様な硬化症患者の診断と扶養
- 発作疾病患者の診断と扶養
- 小児科学の心臓病学の枠内における患者の診断と扶養
- 後遺症障害のある早期出産の診断と扶養

　契約医の領域と同様の形式的な認可の手続きは、両者の形態には成り立たない。それにもかかわらず外来の領域の品質要求は守られる。報酬は直接に病院および健康保険金庫の州連合間で取り決められる。普遍妥当な規定は、連邦段階で3側面（ドイツ病院組合、健康保険金庫のトップ連合およびG-BA〔前に挙げられた活動者と共に〕）によって、SGB V 115b 条に従う外来の手術、また

SGB V 116b 条に従う病院での外来の治療のため、保険医連邦連合によって取り決められる。

協力および組織の形式

個人的な給付産出のための義務は、連邦マンテル契約によって明示的に堅固に記述される（BMV 15条）。それに従って各々は、契約医の扶養に参加している医師に個人的な給付産出のために義務を負わせる。個人的給付はもちろん、これが求められる資格前提を所有する限り、認可された助手や雇用される医師によって産出される給付でもある。個人的な給付産出に対する違反は著しい償還要求を引き寄せる。明らかに、本源的な給付の実現のために必要であり、また医師の活動を何ら叙述しない給付の関与は委託される。例えば実験室における資料の処理あるいは患者の治療への準備は、この一部である。原則的に委任され得ない給付は、例えば既往歴、指定位置、啓発あるいは治療決定である。1987年、保険医連邦協会や連邦医師会は、給付の委任能力の問題について医師の給付を、委任能力のない、個人的に産出される、個々の場合に委任能力のある、そして結局原則的に委任能力のある給付に分ける原則に発展させた。諸原則はもう一度把握され、そして2008年（連邦保険医師会と保険医連邦協会2008）から、両者の共通の立場においてさらに発展した。

医師が個人的に産出あるいは委任し得ない、そして診断と治療にとって要求する給付は、ある規定された委託手続きにおいて要求されうる。このため連邦マンテル契約において、4つの様々なカテゴリー（分類）が予定する委託規則が定められた。

・委託給付は、一つあるいは多くの給付の一つの明白に言い換えられた委託を実施するために予定する。例えば実験室検査。
・立ち合い医検査は、ある疑念に対し、例えばレントゲン検査を絞るためある段階での診断による処置の実施に役立つ。
・共同治療それは、伴いつつあるいは補足しながらの診断の処置に関連した産出に役立ち、その種類や範囲についてもっぱら共同で治療する医師が決める。

・そして結局さらなる治療は、委託による全体の診断および治療による活動の種類に委任される。

これらの協力についての規定は、契約医の扶養に参加している医師や施設にのみ効力をもつ。そして社会法においても職業権においても規定されていない。ある委託は、委託する医師に患者の被保険者カルテを呈示し、予定している委託形式が用いられる場合のみ受け入れられる（BMV 24条）。委託に特別の意義があるのは、このような医師訪問が2005年以来有効である実務報酬から除外され、患者にとっても相応の四半期において第2の医師の一つの直接給付特典と異なる認識で取り扱われるからである。

この契約医の協力の形式と並んで、急速に共同体的な職業行使の可能性が変わっている。2007年2月1日に発効した契約医権変化法（VAEndG）は、多くの模範の職業秩序の変化によって、すでに導かれた柔軟化規則が把握され、また職業行使の可能性を契約医のために拡大しそして柔軟化する。ある医師は今や多くの現場で同時に実践している。これは自己の実務において行われねばならないのではなく、雇用される中でも可能である。使用者は他の定住医、医療扶養センターあるいは病院でもある。現場、実務および専門領域そして健康保険協会の制限を超えた医師の提携は、パート労働と同様に許される。そのうえ老齢制限は緩められた。

契約医法は、これまで一つの許可を表明しうるために"開業者の実務席"を前提にした。この開業命令に続いて、医師はその活動を自立的にそして依存して行使する。これは特にこれまで最も頻繁な開業医の協働形式、すなわち共同体実務を約束したものである。医療扶養センター（MVZ。詳細は拙著『ドイツ病院のマネージメント』参照）の設置によって、職業法による（例えば社会形式、自由な医師選択）および債務上の規則と調和される協力のさらなる可能性が創造された。医療扶養センターの設立によって、専門グループ間の決定的な協働が様々な職業グループのもとで許され、今や革新的な協力形式が用立てられている。

さらに、しばしば利用される組織形式は、器械共同体（医師の中で共通の器械を利用する）のそれであり、また実験室共同体（BMV 15条）のそれである。

実験室共同体は、共同体的に利用されるEBMにおいて、別々に示されている経営の場所への特定の実験給付の実施に仕える契約医の共同体施設である。このような実験室共同体において産出された実験室分析にとって、個人的な給付産出の原則が与えられることになっている。特別の医師の出席や任用での要求を、連邦マンテル契約（BMV 25条）は規定する。職業行使共同体の共同体実践あるいは他の形式の意味において、共同体の給付産出は存在しない。

給付産出の範囲

契約医の扶養における給付産出の範囲はSGB Ⅴに従って決められる。ここで代わってあるのは、表Ⅱ-1-1のようにまとめられているように、連邦マンテル契約における統合的な給付範囲の行動である。給付領域の抽象的な引用は、個々の実験や処置方法を引用する統一的評価基準（EBM）において

表Ⅱ-1-1 本質的関与における契約医の扶養の範囲

1. 医師の治療
2. 妊娠や母性の場合、医師の世話
3. 病気の早期発見のための医師の処置
4. 給付義務が法的規制によって閉ざされない限り、受胎の取り決め、不妊化および妊娠中絶のための医師の処置
5. 生殖あるいは受胎能力の回復のための医師の給付ならびに妊娠を引き起こすための処置
6. 患者移動、病院処置、備えあるいはリハビリテーション施設での処置について、薬剤、包帯治療および手段薬の指示ならびに外来の手術の指示の分類、それらが病院において実施される限りにおいて
7. 労働能力の判断
8. 認められた湯治場での外来による備えの給付についての医師の指示
9. 健康保険金庫あるいは医療職務はその法的任務の実施のため、あるいは被保険者は労働報酬の継続支払いへの要求のため、どのような証明書の発行および報告書の作成が必要になるか
10. 家庭における患者扶養の指示
11. リハビリテーション、負荷の試験および作業治療の医学的な給付の指示
12. 医師によって指示され、そして彼の責任のもとで他の個人にもたらされた治療給付
13. SGB Ⅴおよび医師と健康保険金庫の共同連邦委員会の方針の枠内における、心理学的な心理療法医と児童・若者の心理療法医による、ある病気の心理療法の＋治療
14. 社会治療の指示
15. 病院で外来を診る開業医の治療
16. 契約医の扶養に参加していない医師によって緊急に実施された外来の給付
17. EWG契約の60種による通りすがりの産出の際の医師の給付

具体化される。EBMは、保険医連邦協会の7人ずつの構成員およびGKVトップ連合による評価委員会によって定められる（SGB V 87条1および3項）。もしこれが何ら一致をみないなら、拡大評価委員会（SGB V 87条4および5項）によって決められる。現在通用するEBM、いわゆるEBM2009のビジョンは、2009年1月1日に発効した。

EBMは全体をかき集めて契約医の給付をリストアップし、そしてそれに5ケタの決算ないし給付数ならびに控除目的への評点を分類整序する（拙著『ドイツ病院のマネージメント』参照）。

個々の医師グループにとって給付カタログは、それによって各専門グループのために別々に成立する一般および特別の給付のある組み合わせから決められる。それぞれの医師にとって用立てる予算の基礎として平均的な症例値を医師グループごとに計算する。これは医師ごとの前年の補助的治療例の数を掛け、そしていわゆる規定給付量（RLV）として表される。EBMにおいて含まれるすべての給付が、このRLVのもとにあるのではなく、医師グループに応じて報酬の25〜95％にある。RLVに基づかない給付は、規則で、例えば予防給付あるいは薬物代用のための給付のように別々に進められるような給付である。給付マネージメントにとっては、実務からも医師ネットからも同様に、RLVはそれによって重要な企画の大きさである。

いわゆる団体協約、そのトップにあるのがEBMである。その外部での契約の導入により、さらなる実務のための収入源（例えばSGB V 73b条あるいは73c条に従う選択契約から）が生じる。この契約の計算は、管理費を外来施設あるいはネットにおいて相当に大きく拡大する固有の規則に従うものである。

給付産出の法の形式

契約医と患者の間で広い公共的な規則、すなわち社会法によって、重なった職務契約が成立する。そこでは報酬債務者は患者ではなく、その場合患者が保証される法的疾病金庫である。契約医による扶養の参加によって医師は、職業権を超える（集合的）契約的義務を引き受ける。それはGKVの負担でもっぱら給付を提供されてもよく、そのため許可が契約医による扶養の内部でも成立することになる。私的医学とは異なりそれには治療義務が成立するが、

特別の例外においてのみ治療は拒否されうる。

　GKV 患者のための私的医による給付の補足的提供は、特別の価値を認めることが必要である。もし医師が GKV 患者に給付を、そのための契約医の許可を一切もたずに私的医に提供するならば、患者ははっきりとそれを指摘される。同様に、費用弁済が疾病金庫を通して原則的に可能ではないことが指摘される。通例はこの状況にある患者の契約医の仲間に委託することが予定されていた。EBM の構成要素でない給付の提供に関して、これは明白さに基づいておらず、品質に保証されてもいない給付であることが確認される。これに関しては模範職業秩序を思い起こさせる。それによると医師職業の営業による行使は予定されない。連邦医師会はある文書においてこのような"個人的な保健衛生給付（IGeL）"を挙げた給付の提供の原則を、不適切な商業化を防止するために詳しく説明した。

3）特別の要求と構成選択

　立法者は、連邦段階で職業行使の実施に対し何ら影響可能性がなく、この専門家としての能力は州法に帰せられるので、近年多くの扶養に導く要素が連邦に広く通用する社会権に取り入れられた。ほとんどすべての医師は、私的医も含め GKV にとっても同様に活動するので、この処置は全体の外来の扶養にくまなく照らされた。

　ここに属するのは特に医師による給付の品質保証のための法的基礎の創設（SGB V 135 条 2 項・135a 条・136 条）、家庭医による扶養の促進（SGB V 73 条（1）～（1c）および SGB V 73b 条による家庭医中心にした扶養）、特別の品質に向けられた扶養任務の創設（SGB V 73c 条を基礎に、連邦マンテル契約に対する構想としても同様）ならびに構造化した治療プログラムにおける諸分野を越えて広がる治療（SGB V 137f 条と 137g 条による疾病マネージメントプログラム）である。このしばしば特別の要求で覆われる処置の主要な特徴は、次において表されるであろう。それと並んで、契約医の扶養の構成に役立つたくさんのさらなる契約オプションが成立するが、それについてはこれ以上立ち入らない。

給付の品質に関する特別の要求

立法者は近年において継続的に一方で圧力を高め、他方、法の過程で契約医の扶養にとっての特別の資格要求を定義する前提を設けた。この展開を前に、すでに給付を守る枠内において、ある特別の診断あるいは治療の投入によって期待される改善は、一定の前提のもとで、事実に即した適用によって治療される患者の場合にも生じうることに配慮することがKVenの任務であった。科学的にすでに証明されているように、有効性（"効き目"）および日常利用の中での効率性との間の潜在的な隙間をできるだけ少なく保持するために、すでに早期に一定の品質水準の定義に仕える疾病保険金庫との別々の協定が締結された。こうして、契約医にとって拘束力のあったレントゲン協定は、レントゲン規定の制定前に州によって取り決められた。

契約医の扶養における品質の重要な協定のための基礎
- 技術的進歩：新しい実験や治療方法にとっての枠組み条件が創造されなければならない。例：ソノグラフィー協定
- 健康保険競争：被保険者にとって別々の提供の創設。過去における腫瘍学、鎮痛、治療、糖尿病蜜剤領域での補充保険による特別の契約
- 扶養構想の要求：例えば人工透析協定
- 特別の扶養プログラムの解決のための地方協定の要求
- 法的任務：例えば一定の患者グループにとっての特別のプログラムの採用（例えば緩和剤扶養、乳房撮影法）

EBMにおいて挙げられた給付の約30％は、SGB V 135条（2）を基礎に、そして私的医の治療あるいは病院治療において存在する要求を超える特別の品質付帯条件は、136条に従い、G-BAの方針のもとにある。処置は伝統的に構造品質、すなわち給付産出のために許された医師の専門的な能力および器械と空間性の要求を引き合いに出す。医師は相応の給付の勘定を締める前に、一つの管理手続きにおいてKVの必要な資格証明を提示し、そして会議において専門家として仲間を前に彼の知識を確保しなければならない。

近年において専門的能力の継続的な維持のため付帯条件が補足された。これには頻度規定（例えば、大腸の内視鏡検査あるいは心臓カテーテル検査を行う医師

のために)、特別の継続教育証明(例えば任意疾病保険金庫との腫瘍学協定)、また再証明の意味において症例収集の規則的な専門的判断(例えば乳房撮影)および抜き取り検査試験による品質の継続的な検査(例えば臀部音波検査、レントゲン検査)が必要である。

医師が自身のサインをしてKVに謝礼を要求する際、保証される給付産出の完全性には自動的に契約医による扶養の特別の要求の実現も、そのもとで特別の品質要求も必要となる。KBVは、この手続きを規定するSGB V 75条7項による方針を発行した。個々の規則の詳細は、とりわけKBV (http://www.kbv.de/html/qualitaet.php) ウェブサイトで調査され得るSGB V 135条2項による品質保証協定において見出される。図Ⅱ-1-1において品質が保証される給付の産出のため、裁可のための標準経過が契約医による扶養の中で示される。

手続きは、十数年間広範に公衆を除外して実施されてきたことで問題を生じてきたが、近年になってやっとKVenとKBVは、透明性を回復することができた。立法者はこの発端を捉え、KVenに対し、彼らの目標と成果の品

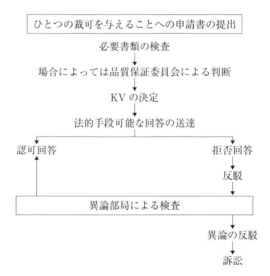

図Ⅱ-1-1　契約医の品質保証による給付の産出に対する裁可の標準経過

質の改善のために本来この組織の自己利益において存在すべき処置を公開するよう義務づけた（SGB V 136条。保険医連合による品質の促進）。報告義務と並んで一つの傾向がはっきり認められる。それによるとこれまでもっぱらKV代表によって占有された専門委員会は、専門的に経験豊富な疾病健康保険代表に対しても公開されるようになった。同じ展開は、患者代表から自己管理の決定的な品質保証委員会への統合にとっても、はっきり徴候が認められる。

　図Ⅱ-1-2において給付領域は、1980年代の終わり以来の品質要求よって手に入れられ、そして義務づけられながら作られた（保険医連邦連合による中庸の速度2005）。その場合利用される品質保証の"道具"の概要は、以下のように要約される。

- 保健衛生検査・実務巡回（例えば大腸の内視鏡検査）：決着の裁可を維持するため、実務は規則的な間隔において保健衛生規則を保つことを検査される。不足が発生すると、追加検査が実施される。それが不成立の場合認可の取り下げにつながる。
- 頻度規則（例えば浸潤する心臓病）：給付を相応にしばしばもたらす医師のみ、扶養に加わってよい。この道具は特に、最低のルーチンワークが給付産出の品質に本質的な影響をもつ、このような前提のための処置の場合に作られる。
- 持続的な継続教育（例えば鎮痛治療）：任意疾病保険金庫との一協定の枠内において、慢性的鎮痛患者の治療は定められた毎年の継続教育も数の証明を前提にする。
- 同僚間の交換（例えば女性乳房のX線検査の場合、学際的症例会議）：多くの問題設定のため、共通の話し合いは診断・治療が続いている患者にとって大きな利益である。増えることになるのはこれが給付産出の前提のための取り決めの枠内においてである。
- フィードバックシステム（例えば臀部音波検査器）：医師はその診断成果の頻度、およびその結果生じる治療やその仲間の標準的な匿名による比較の情報を受け取る。これは、場所の決定を可能にし、必要な場合には改善を強めることを促す。

					DMP 糖尿病 蜂蜜剤 1 乳房撮影 リハビリ
				DMP KHK	
			DMP 胸郭 DMP 糖尿病蜂蜜剤 2 人工透析 乳房撮影 大腸内視鏡検査 光線力学的治療（PDT） 社会治療		
			病原体侵入の心臓学 核磁気共鳴画像診断（MRI） 乳房		
		砕石術 物理学医学的給付 聴覚の放出 ストレスエコー心拍記録器			
	外来の手術 関節腔の検査 人工透析 LDL 糖尿予防 腫瘍学 鎮痛治療 社会精神医学 補充療法				
カイロ治療 核磁気共鳴画像診断 実験室 OⅢ 長期 EKG 心理療法 レントゲン 超音波 細胞学					
1989	1992～97	1995～97	1999～2001	2002	2004

図Ⅱ-1-2　保険医連合によって実施される品質保証の処置

・再証明（例えば乳房撮影）：乳房撮影をする医師は、さらに扶養に参加しうるため、2年の検査を経過しなければならない。

　契約医の活動に対する直接の影響によって、共通連邦委員会は、レントゲンおよび核磁気共鳴画像診断の給付に関する産出の要求ならびに施設内部の品質マネージメントの採用に係わる SGB Ⅴ 136 条による方針を発表した。

G-BA の役割は近年継続的に強められ、それによって品質保証に対する管轄も、特に諸分野を越えて広がる処置について増加した。G-BA に特にこれまで広く相互に自立して発展した、入院や外来分野の品質保証手がかりの統合の役割は、SGB V 137 条により他の分野に優越する品質保証の枠内において割り当てられる。促進されるべき G-BA の決定的な役割は、その場合施設の他に優越する品質保証の実施の際に受け入れられるべき制度によって果たされる。

　目下準備中のものとして、人工透析扶養の成果品質の指標に支えられた品質保証のための処置がある。これまで品質保証は構造やプロセスの品質に制限されていたが、それと共に成果品質の保証への道が開かれる。プロセスや成果品質の患者匿名の基礎での比較が入院中に制限される入院の扶養と比較して、ここで慢性化した疾病の特徴をもとに、縦割りとなっている多年にわたる患者関連の比較について、何が著しいプライバシー権の付帯条件を要求させるかが努力される。

　上に挙げた資格要求は契約医による扶養に加わり、また相応の給付が GKV の負担により産出されるすべての医師に当てはまる。この事情は十分に知られていない。こうして外来の分野において、GKV により、規則的な症例収集検査を手掛けられ、また統制のため偶然に選ばれ、差し引かれた作成を、KV の専門委員会に送る医師のみが乳房撮影をしてもよいことになった。これは、2003 年まで乳房撮影する医師の 10% が、もはや扶養に加わらないことに導いた。それにもかかわらず、さらに自ら給付産出を私的医の基礎で提供されてよい、また現にされていることが確認される。それゆえ KVen は増加して、付帯条件を満たすために特別の証明書を交付することに移る。同時に医師は病院扶養から任意に、その乳がん診断における会合の信頼を確認されるために検査に参加する。

　保証および品質に関する例として挙げると、高められた資格要求は、自由に用立てる医師の減少に至る可能性がある。したがって一定の地域にまんべんなく提供させるのは危うくなる。例として、資格要求の思い切った向上によって示された、55 歳被保険者にとって大腸がんの早期発見・予防のため

の大腸の内視鏡検査（Koloskopie）の採用が挙げられる。これは差し当たり早期発見のKoloskopieにとって、もちろん10年の実験間隔を考慮して代替しうるとみなされたかなりの待ち時間に導いた。KVenの指図に従ってある緊張の緩和が待ち時間の場合くっきりと浮かび上がる（図Ⅱ-1-3）。

　扶養品質の改善のための方針や取り決めと並んで、品質の促進のためにKvenは、立法者がGKV現代化法によってそのハッキリとした任務に何を説明した（GMGのフレームにおけるSGB V 136条）かに応じて、処置を実施する。これに、KVenによって組織され、適切な資格のもとで規則的に行われ、また合議制の交換に仕える品質サークルが属する。その間10年以上古い主導権の枠内においてKBVは、地方の適当なグループから募り、そして地方の品質サークル労働を支えるチューターの教育のためのプログラムを閲覧に供した。補足的に、品質サークル会議の内容でありうる専門科学的な講義内容が展開される。テーマには患者症例会議、欠陥回避あるいは実務における証拠に基づく医学の適応もかかわる。

　患者安全のテーマに関してその意義が急速に拡大するのは、外来の医学ば

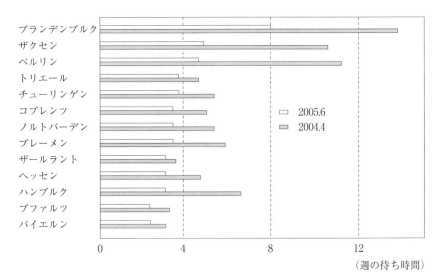

図Ⅱ-1-3　大腸がん早期発見のための内視鏡検査の被保険者の待ち時間
　　　　　（2004〜2005）（一部省略）

かりではない。品質サークルにとっての講義内容の展開や、いわゆる医療過誤やその回避の扱いに関する経験の交換に役立つ、匿名の危機事例報告システム（"Critical Incident Reporting System"：CIRS）の提供によって、随時発生する危機事例情報の蓄積への貢献をすることが試みられる。簡略化して言えば、これは"情報は情報提供者が―改善のプロセスの出発点としての危機事例より―重要である"がモットーである。

KBVと連邦医師会は、共通の制度として医学的・科学的な専門団体（AWMF）との密接な共同作業によって、国家的な扶養ガイドラインを定める、いわゆる医師品質センター（AEZQ）を設立した。目的は、糖尿病、うつ病あるいは慢性的喘息、閉塞性の肺疾患（COPD）のような住民に影響のある疾病について、診断や治療のための証拠に基づいた助言をすることである。最初は、医師によって専門グループを越えて広がるガイドラインが、証拠に基づいて作成された。この証拠に基づいたガイドラインの適用は、特に医師実務における多様な実例にさらされ修正を経て、統一的に利用者にやさしい提供に狙いを定めた情報について、判断能力をもつ多くの利用者に受け入れられるだろう。シュナイダー等（2001）の調査の対象となった1万1547の内科医と一般医学者のうち、もっぱら4103（35.5％）が現に効力のある高血圧症限界（149/90 mmHg）への質問を妥当と答えた。そのうえ一般医学者の18.8％のみが、また内科医の26.6％が適切なガイライン知識を立証することができた。

SGB V 73b 条に従った家庭医中心の扶養

被保険者への外来の医師による扶養全体の中で"調整されてない"給付の利用が、品質や効率問題に関する限り、ドイツにおいてばかりではなく各国で目下議論されている。しばしば同時に行われるほかの医師への受診、すなわち今までになく多くの他の医師にかかることは、何倍も高額になる過剰扶養と思われる。この展開の一部は、扶養が増して観察される"垂直化"を高度特殊化し、ほかの言葉で言い換えられた臨床的な問題に限定された扶養プログラムによる"水平的"医療を同時におろそかにすることになり、医長の扶養レベルに合わせることになる。

立法者はそれゆえ GKV 現代化法において差し当たり、被保険者に特に家庭医で開始される扶養を提供する疾病保険金庫のための付帯条件を創設した。被保険者は、少なくとも1年間家庭医に受診することを任意で契約しなければならない。専門医はさらに患者の他の医師への紹介の道を探すことができる。家庭医の一度の交代は重要な理由からのみ許される。疾病保険金庫は、定款により参加者である患者側の義務に対する対抗処置において、保険料軽減を認めることができる。契約は KVen によって全体契約の方法で結ばれ、そして参加する家庭医あるいは医療扶養センターに、すでに通用している品質付帯条件を超える要求を満たされなければならない付帯条件を加えることもできる。付帯条件が実現する場合、契約に参加してよい契約医の請求権は、家庭医そのものの内部でかなりの議論に何が誘導したか存在しない。従来 KVen と病院との間の契約は、医師にとっての参加の要求は、必要な資格が満たされるならばその時つねに成立することによって作り出される。契約は世間に公表され、医師は参加する場合応募することができる。

　法の施行時に付加的な資格について SGB V 73b 条に挙げられた特徴は議論され、また一部適用された品質の手段を含む。

SGB V 73b 条に従う品質の用具

・管理に見合って訓練された議長のもとで薬剤治療のため家庭医の構成された品質サークルに参加
・家庭医の扶養にとって発展した、証拠をもとにした、実務を試みたガイドラインに従う治療
・継続教育への参加によって SGB V 95d 条に従う継続教育の義務を満たすこと、それは家庭医に典型的な患者を中心にした対話導入、精神身体的基礎扶養、緩和ケア、一般的鎮痛治療、老人医学のような治療問題に集中する。
・施設内部の、特別の家庭医実務の条件にアレンジし、指標に支えられそして科学的に認められた品質マネージメントの採用。

　それにもかかわらず、この要求は他の規定についても直接に義務のあることが確認される（例えば SGB V 135a 条、SGB V 136 条）。

2005年末まで、とりわけKVenノルトライン、ヘッセンそしてニーダーザクセンはこのような契約を疾病保険金庫と締結した。たいていの場合、特に品質の特徴として証明された、実務内部の品質マネージメントの採用を示唆される。近年のものすごい刺激は、発展をすべての疾病保険金庫にとって2009年6月30日までにあるKV地域の家庭医の50％以上を作り出し、すべての家庭医のグループとのSGB V 73b条は、契約の義務のある締結に拘束力をもたせたGKV競争強化法によってもたらされた。KVenの調整された独占的地位と並んで、事実上最初に、ある調整されない独占的地位が、家庭医の職業連合（家庭医連合）によって立たされた。付帯条件の時点では、AOKバイエルンとAOKバーデン－ヴュルテンベルクならびに個々のBKK州連合が相応した契約を結んだ。KVシステムとの契約締結は2009年6月30日後初めて可能になる。

　家庭医中心に置かれる扶養の制度による一つの分化は、被保険者もまた契約医も同様に発送される。従来個々の疾病保険金庫の間の給付水準においてわずかしかなかった差は、この方法で正常に発動している契約変換の場合、被保険者が潜在的に感じ得る相違が起こりうる。これは競争思考に何がついて行くかを差異化した金庫選択にとっての、被保険者のための間接の理由である。医師側はこれを、もはやすべての保険医が契約締結への同様な要求をもたないことに導く。すべての医師は同じことを提供し、また同じ良い資格を付与されているにもかかわらず代行する観念によってそれが見捨てられる。それにもかかわらずこれまでまさに品質に高い価値の扶養に関して閉ざされていた契約がむしろ失望される。

連邦マンテル契約における特別の扶養任務、SGB V 73条による契約

　特別の患者グループ（例えば末期の腎臓機能不全にある患者）または特別の任務の変換（例えば満遍なく行き渡る、品質の保障された乳房撮影映像の採用）の扶養のため自己管理のパートナー（KBVと疾病保険金庫のトップ連合）は、SGB V 135条2項1節におけるその法的な基礎を見出す別々の構想を、連邦マンテル契約のために使う。

　ここで例として、満遍なく行き渡る、品質の保障された乳房撮影映像の組

織は、先頭に立っている。2002年6月28日の党決定的な議会決定によって品質の保障された、連邦全体にわたる、市民関連的乳房撮影映像プログラムの採用が、ヨーロッパガイドラインに従う50〜69歳の間の女性のために決議された。このようなプログラムを備えつける委託は、KBVならびに疾病保険金庫のトップ連合へ発せられた。プログラムの範囲に基づく展開は、特に健康保険（当時は"社会的安全"）にとっての連邦政府と、環境、自然保護および原子炉安全にとっての連邦政府と、放射線保護、権限ある州当局ならびに情報のための連邦代理人にとっての連邦局と一致して行われた。

病気の早期発見のための撮影検診プログラムはG-BAの方針に基づき、連邦マンテル契約の9.2構想に従って立てられた。このようなプログラムは、全住民の中から50〜69歳の目標グループのすべての女性を含めてレントゲン法が許可し得るので、費用のかかる構成において、私的な疾病保険も他の費用の担い手も同様に共に含められる。上の場合、すべての要求する資格のある女性に、個別に検診を案内するために必要なシステムはさらに著しい情報保護権の問題を投げかける。

組織化された乳房撮影映像のこれまでの契約医の扶養との主要な違いは以下である。

- 住民届出情報を利用する検診案内システムについて住民関連を作り出すこと
- 品質保証や品質マネージメント用具について包括するチェーンを取りつけること
- がんの登録簿の成果について専門家に意見を求めながら、プログラムの効率性の継続的な評価をすること

予防プログラムの意味における乳房撮影映像の特徴は、すべての映像のチェーンに参加している者を一つの品質保証で包まなければならないことと対応する。厳密に考えると、選ばれた手がかりは選ばれた水準で、平衡の品質安全にはふさわしくなく、ある継続的な改善プロセスを包含する品質マネージメントの原理にふさわしい。品質要求の定義にとって基準となるのは、それがどれくらいヨーロッパのガイドラインに基づいているかである。これに

下記の諸要求が属する。
- 器械による装備
- 映像チェーン（検診の案内、乳房撮影映像、確定診断）に参加される給付産出者（例えば放射線医学者、放射線の専門家、病理学者）の専門的な資格
- 組織の統一についての構造的な協力（検診を案内する地位、地域的な扶養プログラム、映像統一、身元保証人センター、チームの給付産出）
- 標準化された指標の助力でプログラムの効率性の証明のため品質説明とプログラム評価

　これらは映像経営における高い品質と経済性を保証すべきである。このようにして例えば映像におけるそれぞれのレントゲン機器は、複写されうる圧迫装置について足のギアチェンジで用立て、ならびに標準形式規格サイズあるいは大型の規格サイズによる選択様式の受け入れを可能にする。同時に、器械要求はまさに敏感な領域であり、乳房撮影は最も現代的な標準にふさわしいことが保証される。相応の高さは、要求が形式所見の場合観察条件や確定診断において投入された器械の要求である。

　乳房撮影の場合、特に目立つ所見を確定させるための方法が超音波検査への詳細に述べられた要求に形式化された。というのはここで存在している規則に手をつけることができなかったからである。立法者はGKV現代化法における扶養の委託の理念を把握し、そしてSGB V 73c条によってさらなる契約から"特別の外来による医師の扶養"への取り決めのための基礎を創設した。それに従って選択契約において疾病保険金庫とKVenとの間の取り決めが結ばれうる。それは付加的資格の実現の場合、参加の権利要求への規則も含めてもよく、また個別の扶養視点、全体の扶養領域（例えば心臓病学的扶養）の形成も同様に含む。

　契約締結後条件が公式に文書で交付され、医師は次いで、参加への法の要求が存在する場合に、参加に応募ないしは申込みできる。KBVは相応の契約提案を疾病保険金庫のトップ連合に締結のため申し出た（慢性的創傷の治療、HIV/AIDS患者の扶養、CT支援の鎮痛治療の処置のための契約）。

　家庭医中心の扶養と異なり、それはこれまでもっぱら単一化した契約締結

になっていた。2009年1月1日の、付随資金調達に関するSGB V 140条の統合化扶養のための発効の後、契約について一部の統合契約はSGB V 73c条の後、一層導かれることが期待される。発展の中に、調整されている家庭医の援助に役立つ、家庭医中心に置かれる扶養のための契約は、補足の中にある。

選択料金について、GKV競争強化法によって、自己保持や費用弁済モデルを内容にもつ被保険者にとっての選択料金の提供のための拡大可能性が創設された。これまでは疾病保険金庫のこのオプションが最初非常に抑えて受け入れられていたが、日々の型どおりの仕方でなお何らの役をもたない。

諸分野を越えて広がる扶養の最適化のために、慢性的な患者はGKVにいわゆる構造化した治療プログラム—よりよく知られた"疾病マネージメントプログラム"(DMPs)として—に採用された。それは次の4つの中心点に基づくべきである。

DMP中心点

・それぞれの疾病形成の証拠に基づいた診断と治療の隘路点の総括
・諸分野間の協働を明瞭にして、それを自分のものと理解させる接点の定義(これに属する権限と他の医師を紹介する規則)
・慢性の患者のため訓練提供、それによってその病気の自己マネージメントへ動機づけを可能とする
・立場の決定や品質改善のため、医師に戻して再検査されるべき構造化した証拠資料(見習いシステム)

DMPsのための指標はBMGによってG-BAの提案で決められる。G-BAは、その観点からある構造的な手続きにおいて、BMGが最近の公共的な傾聴に従ってリスク構造平衡規定(RSAV)に対する構想として公開する、DMPsの内容を展開する。州段階でのDMPsの構成要素は、そこからDMPsそのものが個々の金庫によって提供され、また連邦保健局(BVA)によって認可されなければならないとはいえ、たいてい全体契約的に取り決められる。個別のDMPsにおけるRSAVの内容を守ることについての監視はBVAに義務がある。

このようなプログラムの開設のため疾病保険金庫を動かすために、報酬はリスク構造平衡に結合された。締結された契約の数を測り、また登録された患者をこの戦略に開くと思われる。例えばすべてのKVenは、ほとんどすべての疾病保険金庫と共に糖尿病蜂蜜素材タイプ2にとってDMP契約を取り決めた。後に取り決められた診断にとって、その間に足を引きずったような経過がはっきり認められる。DMPsの採用と共に、ある種の"統一医学"が生じるだろうという恐ろしさは認められなかった。採用が扶養の品質の改善に明白につながったという証明はこれまでもまた導かれなかった。
　相変わらず問題点が多く、治療データの書類に結びついた証拠資料が証明されるときまたは処理のときにその内容は明らかに改善しうる。疾病保険金庫が自己責任でこのプログラムの品質保証を引き受ける（"支払者から演技者に"）という本源的な目標は成功しない。このテーマを引き受けるKVenあるいは不足する準備と共に長年の契約パートナーシップの理由から、DMPsにおける品質保証は、操作的に主としてKVenによって実施される。共通の制度で、もし品質問題が認められるなら、処置が議論されまた理解されることは新しく、今までは他の契約形式においてもっぱらKVenの任務であった。
　中間の結論として、正常な諸活動と共に立法によって期待される扶養の現実における効果がまた生じるかどうか、ここは辛抱が必要である。しかし現実となるべきであるなら、不可避的に、数十年間外来のGKV扶養にうとかった一つの現象が発生する。"すべての金庫"の実務を盾に通知することはもはや合致しない。また患者は、その金庫のその時々の契約に医師が参加するかどうかを吟味しなければならない。逆に医師にとっては、彼らがコンスタントに契約の増加する数を管理し、また常にいずれの被保険者も場合によっては要求する権利があり、彼らが金庫の一定の契約に登録したかを吟味しなければならないことだ。契約オプションを考慮して—例えばSGB V 73b条に従う家庭医中心の扶養、SGB V 73c条に従う委託に結合した扶養、SGB V 137f条〜137g条に従う構造化した治療プログラム、SGB V 140a条〜140d条に従う統合化した扶養等—そして相変わらず乏しい200の病院は、

その管理によりこれまで知られなかった費用を伴う新しい契約の世界が生じることを知る。

4）外来によるGKV扶養における品質マネージメント

上に実施された処置は、たいてい個別の給付、プログラムあるいは患者の扶養を狙った一方、今のところ品質マネージメントを外来の給付に採用することによって、品質の改善が医師実務のすべての重要な経過において、あるいは医療扶養センターにおいて努力される。それには品質マネージメントの場合、実務管理の手中において協働者を通した支援によって変換される企業指導の一つの用具が扱われる。目標は、経営の計画に基づく操縦に関して、学習システムにふさわしい"継続的な改善プロセス"を取りつけることである。

品質マネージメントのもとで、有効かつ信頼できる医学的および心理療法的扶養における用具の、目標志向の体系的な適用が理解される。到達される規則的な検査や背景にある物を探ることによって、高い扶養水準が維持され、また必要であるところで、いわゆる「計画－実施－チェック－行動（PDCA）サークル」がさらに構築されうることが保証されるべきである。特別な意味は、その際、品質指標や標示番号について状況の継続的な分析による。

品質マネージメントの着手は、差し当たりより大きな経営にとって、特に産業の領域において構想された後、これは医師実務のごとき小規模なものや最小規模の組織単位にとっても適用された。契約医による扶養において増加する複雑性や要求の特徴の中で、立法者は必要かつ有用なものとして、すでに存在する病院にとっての、また外来のGKV扶養にとっての義務に従って、施設内部の品質マネージメントの採用が拘束的に作られることを注視する。

品質マネージメントは非常に多くの品質文化の創立と関係する。それは命令されるものではなく、生活しなければならないものである。品質志向は、それがすべての扶養に参加する者の自己義務として理解されるとき成功する。この原則に続いて次のように方針が取り決められる。

・採用のために適切な、4年の長い期間が用立てられる。

- 特定の品質マネージメントへの義務による固定は行われない。
- 次の5年の期間は認可を放棄される。

　方針として、基本要素と施設内部の品質マネージメントの用具を記述する。中心点にはその際、患者扶養が立ち、その場合同様に実務指導、協働者および組織の領域に高い地位が認められる。外来の分野に長く定着し、個別の調査や治療に焦点を合わせる構造およびプロセス品質の品質保証とは異なり、品質マネージメントは全体の組織統一"実務"のすべて（その重要な任務、目標、経過および成果）によって係わる。

　このように見てくると、品質マネージメントは体系的に適用された人間理解として捉えられる。どこが必要なのかを方針において記述した要素や用具（＋概要）の利用によって、実務組織が最適化されるだろう。これは、複雑な診断にとって責任や管轄を明らかにすることが、緊急部分のためのチェックリストの作成とまったく同様に経過記述によって行われる。重要であるのは、一方で明らかな目標志向（いずれの重要な経過が最適化されるべきか？）であり、また他方で選ばれる処置の適切さである。費用と効用は、結局何が作られまた現実にある改善に導くかについて、互いに一つの関係の中にある。自己目的としての品質マネージメントは、逆もどりの結末において実務経営を妨げる。

共同の連邦委員会の方針に従う品質マネージメントの用具
- 個別の実務にとっての具体的な品質目標を定めること、変換処置の把握、目標達成の体系的な検査および必要な場合の処置の適応
- 規則的な、構造化したチームの話し合い
- プロセスや経過記述、実施指導
- 有効と認められる用具のもつ可能性の患者に聞き取り
- 苦情マネージメント
- 組織チャート、チェックリスト
- 改善処置の開始のため欠陥とほとんど欠陥の認識と利用
- 緊急マネージメント
- 処置の経過と助言の証拠資料

・品質目標の証拠資料についておよび目標達成の、例えば指標に基づく検査についての品質関連的な証拠資料

　採用のため予定された要素や用具は、規則によりすでに今日多くの実務において利用されている。計画的な品質マネージメントの意図は、その利用が体系的に外来の施設のすべての重要な領域に拡大されることにある。出発点は、自己評価あるいは照会の助けによって補足しながら実施されうる、自己の実務の包括する分析である。品質マネージメントの要素や用具が適用される選択される領域の変換は、チームにおいてのみ行われ、成功する。品質マネージメントは、給付産出に加わっている人をすべての責任を有する体系の組み込みに向けさせる。これは特に、しばしば支えている役割を品質マネージメントの採用の場合に受け入れる、実務における診療助手との密接な協働を意味する。

　採用の時間的順序は歩みと共に、"企画する、変換する、検査する、そしてさらに発展する" PDCA サークルに向いている。企画段階において2年整頓し、変換には2年、さらに最後には達成されたことを検査するために1年を要する。この比較的長く伸びた期間は、適切な品質マネージメントを構築しうるすべての施設を可能にするものである。

　KVen の役割は、その場合2つの本質的な課題に制約される。それらはすべての契約医と心理療法医の 2.5% の毎年の抜き取り検査の評価によって採用の状態を高める。またそれらは、方針に何ら適切な採用状態を示し得ないその施設に助言する。それによって、品質マネージメントの敏感な領域において、KVen に（なお）何ら裁可している機能ではないことが届き、そして新しい方法がとられることが明らかになる。この利用価値の整理は、G-BA の方針のさらなる発展のための基礎として役立つだろう。

　新しいのはまた、方針の改定が5年後に拘束的に予定されていることである。特に検査されるべきなのは、ある裁可が非採用の場合に求められるかどうか、また個別の品質マネージメントシステムが挙げられるべき（"信用状を与えられる"）かどうかである。両者の決定は、品質的に非常に価値の高い、比較する調査の証拠に基づいた医学の規則に従って基礎として置かれる。こ

のような調査において、品質マネージメントの採用により、場合によっては特別の体系化に従って、扶養品質が意味のある改善になると証明されうるなら、これは過剰労働の場合考慮されるだろう。このような調査は方針作成の時点にはないが、実施は G-BA の担い手によって明瞭に歓迎される。

　その間に、実務内部の品質マネージメントの設立に役立ち、自己管理（システムとしての品質や発展―保険医協会の QEP、KV ヴェストファーレン-リッペの QM への入会援助としての KPQM）によっても、営業上の範囲においても同様に提供される。EPA（ハイデルベルガーアクア研究所のヨーロッパ実地査定）、EFQM（品質マネージメントのためのヨーロッパ基金）、ISO（国際標準化機構）、および KTQ 外来の、連邦医師会、疾病保険金庫のトップ連合、ドイツ介護協議およびハルトマン連合によって支えられる KTQ 有限会社の証明書手続き。品質マネージメントのいずれの道をそれらが行こうとするのかにより、諸制度を差し当たりあくまで残そうとする。科学的に信頼の置けるシステムの比較は、現実的に達成される扶養改善に関して今日まで存在しない。健康技術査定の証拠に基づく医学の時代において、わずかしか満足せず存立している状態である。実践している医師にとって、意思決定の助けとしてこの認識は大きな助けであろう。

2章

統合化扶養における給付マネージメント

1. 法的および構造的枠組み条件

1) 統合化扶養の概念規定

"統合化扶養の形式〔……〕は被保険者の様々な給付分野の包括する扶養を可能にする。"これはGKV保健衛生改革法2000以来、SGB V 140a条の内容である。"統合化扶養"の概念は本法によってドイツにおいても公式に到来した。もちろん"統合化扶養"は必然的にSGB V 140a条～140d条に連結されずに、またここでも少し広く解釈されるだろう。すなわち扶養マネージメントの一つの形式として、そこでは処置のプロセスが前面に立つ。謝礼の視点に依存せずに、治療経過を適切に処理されるマネージメントによって"正しい位置で正しい時間に正しい診断"が設定され、相応の治療が導かれることになるだろう。

"統合される扶養"概念にとって何ら統一的な定義はない。これはマネージされるケアに関する周囲の状況において成立し、そして扶養の形成の様々な視点を記述する。その本質的特徴は、給付提供者のよりよい繋ぎ合わせであり、経済性の準備そして品質保証のための対策の流動化を基礎とする。

統合される扶養の本質的な視点は、5つの中心的視点によって挙げられる。統合の視点は治療のプロセスを前面に置き、そして個々のケースではないので、領域の境界の内部で統合部のために、またそのつど領域の境界を越えて給付産出者間の取り決めがなされねばならない。強く区分化された扶養出来事について、この目的のためには専門や分野を超えて新たに組織されなければならない。こうしてSGB V140a条において"給付諸分野が越えて広が

る"そして"異専門間にまたがる専門に優れた"扶養が意味される。これを成就するために、給付産出者の側面から処置の内容や目標に関して協働、様々な活動や規律の調整ならびにいつも行われる診断や治療について、効果のあるコミュニケーションが必要となる。一つのまったく本質的な要素は、この枠組みにおいて給付提供者の増加するネットワーク化を背景に、まず必要となる程度において可能となる情報連絡も作り出す。その際、立法者はまた、統合される扶養はもっぱら革新志向の扶養構造において可能であることからスタートする。

統合される扶養の構成の場合、本質的な要素はUSAにその本源をもつマネージドケア（managed care、管理医療）に適用される。こうしてマネージドケアの定義は歩み寄りとして仕えうる、それは統合される扶養の場合またマネージメント原理の扶養プロセスへの適用にも関わる。

シュワルツ等（1998）は"マネージドケアは、資金や資源の効率的配分を目標にする一つの扶養原理であり、したがってそれぞれの患者は予防的なまた助任的な医療給付の正しい「種類」や量を保持する。過剰で疑わしい給付はこのプロセスにおいて除去される。マネージドケアは多数の一部で非常に異なる組織形式において提供される。"この組織形式の指標は、患者関連の給付産出が保健衛生システムのすべての機能の場合中心点にある。そのさい給付作成も資金調達も同様に統合される（図Ⅱ-2-1）。

扶養出来事の統合はそのさい参加した給付産出者の様々な領域のため生じる、しかし必ずしもすべての領域に及ぶというのではない。例えば電子系の患者行為の共有の利用は、情報の流れに関してしかし勧めるには説得力に欠けている。

統合の領域
- 医学的：共通のガイドライン、品質サークル労働に従う扶養
- 組織的：様々な専門にわたって定義された臨床的な処置の分野を超え、管轄、時間的経過および患者の過剰管理のマネージメントに対する明らかな確定的記述（例えばいつ患者が家庭医から専門医に回されねばならないか）
- インフラ構造：例えば器械、共有の電子系の患者行為あるいはインター

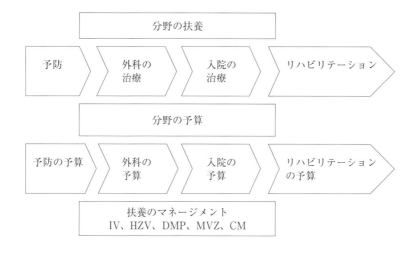

図Ⅱ-2-1 統合化対非統合化 扶養

ネットの利用
- 経済的：事情によりGKVの給付カタログに含まれない（もしくはすでに廃止された）給付も満たしうる共有の予算、薬剤の共有の購入
- 法的：特別の扶養契約、医療扶養センター、実務ネット

さらに水平的および垂直的な扶養統合の間では様々に異なっている。水平的統合として様々な医学的な給付産出者ならびに社会的な組織間の扶養平面に対する扶養の統合が表される。垂直的統合のもとでこれに対して扶養の統合は、例えば家庭医―専門医―診療所―リハビリテーションが多数の扶養段階を超えて理解される。その際、扶養の水平的および垂直的垂直的統合は、協力の種々の形式によっても、完全な制度的な融合によっても、同様に行われる（図Ⅱ-2-2）。

ドイツにおいてよく使われる専門用語の定義とは異なり、垂直的統合は、国際的にほぼ支出の担い手および給付産出者の制度的な統合として理解される。続いて拡大された垂直的な統合として表されるこの形式は、ドイツにお

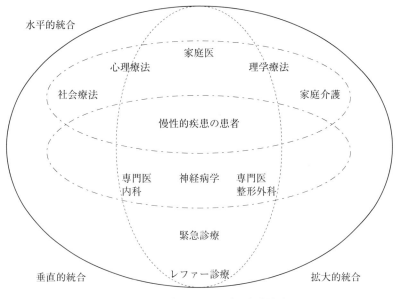

図Ⅱ-2-2　水平的および垂直的統合

いては鉱員共済組合の以外にはこれまで可能ではなかった。

　もっとも広く流布されたものは、アメリカにおいてマネージドケアと呼ばれる様々な扶養マネージメントの諸形式である。1980年代においてアメリカにおいて健康保持組織（HMOs）が成立した。この組織は典型的に支出の担い手と給付産出者が互いに一つになる。HMOsは、最初は費用効率の視点のもとで統合的な扶養構想を発展させた。初期の楽観的な評価の後に品質に関して熟慮されやかましくなった。それに対する反応としてアメリカにおいて、時間の経過と共に細分化され広範な研究率先が発生した。HMOs—ないしは一般にマネージドケア—の組織が、若干の指標や住民グループに関して質的により悪く切りとられた場合（例えば不況時）や、その他の場合はしかしよかった。それは信用状開設や評価手続きそれに品質マネージメントについて行われた。

　SVR専門家の判定2009の枠内で、扶養の品質に対するマネージドケアの影響に関して体系的再調査が実施された。その結果、扶養の品質に関する成

果が不均質であった。研究の3分の1はある改善を、さらなる3分の1は品質の悪化、最後の3分の1は品質に何ら変わりはないことを示した。マネージドケア構想の性質（例えばHMO）は役に立たない。新しい研究、新たに規定される人口（子供、女性の被保険者）、あるいは社会的弱者の人口グループにとって、マネージドケア・プログラムによって研究はよりよい成果を示した。老齢の被保険者あるいは慢性疾患者にとっての多数の研究も、よりよいとする扶養品質までは変わらないと指摘した。複雑な終局点をもつ複雑な仲介が調査されたが、アメリカの保健衛生システムはドイツとは非常に異なるので、成果がどの程度ドイツに転用可能かは不明である。

　スイスにおいては、まず初めに給付提供者の自由な選択を強く制限する家庭医モデルとHMOsが提供された。アメリカと同様に、スイスの場合HMOsは、支出の担い手と給付産出者が統合された。2004年スイス保健衛生連邦局鑑定（BAG）は、1990年代半ばにこの新しい扶養形式に寄せられた期待が満たされなかったことを指摘した。2001年からの3年間にスイス住民の4分の1がこのようなモデルに登録されたが、実際には2001年から参加者数が減少し、そして再び2004年にわずかではあるが、2001年の状態に達した。

2）ドイツにおける統合化扶養の発展

　ドイツ保健衛生システムにより証明されるのは、国家的および国際的に住民のためのほとんど無制限の入り口をもつ高い扶養水準である。そのためにもたらされる給付の関係で費用はあまりにも高いという。品質不足と並んでまさにシステムの厳しい部門別の構成がこの問題の本質的な原因として考察される。だから一つの部門のかみ合わせにおいて、また改良された品質保証において、著しい効率に関するかたくなな態度が想定される（保健衛生制度2002、2003における共同行為のための鑑定人協議会：保健衛生制度2005における発展の鑑定のための鑑定人協議会）。それを越えて2007年と2009年の協議会は、その鑑定において、もっぱら改善された調整や協力の途中で、内部の、しかし部門間でも、いつも古くなっている社会が保健衛生システムに置いている任務

が成し遂げられうるという結論に達する（保健衛生制度2007、2009における発展の鑑定のための鑑定人協議会）。

　伝統的にドイツの保健衛生システムは非常に小さな枠組みにおいて勤務医システム、外来の手術および外来診療部の形式において（新しい連邦諸州で、また大学診療所で）、部門内である種のかみ合わせをすることはある。しかしこれは扶養経過の体系的なマネージメントなしに、単にいくつかの点に限られたかみ合わせをするだけである。

　このような背景の中、ドイツにおいて1980年代から1990年代の初期にかけて、立法者の立場および給付産出者の立場から、扶養をよりよく調整する様々な入会式が行われた。これに属するのは、保健衛生改革法（GRG、1989）の枠内において発生したSGB V 115条"3側面の契約"およびGKV新規定法（2. NOG、1997）の枠内において"扶養の一層の発展"に関して採用された63条～65条による"モデル規定"、および73a条による"構造契約"である。SKV保健衛生改革2000およびGKV現代化法（GMG、2004）以来"統合された扶養"は、SGV V 140a条～140d条により促進される。また2002年のリスク構造調整の改革のための法以来、SGB V 137f条～137g条による"構造化した処置プログラム"（疾病マネージメントプログラム、DMPs）が採用された。そのうえGMGは、病院における外来の処置をまれな疾病や特別な疾患経過（SGB V 116b条3項2番）をもつ患者のために可能とした。個別の改革手がかりは、その重点とその構成において区別される。

　特別の契約形式、とりわけ統合化される扶養のための契約（SGB V 140a条～140d条）は、GKV競争強化法（GKV-WSG、2007）によって一層促進されるだろう。それゆえ契約の自由は、疾病保険金庫や給付産出者のために拡大された。疾病保険合戦と給付産出者相互の競争の強化によって、立法者は扶養の品質をさらに改善する目標を追求し、それを越えて疾病保険金庫に、その被保険者に満遍なく行きわたる家庭医モデルを提供することを義務づけた。

　同様に2007年に発行した契約医権変更法（VAEndG、2007）は、いわゆる協力的な扶養形式の多様性を医師のために付加的に拡大した。それは伝統的にそして過去の法的変更においてすでに採用された扶養形式と並んで、部分

職務行使共同体や支社も含む。これはより大きな構成可能性、とりわけ統合化の扶養のための契約の場合に開かれる。また、統合化扶養の契約に関して再度興すことも、第一の資金調達が2008年12月31日まで延長される間促進された。

給付産出者の側でも同様に、例えば扶養ネットワークあるいは診療部門の協力のような統合された様々な扶養の形式が議論され、そして一部が形成され実行された。その際、様々な組織の形式が実現された。

- 医師ネットワーク（外来分野について内部で統合）
- 診療所の協力（緊急診療所やリハビリテーション施設）
- 診療所グループ内部の統合（例えばアロプラストの股関節スペアのためのモデル）
- 統合化扶養のための（私的な）職務給付（例えばケースマネージメント）
- 連邦共済組合の制度：これは伝統的な鉱員の疾病保険金庫である。それは唯一の法的疾病保険金庫として、ドイツにおいて患者、介護それに年金保証ならびに相応の扶養構造を一つの屋根の下に統一する。

ドイツにおいて統合化扶養はおよそ15年来議論されている。しかし相変わらずわずかの実務である。ドイツにおいて保持されている変換のための原因として、一面で社会法がこの扶養形式にとってこれまで許しているわずかの構造的および資金的な活動の場が考察され、他面でその間それを越えて、給付産出者の側にも、給付購買者の側にも、このような構想を変換する刺激がわずかしかなかった。患者にとっても、これまで相応の構想を受け入れる関心はわずかしかなかった。

2000、2001年から、"超過、不足および欠陥扶養"のための保健衛生制度における集中化行動のための専門家の判定協議会の鑑定を基礎に、議論があらためて激動した。鑑定は特に法的疾病保険のシステム内部で慢性的に病んでいる患者の扶養を論評する。その際、給付産出者の協力と調整における不足が扶養欠陥の本質的原因と思われる。続く2003年の鑑定もこのテーマを取り上げ、そして再び法的な規定がわずかしか実現されなかったことを指摘する。2005年、2007年と2009年のSVR鑑定は、様々な重点と共に扶養の

協力や調整そして統合を焦点にした。すべての鑑定において、扶養マネージメントの領域でさらに著しい行動需要が存在した。

統合化扶養のための契約を基礎にしながら、ネットワークの成立を表現して促進するGKV現代化法（GMG）2004、GKV-WSG2007およびVAEndG 2007によって、この扶養形式は漸次ドイツの扶養国家の構成要素となるだろう。GKV-WSG以来、介護保険からの給付もIT契約に取り入れられうる。人口統計的記述の展開のための見通し、そしてそれによってより多くの慢性的な疾患に進んでいく病気様相の変化、および人口における高いマルチ病的な症状の割合は、扶養構造の変化を急激に進行させる。これに家族のきずなの変化やシングル家庭の増加の意味における社会的な変化が加わる、したがって処置の調整は、困惑者自身あるいはその社会的環境によって、ますますわずかしか行われ得ない。特に2009年のSVR鑑定はこの問題を指摘し、地方の段階での統合化扶養の契約を推奨した。

統合化扶養に法的な要求

ドイツにおいて、GKV保健衛生改革2000の枠内で統合化扶養を設立する最初の試みは、わずかの反響にあったものの、立法者はGKV現代化法（GMG）2004、ならびに2007年には新たにGKV-WSGおよびVAEndGによってSGB V 140a条～140d条を改正し、統合化扶養の促進を推し進めた。その際、一方では資金調達の刺激の定理によって新たな扶養形式の形成実行のための準備を拡大した。他方では、契約に関する締結のための条件はすべての潜在的な契約パートナーにとって柔軟化された。

統合化扶養に対する契約の内部で、扶養は他の扶養形式との意見の一致の中で、医療の認識と医療の進歩が一般に認められた状態を満たさなければならない。同時に被保険者の扶養の需要に向けられたすべての給付提供者間の協働は、様々な扶養領域にわたる調整を含めていつも十分な、扶養に参加するすべての人に用立てられる証拠資料によって行わなければならない。

GMGによって分野統合の内容的定義はその有効性を保持した。しかし分野内の学際的専門包括的な扶養のため補足された。

それを越えて、枠組み条件は統合化扶養のため明白に変化した。一人の保

険医にまとめることは、契約パートナーとして法に基づきもはや明確には定められない。その代わり今や個々の医師と医療扶養センターも契約パートナーになることができる。疾病保険金庫は、法律と社会形式が最も異なる自ら扶養者ではないマネージメント社会と扶養契約を結ぶことができる。それらはかくて統合化扶養のための可能性、自己制度も成立させなければならない。しかし今まで契約疾病保険金庫と契約パートナーとの間の SGB V 140a 条～140d 条の意味での統合の契約（Ⅳ契約）の場合、公共的権利あるいは私的権利の契約が問題かどうか争われる。司法においてはこれとは対立の見解が代表される。SGB V 140e 条により新しい規定がまたヨーロッパの容積にも含まれる。疾病保険金庫は今やドイツ国外のヨーロッパの給付産出者との契約も結んでよいとする。こうして給付産出者は欧州連合全体ないしはユーロ圏から保健衛生扶養に結合される。2008 年 12 月以来 SGB V 140c 条に従い、疾病保険金庫とその契約パートナー間の協定についての争議は、統合化扶養の枠内において協定された報酬については、医師の職業権的規定によって社会保障裁判所での法律上の手続きが可能となった。

　契約の枠内で、給付提供者の免許の状態から離されうる。その際、免許の状態にはいずれの給付が"通常条件"のもとでもたらされてよいのか記述される。それによって例えばⅣ契約の内部である病院が、契約の外部で算出してはいけない外来の給付を提供することができる。

　資金調達に関しても新しい規定が設けられた。2004 年の疾病保険金庫は、外来（約 2 億 2000 万ユーロ）の 1％および入院の予算（約 4 億 6000 万ユーロ）の 1％まで、統合化扶養に対する扶養契約のために留保することができた。合わせると 1 年に約 6 億 8000 万ユーロにもなる。しかし全体報酬からの控除は、契約から統合化扶養への実証に連結されていた。資金が 3 年以内に使い尽くされなかったら、それは保険医協会また病院に還流された。そのうえ一回資金調達（2004～2006 年）の期間に、分担金定額安定性（SGB V 71 条 1 項）の原則により、疾病保険金庫のために資金を出すことになった。VAEndG 2007 によって一回資金調達はもう 1 度 2007 年と 2008 年に延長され、2008 年に終了した。2004～2008 年の統合化扶養に対する契約の数は 10 倍以上に

なった。この傾向がはっきりと金銭的な刺激なしに継続しているかは見守られるものである。

　過去においてより良く統合されまた調整された扶養に関して、慢性の病人に対するもっぱらわずかの諸活動が進化して後、リスク構造調整（RSA）が、2002年からの改革のための法律の枠内において、疾病マネージメントプログラム（DMPs）と結合した。それによって、慢性の病人をDMPの枠内において保証する疾病保険金庫は、被保険者のためにより高く標準化された給付支出をリスク構造調整において有効にすることができた。同時に疾病保険金庫の競争は、慢性の病人の良い扶養のため発揮されるだろう。2009年1月1日にリスク構造調整の改革された切り替えが生じた。それはもはや疾病マネージメントプログラムへの登録に従って弁済されるのではなく、病的状態に対して報酬が支払われる。例えばある疾病保険金庫は、ある糖尿病患者に対して事情によってはより高い報酬を支払う。これが真正糖尿病と並んで他の定義された病気の特徴、例えば同時にある肺炎を指摘する場合、あるいはそれ（肺炎）は、糖尿病患者が何らかの他の病気の特徴を指摘しない限り、少ない報酬を支払う。疾病マネージメントプログラムへの登録のための管理一括概算額は、疾病保険金庫に対しさらに被保険者あたりで支払われる（15ユーロ/月、2009年）。

2. 実務的変換

　選択された形式やその具体的な構成に依存して統合された扶養は、様々な統合段階そして指定の幅において実現される（図Ⅱ-2-3）。統合段階のもとで扶養プロセスの統合程度が、一つの分野の個々の要素の統合から完全な扶養プロセスの統合まで、すべての分野にわたって理解されるだろう。指定の幅は発疹境界基準を定義し、それに従って患者ないしは被保険者が、統合された扶養のために選別される。指定の幅は、一つの指定の特殊な定義—例えば卒中の発作患者—から全体の住民の算入にまで変化させる。

　統合化扶養の指定の幅に関して、初めに指定包括的な、そして指定関連的

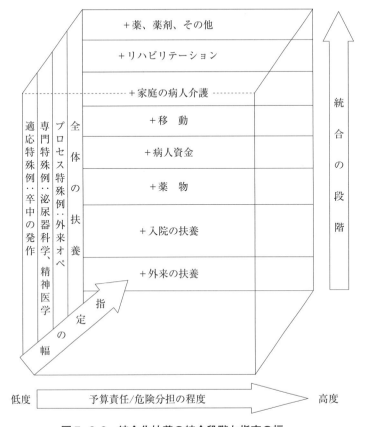

図Ⅱ-2-3　統合化扶養の統合段階と指定の幅

な手がかりが区別される。指定包括的として例えば人口関連的な（地域的な）扶養構想が理解され、それは事情によって医療的な"完全扶養"を達成しようとする。ここに様々な組織形式が140a条〜140d条による統合契約あるいは医療扶養センターのごとく自由に用立てられる。SGB V 73a条による構造契約やSGB V 63条〜65条によるモデル規定もさらに結ばれる。他面扶養の改善は、特別の疾患あるいは指定の場合前面に押し立てられることになる。指定関連的手がかりの枠内において特別の病像ないしは指定が選択され、そのため適切な被保険者グループが求められる。適切な組織形式は、疾病マネージメントプログラム、あるいは同様にSGB V 140a条〜140d条による

統合化の扶養に対する契約である。個人の扶養プロセスの広く平均以上の給付指示によって、特殊な場合に前面に出てくるケースマネージメントが表現する。

1）SGB V 140a 条～140d 条に従う統合化扶養のための契約

統合化扶養の構成の場合、SGB V 140a 条～140d 条に従う統合化扶養の組織形式は最大の活動の余地を可能にする。疾病マネージメントプログラムと異なり、指定の幅は法的に特定の指定に制約されない。たいてい2・3の給付産出者が統合化された扶養のネットワークに提携し、それから一つあるいは多くの疾病保険金庫に調整された被保険者の扶養をこのネットワークの枠内において提供する。ネットワークはたいてい給付産出者の調整を行うので、疾病保険金庫にとって明らかに疾病マネージメントプログラムの場合よりわずかの管理支出が発生する。すでに言及したように、疾病保険金庫は、個人的な契約を個々のネットワークで結び、被保険者がこれに参加する場合に特別の心身の状態を供与する可能性をもつ。SGB V 140a 条～140d 条により扶養が構成される場合、法的な活動の余地を目のあたりにした疾病保険金庫ならびに他の担い手は、差し当たり始められる統合化扶養指定について、むしろ包括的あるいは指定関連的に実現されるべき意思決定を行わなければならない。

指定包括的対指定関連的な統合化扶養

原則的に双方の手掛かりの場合、給付支出に関する低下や扶養品質の改善へのある効力目標が確認される。しかし一般的に、疾病保険金庫は主に指定関連的契約を SGB V 140a 条～140d 条に基づく統合化扶養について結ぶことが認められる。連邦共済組合は、HMO（Health Maintenance Organisation）と比較しうる、また指定包括的手がかりを実現する構造をもつ、ドイツにおける唯一の疾病保険金庫である。それは、金庫が将来にもむしろ指定関連的な統合化扶養を追求するそのための一連の理由を物語る。

これは契約対象（SVR 鑑定、2007 要約および 2009 詳細）による統合化扶養のための契約の設定をも示す。それにもかかわらず連邦共済の外部で、人口関

連的な手がかりを実現する試みをする散発的な IT 契約がある。給付産出者の側から起こされた際立った例の一つが、"健全なキンチッヒ渓谷" プロジェクトである。これは、定住している医師の 70％が一つの GmbH につなぎ合わされる医師ネットワークによって、歯科医の扶養の例外によって AOK（一般地区疾病保険金庫）の被保険者人口およびこの地方の農業経済疾病保険金庫の、予算責任を包括して全体の扶養を受け入れる。GKV-WSG も SVR 鑑定（2007 と 2009）も同様に焦点を人口関連的手がかりに焦点をおいている。

指定関連的統合化の扶養の場合、経過は、具体的に必要な処置の経過について一定の病像の場合、調整される。これは処置のガイドラインや統合化された臨床部門の処置の道についての展開を容易にする。指定包括的扶養構想のデザインに関して、これに対して個々の標識の要求にはそんなに強い程度に取り込まれ得ない。

指定関連的な構想にとっての広義の議論は、より単一に評価しうるものである。なるほど指定包括的問題設定にとっても多数の内容力ある評価構想が存在する。しかしそれは、成果、すなわち成果の媒介変数の設定およびある特定のプログラムのそれから導かれる品質目標が、個々の指標の場合に、明白により簡単に探索されることが考慮に入れられる。例えばプロフィールないし指定特殊な質問紙が費用効率性測定に投入されたり、あるいは統制グループが、比較する評価を可能にする具体的な指定のために引き合いに出されたりする。

指定関連の構想は、それを越えて操縦可能性に関して利点を指摘する。一面で指定関連性は、疾病保険金庫の扶養構想に狙いを定めて書くことを可能にする。他面で目標システムの展開は、指定関連的統合化扶養の操縦のため明らかにわずかしか錯綜していない。というのは病気特殊な指定は引き合いに出されないからである。指定関連的な扶養プロジェクトの限定された給付多様性による報酬の計算はわずかしか錯綜していない。例えば処置費用の変形やそれと結合した金銭的リスクは、手術やリハビリテーションの結合の場合股関節拘縮の枠内において予見しうる。指定包括的契約の場合、錯綜性のゆえに金銭的リスクは病的状態に向けられた報酬によって表される。2009

年1月1日の保健衛生基金の採用は、被保険者のためのその病的状態に向けられた割り増し料金と共に、これに理論的に一つの可能性を、指定がRSAにおける割増し料金で覆われる場合、提供する。

追加で発生する管理費はそれによっては補てんされない。

目標グループ選択

統合化扶養の一定の形式にとっての意思決定を前に、疾病保険金庫あるいは他の提供者の視点から市場に区分けすることを実施し、また統合化扶養のために最もよく適切と思われる目標グループを確認することが重要と思われる。したがって扶養のより良いかみ合わせによって給付支出の持続的な低下が実現されうる。その場合特に扶養の高められた費用効率性が問題である。目標グループの確認にとって多数の基準が引き上げられる。

目標グループの確認にとっての基準

・流行病学的基準：例えば指定、重度
・社会人口学的基準：例えば性別、年齢、職業そして教育
・地理的基準：例えば連邦諸州、都市そして地方公共団体
・行動志向の基準：例えば登録格率、執着蓋然性
・サイコグラフィー法の基準：例えば生活様式、リスク選考および利益観念

統合化された扶養プログラムの主要提供者としての疾病保険金庫は、目標グループの選択にとって重要である多数の情報を、被保険者の家族データないしは日課データ（給付産出者の側の疾病保険金庫に用立てうる清算データ）から取り出すことができる。SGB V 284条によりこのデータの利用は統合された扶養に対する契約の準備や利用のためはっきりと許される。外来、入院、そしてリハビリの領域において、その間比較的に包括的なデータが疾病保険金庫の場合には合流するので、病気のグループの治療経過を分析することになる。そして成果の基礎では、一面で一定の目標グループのための統合化扶養の費用効率性を評価し、また他面で様々な扶養形式の成果を時間をかけて比較することが可能である。

指定関連的、統合化扶養の定義に対する日課データの評価は、アメリカ健

康維持組織（HMOs）によってすでに以前から利用されており、成果が上がっている。このデータをもとに病気のグループが誰であるかを確認される。そのため狙いをつけて扶養プログラムが描かれる。それに日課データは、規則的に統合化扶養の成果を期間比較によって評価するため投入される。病気のグループの確認のため、たいてい"トップダウンアプローチ"が行われ、同様な形式がドイツの疾病保険金庫にとっても展開された。そして続いて主要な特徴が記述される。この手続きの枠内において、集められた段階で地域的な特殊性が確認され（例えば人口統計的記述、病気の偶発的出来事等）、次いで詳細に調査される。

　ある疾病保険金庫の構成員メンバーの中で、地域的な特殊性の分析にとって差し当たり当該の疾病保険金庫の活動地域を、その内部で能力を高める協働者のために統合化扶養を達成するだろう地理的な地域に分割することに意味がある。この扶養地域は、必然的に保険医協会あるいは連邦諸州の地域と同一ではなく、例えば統合化扶養の能力のある提供者サークルとして定義されうる。続いて協働者数を基礎に、一つの金庫が現実に各々この規定された地域において十分に協働者を意のままに使うか確かめられる。ある地域の協働者数が非常に少ない場合、ある統合化扶養の構築は、個々の金庫にとってわずかに期待される登録割合をもとに、協力のないまま1成員あたりの高い費用を伴う。

　次の歩みとして、個々の分野の診断データが、被保険者通し番号に、というよりはむしろ被保険者の居住地に、そのつど分類され、同盟表が形成される。それはICD分類の枠内において一つのグループに集められ、その絶対的または相対的な頻度に従って序列化されるICD診断である。それは様々な地域における診断頻度の比較を可能にする。それは特別の地域的、偶発的な出来事や優越への示唆にも、統合化扶養にとってはじめに影響力があり実現される登録の割合にも、同様に比較を可能にする。しかし、それが個別の診断に関して、例えば膵臓線維組織に現れない病像を確かめるために、ある病像に対する特定の診断をグループ分けしなければならない。

　平均以上に高い給付支出が指摘される、地方における特定の診断ないしは

病像を持つ匿名化された被保険者グループを確かめるために、さらなる歩みとして個々の症例の給付支出が計算される。このためたびたび現れる診断ないし病像をもつ被保険者にそのつど給付領域において生じる、ある期間の給付支出（例えば1年間）が並立される。その場合疾病保険金庫にとって個別の被保険者の給付支出の決定は、特定の診断グループから、あるいは被保険者ないしは患者勘定と呼ばれる利益について、特定の病像によってより少ない。むしろこの方法による被保険者にとっての平均的な給付支出は、特定の診断グループから、あるいは特定の病像によって、この平均的な給付支出に関して可能な相違を個々の地方において見分けるために、計算されるべきである。例えば地方Ⅰで被保険者にとっての給付支出が、診断グループ"統合失調症、統合失調症型障害と妄想性障害（ICD-10：F20-F29）"について地方Ⅱより明白に高いならば、これはこのグループの被保険者の治療の場合、地方Ⅰでの扶養不足を指摘できる。個別の地方や診断グループないしは最も高い平均的な給付支出をもつ病像間の体系的比較を実施しうるために、ここでも同盟表の利用が有効である。

　なるほど給付支出は、個別の地方における可能な重点の指摘を与える。しかしそれは基準化されない。分けられている費用構造あるいは病気の重病度の配分をもとに個々の病気グループの給付支出における相違は、この方法の場合明白ではない。このようにして、地方Ⅰでの特定の病気グループは、この地方の費用構造はもちろん、例えば2・3の病院の高い症例値をもとに、あるいは重病な被保険者の区分においても、総じて平均以上の給付支出に導くよい扶養を受け取ることが可能である。それゆえに身元が確認される病気グループに関して正確な分析が必要である。これは個別の地方の平均的な費用水準をもとに、給付費用の基準化の形式においても、給付産出者の費用のかかる個人分析によっても、同様に行われる。病気になった者、被保険者のその病的状態リスクに従う断層化は、今やリスク構造調整において病的状態カテゴリーに類似して有意義に行われるだろう。

　記述された処置は統合された扶養にとって可能な目標グループの身元確認のための最初のよりどころを与える。その扶養は規則的な成果のコントロー

ルを可能にする。このようにして期間比較、あるいは特殊な扶養コンセプト"と共に"被保険者グループとまた"それなし"の統制グループ間の比較が可能となる。総じて、日課データは常に過去に関係し、またそれによって純粋に給付現象の過去を振り返ってみる視点を許容することが熟慮される。個々の被保険者グループの将来の給付の要求を評価するために、予測的モデルの方法の投入が必要である。この方法論の枠内において、臨床上の研究から病気の経過や他の情報に手をつけ、それによって可能な将来の病気の経過を描写するアルゴリズムが展開される。統合化扶養の内部で、給付支出と成果の将来の展開を評価するこの形式は、Ⅳ契約"健全なキンチッヒ渓谷"に選ばれた。最初のデータは2006年後半期のAOKが、また2007年の前半期においてはリスク構造調整において期待された基準給付支出に比較して、同一のリスク特徴をもつ被保険者にとっての平均的な費用に対して、規則扶養において2.08％少ない給付支出をもったことを指し示す。2007年後半期においてはこの分与がそのうえ3.38％（ラッパタ2009）になった。プロジェクト費用を控除した後でも、ポジティブな純効果が生じた。

　適切な目標グループが同一になり、また上に挙げた前提が満たされるときでさえ、戦略的考慮は統合された扶養構想の採用に異を唱えうる。疑わしいのは疾病保険金庫にとって、計画されたプログラムが、悪いリスクを金庫両替商として他の疾病保険金庫から被ることなしに取りかかれるか、という点にある。これは特に、高まっている新顧客がネガティブな補てん料を見込まれる、すなわち被保険者の実際の給付支出が標準化された給付支出をRSA（リスク構造調整）できない給付支出を加算して、すなわち管理や定款給付のため上回るならば、そのときに問題が生じる。疾病保険金庫給付の資金調達が病的状態に向けられることによって、悪いリスクが進む問題は広範に解決されるだろう。というのは、今や悪いリスクは主として、また相応に保健衛生基金から補償されるから（その際もちろんまれにしか決まらない、しかし金のかかる罹病は今まで同様に外に留まる）。さらに、扶養プログラムは疾病保険金庫のイメージにふさわしく、あるいはもっぱらイメージの理由から差し込まれるべきか熟慮される。後者の場合上で概要を述べた日課データの利用は、事情

によってはまったく必要でない。最終的に制度的な適合性、すなわち、ある特定の地方の病院や医師実務が統合化扶養にとって適切と思われるかが吟味されるだろう。例えば病院の管理の指導様式と企業文化が、この目論見に対立することになりうるかもしれない。

関連平面

疾病保険金庫と給付産出者間の、この目的について結ばれる契約は本質的に3つの関連平面を形成しなければならない（図Ⅱ-2-4）。第一に疾病保険金庫の給付産出者への関係、第二に参加される給付産出者相互の関係、そして第三に扶養ネットの第三者、すなわち一面で患者へ、そして他面で医療機器生産者のごとき供給業者への関連である。給付産出者相互の関係が法的に規制される医療扶養センターに対して、立法者はSGB V 140a条〜140d条による統合化扶養の枠内において参加する患者の関係について何らはっきりした規定を発しなかった。

変換の状態

SGB V 140a条〜140d条の枠内における法的な規定の変換のため、保険医

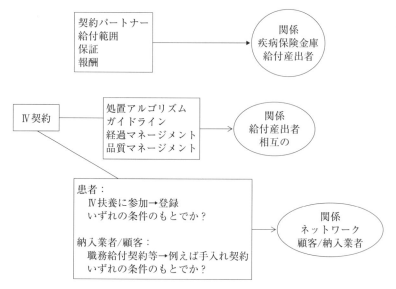

図Ⅱ-2-4　SGB V 140a条〜140d条によるⅣ契約の関連平面

連邦協会 (KBV)、ドイツ病院組合 (DKG) および疾病保険金庫のトップ連合は、連邦事務所品質保証 (BQS) に SGB V 140d 条の変換を支援するため共同の登録事務所を設立した。

登録事務所の任務は、SGB V 140d 条による統合化扶養のために疾病保険金庫の締結された契約についての申告の把握、および病院や保険医協会の締結された契約についての案内をする。登録事務所は 2004 年 4 月 1 日にその活動を引き受けた。施行日の 2008 年 12 月 31 日には、登録事務所に総じて 6183 件の契約が申告された。施行日の契約件数の第 1 位は KV ノルトライン地域 (875) である。次いで第 2 位は KV ニーダーザクセン (724)、第 3 位は KV バーデン-ヴュルテンベルク (658)、そしてヘッセン (658) が続く。この時点で KV 地域では比較的わずかの契約（例えばコブレンツ、ラインヘッセンおよびトリーア、10 件未満）がある。IV 契約の約 40％が疾病保険金庫に、また約 60％は多数の金庫によって締結されている。

登録事務所に申告されたデータは、もちろん扶養チェーンに参加する給付産出者が何らかの逆推量（結果から原因を見当すること）は許されない。申告されたのはもっぱら、彼らの側でさらなる契約パートナーとの下部契約を締結することができた給付産出者および費用担い手側との直接の契約パートナーである。例えば病院は疾病保険金庫との統合化扶養のための、入院給付、リハビリテーションの給付および外来のアフターケアの給付を含む契約を締結する。病院はそのうえ、申告において挙げられないリハビリテーション施設や開業医との下部契約を締結する。それを越えた契約は部分的に何度か数えられる。というのは多数の金庫の関与の場合、金庫当たりで数えられ、また地方包括する契約の場合は KV 地方ごとに数えられるからである。

2）疾病マネージメント

統合化扶養の形式としての疾病マネージメントにおいても、何ら一般的に一致した定義はない。国際的文献によれば、疾病マネージメントは分野包括する指定関連の組織ないし扶養形式を表す。それは特殊なリスクあるいは罹病を持つ患者グループに向けられた、相応のガイドラインによる明白さに支

えられた知識基礎をもとに、また継続的な改善プロセスの意味においてその成果を科せられる結果媒介変数で評価する。その際、患者の治癒プロセスへの積極的な関与がますます定義に共に取り入れられる。

調整委員会は差し当たり疾病マネージメントプログラムの採用のため緊急の指定の命名を委託された。2004年1月以来、共同連邦委員会はこの任務に権限を有する。SGB V 137f条1項により、これは勧められる慢性的な罹病の選択の際、次の基準が顧慮される。

慢性的罹病の選択のための基準
・病気に罹患する被保険者の数
・扶養の改善の可能性
・明白に基礎づけられるガイドラインの利用性
・包括的な処置の必要の分野
・被保険者の自己イニシアティブによる病気経過の影響性
・扶養の高い金銭的な費消

プログラムの構成のための前提の定義に従って、2002年2月初めに乳がん、真正糖尿病、慢性気管疾患および冠状血管の心臓病が指定として推奨された。SGB V 137f条2項により、疾病保険金庫は次の要求を疾病マネージメントプログラム実施の際に顧慮しなければならない。

・被保険者の疾病マネージメントプログラムへの登録のための手続きの作成
・そのつど扶養分野の顧慮のもとで明白さに基づいたガイドラインの取り扱い
・所見、治療による処置および処置の成果
・給付産出者および被保険者の訓練
・品質保証の処置の実施
・プログラムの有効および費用（判断）の評価

2002年10月に乳がんのためKVノルトラインと様々な疾病保険金庫との間の最初のDMP契約が締結された。2009年3月末に1万8150件のプログラムが連邦保健局によって信用状を与えられた。4300件（指定領域　乳がん、

2型糖尿病およびKHKのため)は、すでに再信用状を与えられた(表Ⅱ-2-1)。この決定日におよそ470万人の被保険者がDMPに登録されていた(表Ⅱ-2-2)。その中にはもちろん二重支払いが含まれている。

疾病マネージメントプログラムの実際の成果、すなわち費用有効性の回復は、国際的明証性により、まず第一に次の諸要素に依存する。

表Ⅱ-2-1 委託・再委託されたDMPプログラム

	プログラム 2006	患者数 2006	プログラム 2009	患者数 2009
喘息 2006年スタート	2、3の連邦州	395	ほとんどすべての連邦州	542,614*
乳がん 2003年スタート	ドイツ	62,095	ドイツ	117,541
冠状動脈 2004年スタート	ドイツ	589,408	ドイツ	1,403,526
COPD 2006年スタート	2、3の連邦州	1,802	ほとんどすべての連邦州	413,201*
1型糖尿病 2004年スタート	2、3の連邦州	17,791	ほとんどすべての連邦州	115,247
2型糖尿病 2003年スタート	ドイツ	1,689,376	ドイツ	2,923,348

＊：ある連邦州において、喘息とCOPD(慢性閉塞性肺疾患)は一緒に把握されるが、ある連邦州ではこれまで何らの契約はない。

表Ⅱ-2-2 DMPプログラムにおける登録された患者の全体数(人)

	信用状状態 2009.3.31	再信用状状態 2009.3.31
気管支の喘息	2,930	
乳がん	3,013	1,000
冠状動脈心臓病	3,142	518
COPD*	2,949	
1型糖尿病	2,740	
2型糖尿病	3,376	2,769

＊：Chronic Obstructive Pulmonary Diseaseの略。慢性閉塞肺疾患。

疾病マネージメントプログラムについての成果要素
・扶養の改善にとって十分に能力を伴う病像についての明証性に基づいた選択
・プログラムの長期間の整頓
・明証性に基づいたガイドラインの形成
・患者や給付産出者の場合、行動変更に作用する（資金的刺激も）構想の統合
・経済的および品質に向けられた目標間のバランス
・継続的な改善のプロセスを起こすこと
・プログラムの費用効率性の規則的な評価

2005年2月にKVノルトラインにおいて最初のDMPに対する品質報告が公表された。

品質報告によると、DMP真正2型糖尿病の場合、ノルトラインでは中心の指定"血糖値"および"血圧"の明らかな改善が達成された。DMPの場合、乳がんは規定された品質目標を一部明白に超えられた。プログラムのスタート後3年間は評価が義務づけられている。

2008年に、ELUSID研究の枠内において行われた外部の評価が公表された。ELUSID研究は、2型糖尿病のAOKの患者1万1700人を調査した。この患者のうち59.3％が女性であった。2300人はAOKの相応のDMPに登録されており、8779人は標準の扶養を維持していた。データは2つの連邦州（ザクセン-アンハルトとラインラント-プファルツ）で調査された。DMPにおいて登録されていた患者の死亡数は、標準扶養と比較して注目に値するより少ない水準（9.5％対12.3％）を示した。

3）ケースマネージメント

疾病マネージメントおよび統合化扶養に対して、症例操縦（ケースマネージメント）は統合化扶養のより広い組織形式として、グローバルに特定の目標グループに関連されるのではなく、特殊な患者（重症患者、障害者、高齢者）の効果的な扶養の促進に目標をおいている。それゆえケースマネージメントは

最広義の意味において、個人化した疾病マネージメントといわれるだろう。本質的な共通性および疾病マネージメントとケースマネージメントとの間の相違は、図Ⅱ-2-5に表される。

ケースマネージメントにおいて、その扶養の歴史において特殊性を有する、例えば度々の入院治療への迎え入れ、繰り返し失敗した外科の手術、複合化した医療の経過、費用のかかる治療法（例えば移植による患者）のように、特に費用負担の大きい特定の患者が確認される。症例操縦の枠内において世話される典型的な症例の罹病は、AIDS、卒中の発作、移植、頭部損傷等である。患者はたいてい医師の、心理学的および、最も異なる設備（例えば社会病棟）によって補てんされる社会的な世話を必要とする。だが、その多くの場合に患者は、彼らに当然帰せられる援助を見つけ出したり、給付の種類や範囲を要求したり、また職務給付者と共に決められる状態にない。そのため、この課題の調整は、いわゆる疾病保険金庫自身の場合かあるいは特別の制度、例えば病院で従事するケースマネージャーによって行われる。ケースマネー

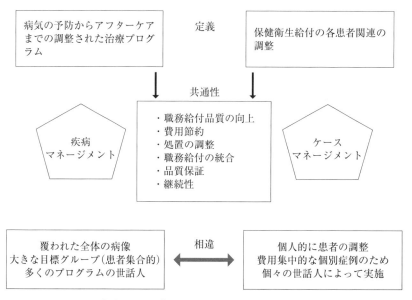

図Ⅱ-2-5　疾病マネージメントとケースマネージメントの相違図

2章　統合化扶養における給付マネージメント　225

ジャーの任務多様性は、扶養プロセスの具体的な調整から社会的または金銭的な問題における助言にまでひろがっている。

ケースマネージャーの症例操縦は、将来に向けられると同様に回帰的にも行われる。将来的に彼は特定の期限を決めて手術する個々人を伴い、また権限ある病院職員との調整を保証しようとする。回帰的症例マネージメントにおいて、例えば職員は高い診療所指示の助言と同一にされる。次いで、可能な将来の指示を避けるために個人的な外来の扶養プログラムが構成される。

扶養マネージメントの他の形式の場合と同様に、症例マネージメントの費用効率性は患者の病像によっても高く、また具体的な症例マネージメントの組織によっても同様に高い。慢性的な罹病をもつ被保険者にとってのケースマネージメントが非常に効果的だったということが、ワーグナーの研究において明らかになる一方、サレらはこの仮説を薬剤濫用者のケースマネージメントの場合に証明することができなかった。

4）医療扶養センター

GKV現代化法により2004年1月1日以来、契約医そして権限ある医師を除き"医療扶養センター"も法的に病気被保険者の外来の扶養に参加することができるようになった。SGB V 95条において、"医療扶養センターは専門包括による医療的な制度である。その中で2項3節1番による医師登録に記載された医師は、従業員あるいは契約医として何らかの手を打つ"と定められた。女性医師と医師はいまやSGB V 95条の法律変更によって従業員としても外来の扶養に参加することができる。彼らはもはや―以前指示されたように―自立の実務遂行者としては開業しないに違いない。

医療扶養センターの組織形式は、統合化扶養の指定包括する組織形式として分類されうる。それは―警察診療所のように―医療の規律の権限や医療でない救助職業を一つの屋根のもとで束ね、そして異なる専門間の協働を促進するだろう。すべての治療に参加する給付産出者の立体的な接近による密接な協力は、扶養プロセスを最適にするだろう。医療扶養センターの基礎は、単独の病院によっても行われる（そのためにはもちろん"基準となる"契約医席が必

要である)。それによって、入院または外来の医療の扶養をよりよくかみ合わせ、そしてそれによって扶養の分野を越えて広がる統合を実現する可能性が生じる。利点は、この場合にも一つの包括的な調整される診断そして治療において横たわる。この可能性は明白に利用される。なぜなら GMG 2004 年によって MVZ の採用以来その数は飛躍的に向上し、2004 の第 3 四半期の 17 件から、2009 年第 1 四半期には 1200 件を超えることとなった。

5) 家庭医中心の扶養

2009 年 7 月 30 日にそれぞれの疾病保険金庫は、その被保険者にいわゆる家庭医契約を申し出ることを義務づけた。家庭医はここでその門番としての機能に基づき、その登録された患者の扶養の調整を引き受けそして改善するべきである。家庭医契約に加わる家庭医は、なるほど調整の任務と協力も果たさなければならない。保健衛生制度における展開の鑑定のための専門科判定協議会は、家庭医中心の扶養を統合化扶養形式に数えられなかった。というのは、この契約の専門と分野を超えて広がる方向が欠ける (SVR 鑑定 2009) からである。このような契約を締結した家庭医は、同時に統合化扶養のための契約に参加し、この方法で包括的扶養の統合を保証することができる。

表Ⅱ-2-3 統合化される扶養形式における参加者数

	被保険者数(人)	出典
Ⅳ契約	400 万	BQS
家庭医中心の扶養	590 万	BMG
DMP プログラム	470 万	BVA
全体	約 1,460 万 これはすべての GKV 被保険者 (70,314,011) の 21％に相当する。	

手術と薬理の論理学

1章

OP（手術）論理学

1. プロセス論理学

　社会政策的な基準は、病院の所有者がもつ不十分な財務手段に効率的な配分を義務づける。

　ここに患者と治療の鎖の内部で経済的に重要な核プロセスに関する一つの経営的な再組織を必要とする。手術の領域は集中医学と並んで入院の患者扶養の最も費用集約的な領域に数えられる。

　目標点として、ある症例に基づく一括概算報酬の成立する条件のもとで、自己管理から時間単位ごとの産出される給付量（生産性）に一つの最適な関係の実現化が適用される。高い生産性を狙って得るために、一面で医学的な給付作成の場合プロセス経過が遅延に乏しくま、た故障にしっかりあてがわれまた他面費用集中的人事が需要に合って投入されなければならない。

　その限りでプロセス論理学は手術領域において現代の病院マネージメントの中心的要素を表す。

1）構築組織

　構築組織は、いずれのプロセスでスタートするか秩序政策的な枠組みを規定する。

　組織の構築における不十分な事柄が、それゆえやむを得ない機能における不十分な事柄を制約する。かくして構築組織の効率志向の形成が一つの決定的な結合に行き着く。

インフラ構造

建築は機能を規定する。今日の機能要求の妨げとなっているドイツの病院における建築の状態は広く流布されている。

- 分散的 OP 統一は、存在する費用集中的な職員の入用による非難または費用のかかる扶養の方法によって、重要な合理化能力を妨げ、ならびに全体複雑性の中心の協働および操縦を難しくする。
- 道路や輸送能力にあまりに余裕がない場合、現代においては患者や扶養器材が一気に集まること、また一気に離れることを妨げることになる。
- 空間の構想が不適切な形態の場合、現代にふさわしい外科手術の患者の用意、OP 広間の柔軟な選択、ならびに十分かつ需要に見合った外科手術後の監視能力を妨げることになる。

上に示したことから、一般に機能志向の建築様式は効率的なプロセスの面で、当事者の合意で変更し得ないことが明らかになる。

症例に一括概算している報酬システムの下では、積極的な補てん寄与狙いのための効率システムが本質的であるので、不可避的に各々の病院の担い手には、どの程度手もとにある構築量が機能の上部の目標に沿っているかという疑問が立てられる。

OP 新築や"投資のリターン"にとって、時宜に叶った機能と投資費用との関係は、最終的な徹底性において観察される、ドイツの病院での活発な建築活動にとっての本質的な原因である。

OP 新築の際の症例目標

- 現場の専門家は建築家ではなくプロセス責任者である
- 分権的な統一を避ける
- 中央殺菌と共に場所のかみ合わせに注意
- 患者の訪問者、納入業者や職員の流れからの分離（幹線道路構想）
- 輸送容量（例えば持ち場につくための世話や職員移動）を中間ではなく上限で補償するための（脱落予備を含めた）計算
- 専門科の OP ホールの広さ（例えば 50 平方メートル）や設備（例えば陳列、テーブルシステム、照明手段）を最小限に抑えるための規格化

- 伝染性の患者（部屋クラス1、タイプBでのOPグループ4）のため中央OP（何ら分散的統一はない）において、分離した着手や終了管理によってホールを計画する。
- 前手術の待ち区域や安心感を十分に大きく（中心OP＝ホールの数×1；外来OP＝ホールの数×2-4）計算する
- 中心の着手（ZE、1ZE/3-6ホール）も、また個別着手（子供、伝染性の患者）も同様に計画する
- 滅菌した作業前の準備区域（RZ、1RZ/1-2ホール）
- 意識回復室の座席を量的（ホールの数×1-2）かつ質的（分担に応じた人工呼吸可能性、保護された子供の部屋、医師の占有）に十分計算する
- 協働者志向（日光、メンザ、職務部屋）を考慮する

組織チャート

プロセス論理学は医学的な治療経過の効率的な機能を得ようと狙っている。手術内の給付作成には、多面的にまた高く特殊化した職業グループが参加しており、また手術の処置は患者に依存する変種の支配下にある。病院における労働プロセスは、標準プロセスとしてスケジュールされるプロセスと、他の任務の固有のプロフィールによる統合プロフィールとして記述される。プロセスおよび技術的な変換に対応して、活動者間の枠を超えた経済行為の技術的記述は（Ⅰ部4章2 医学的データの交換 3）参照）、特に複雑である。

その限りにおいて、より高額な組織上の費用、またどんな費用がシステムに内在し、常に専門間の、また専門内のコンフリクトを伴って起こるかは明白である。ゆえにプロセス論理学は、本質的部分にコンフリクトマネージメントの側面がある。

OP論理学にとって責任の権限と拘束力のある決定がなければ、プロセス操縦はプロセスに参加している者に邪魔されもしくは阻止されるだろう。ゆえに"OP論理学責任"の職位の経営的ヒエラルキーの責任を負わせることを職位記述により定義し、そして組織チャートによって固定することを勧める。

OPマネージャーとOP調整者間の職位記述において区別することは原則的に通用する

OP調整者は、手術による日々の仕事について、プロセスの破れを避け、ないしは極小化し、そして非効率のもとで形成することを委託される（経過組織）。かくしてOP調整者の責任としてのしかかるのは

- 患者のOPにおける期間に見合った呼び出し
- 手術に適したOPホールの割り当て
- 給付作成に参加した職業グループとの調整コミュニケーション
- 予測し得ない出来事が出現した際の切り替え（合併症、緊急の場合等）

OPマネージャーは、経過組織と並んで次のことに責任をもつ。

- ホールの運営時間についての戦略的および担当者に向けられた定義
- 専門科特殊のホール能力の入用に見合う配分
- 個々の手術による領域から全体運営に効率的なOP計画への、OP申請の目的化
- 手術内の給付出来事について信頼の置ける、また完全な証拠記録
- 透明性および効率に役立つ報告制度の作成実行
- 安全に関する重要な標準を守ること（新しい患者の来院の資格、患者の待機）
- OP機能職務の服務規程上のおよび組織上の指導
- 必然的な改装および構造対策の妨害に乏しい組み入れ
- 衛生規則を守ること
- 必要とされる手段性の時代にふさわしい待機（資材論理学）
- OP領域のための包括的な費用位置責任

さらに"OP論理学の責任"の位置は、権限をもとに経過組織の任務をはるかに超えて、"OPマネージャー"として解釈される。

あるOPマネージャーの人格構造への要求は様々である。このようにOPマネージャーは、不可欠な医学的な専門的知識と並んで基礎づけられる経営経済的知識を必要とする。というのは医学的な扶助の高額の費用領域において、給付出来事の操縦は彼の義務だからである。さらにある際立ったコミュニケーションの喜び、ならびに一つの確かな社会的な資格および知能は本質

的である。その際、もちろん個人は自己意識、診療所の科の指導者と共に目の高さ、コンフリクト準備、実施能力そして事実に基づいた安定性に欠けてはいけない。

"OPマネージャー"の地位に挙げられた要求プロフィールは、職位記述においてまったく有力であり、追加的にアカデミックな成長過程の形式的な特徴を説明する。これは、実務すなわち多くのドイツの病院において日常的に雇用され、また介護職業の従事者によって能力を生かされる、"OP調整者"の地位のためにある本質的な境界の設定である。

通例OPマネージャー職位は、経営の組織図において幹部直属の下位の階層にスタッフ職位として位置づけられる。この結合の利点は、診療所の給付産出に対して安全確保のため独立している。しばしば選ばれるわずかのモデルでは、協働者が同じ下位に属する場合、OPにおける給付提供に参加する科の特定の医師から、当該の責任ある科の管理者のもとにOPマネージメント機能を移譲することを意味する。この場合利害の衝突および二重結合の状況があらかじめプログラムに組み込まれる。したがってこのような問題への回答はせいぜい麻酔学の科の協働者のために熟考されるべきである。というのはこれは手術による給付出来事の配分において、さらに先に行って客観的にかかわってくるからである。

手もとにある寄稿の著者は、自己の経験をもとに経営の組織図への結びつきとして第3の方法を好む。

麻酔科の管理者として彼は大学の臨床部門で麻酔学科の幹部の下位に置かれるが、OPマネージメントの管理者として彼はスタッフ職位機能において幹部と結ばれていた。

この構想の強さは、包括的なOP（麻酔者、麻酔職能職務、OP職能職務）において人事資源から供給を受けられる可能性にある。

この構想による限定の問題は、日々の二重負担ならびに能力ある者の不公平感の中で麻酔に都合よくなるよう配分される点にある。

2）経過組織

経過組織は、手術内での扶養プロセスにおいて、結局効率的な資源フル活用を給付前企画において実施しうるために、また企画安定化に際しての遅延を少なくする目標を追求する。

企画安定のための必然性は、原則的な協定の異専門間にまたがる保持に制約される。ここで第一に挙げるのはホールオープン期間および専門科に関係するホール容量である。

ホールオープン期間

ホールオープン期間、ホール経営時間あるいはホール有効時間もそれぞれプロセス論理学の基本を形成する。というのはホールオープン期間の確定によって一部を計画して差し出されたオープン時間の合計がホールごとに算出され、およびそれによってOP容量が決められるからである。

ホールオープン期間には、OPにおける雇われた協働者の労働時間と相互の関係がある。これは特にOP機能職務の職業グループに適用される。というのは設立された定義に従って、ホールはOP機能職務の労働開始後に15分開かれたとして、またOP機能職務の労働終了前に15分閉ざされたとして評価される。ホールオープン期間はそれゆえOP機能職務の労働時間より30分短い。

実務からの例：ホール開店期間の見積もり

7：30〜15：45のOP機能職務を引き受けた日々の労働時間の場合、ホールオープン時間は上述の通り、8時間15分から30分引いて7時間45分（465分）になる。

ホールオープンの期間の固定はあるコンフリクトに取りつかれた調整プロセスである。それは担い手利益（経済性：ホールオープン期間、10時間以上）を被用者の利益（人間要素：ホールオープン期間、8時間未満）と一致させることが肝心である。著者の視点から両者の書かれている境目近くでの協定は絶対に避けられるべきである。

こうしたホールオープン期間10時間以上は、交替制方式におけるOP機能職務の前に差し出される事前決定である。これは10〜12時間のあるホー

ルオープン期間の場合、日常経過において非効率的な過剰容量に導く（階層交替時間が重複することになる）。

ホールオープン期間12時間以上の場合、上記10時間以上に対して階層モデルはOP機能職務にとって効率的である。しかしへこみ（需要＞供給の場合の差し迫った人事不足）が生じて、職業グループの側からの反抗が起こる。患者志向に関する熟慮（夜間のOP開始を選択できる患者のわずかの入用）ならびに医師の給付産出（執刀医、麻酔科医、病理学者など）の場合、加重する目標に向けられた問題がある。"階層経営における医師の労働"の問題解決は、見舞われた者によって、介護専門者におけるよりさらに明確に拒否される。それは少なくとも潜伏して存在する医師不足の時代に空席の職位という形で、経営の給付力の低下に対する結果を示す。そして売り上げ金額の落ち込みにつながり、重要な生活環境の不利な立場をまねく。

他方、8時間未満のホールオープン期間は、病院担い手の視点から拒否される。この場合必要なOP容量の保証のため、多数の人事集中的なOPホールが平行して行われる。結果生じる人事コストは現在行われている症例一括概算額の報酬システムにおいてカバーされず、したがって医学の給付は不足し、非経済的にもたらされる。

目指すべきは8〜10時間のホールオープン期間という、経営協定の達成である

効率や協働者志向のホールオープン期間について成功した協定に従って、多様な給付作成に参加した専門家による労働時間の調整または噛み合わせが行われる。医師に対しては労働時間について一致した"長時間勤務"（10時間）が提供される。介護専門者に対しては超過労働（例えば1時間以上の超過労働時間には時間あたり150％の支払い）の金銭的要素化のような革新的な着手が問われる。

手術による容量の配分

手術による専門科のOP容量・時間統一に関して、該当している時間統一において経営しているホールの数からの産出は、基礎になっているホールオープン期間によって何倍にも増加される。

実務からの例:OP容量の計算

その時々の465分のホールオープン期間をもつ施設(1日あたり3ホール)が受け入れた割り当ての場合、該当している手術による専門科のOP容量は、1か月あたり22労働日3万690分(3×22×465分)になる。

どれほどこの方法でOPマネージメントによって待機されたOP容量(当為容量)が、手術による専門科のために測定されるかは、現在における偏差の算定によって与えられる。現在はホールあたりまた1日あたり(最後の症例の手術による処置の終了までホールオープン+15分)の実際のホールオープン期間がたまることによって、十分正確に評価される。

もし当為容量よりも低い現在容量が示されるなら、これは準備された、また資源と結びついているOP容量について経過する見越しコストの場合、非利用を売り上げ金額の欠損と同じ意味に、そして同時に非効率の合理化能力を手術内の扶養プロセスにおいて意味する(図Ⅲ-1-1参照)。

専門科ごとおよび月ごとの定めに従って待機されるOP容量に関して、専門科容量の割り当てを均質かつ全体容量の需要に見合った配分が保証されるよう労働日について調整することが、OPマネージメントの義務である。

特に、執刀医(例えば午前、例えば火曜日、水曜日、木曜日)の側からOP容量への大きな需要によって、日付に関し自由に使える人的または場所的な資源の過度な負担が結果的に生じ、ないしは日付に関し執刀医(例えば、午後、例えば日曜日、木曜日)の側からOP容量の少ない需要と共に利用されない過剰容量による非効率が生じることで、OPマネージャーの任務が未然に妨げら

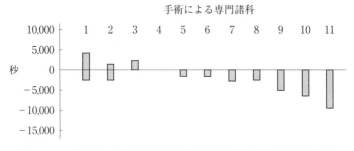

図Ⅲ-1-1　手術による専門諸科の当為現在容量の偏差分析の例

れる。

　理にかなうように、3か月ごとにOPマネージメントおよび手術の科（代替的に幹部）との間で、いずれの専門科がいずれの日に何分OP容量を受けるかについて書面による協定が結ばれる。この場合様々に顧慮されることが肝心である：例えば執刀医の診察時間、執刀医の教育義務、専門科の患者、弁護依頼人（子供の手術、外来の手術、緊急発生）。

実務からの例：OP容量の配分

	月	火	水	木	金
科A	1ホール	2ホール （子供）	2ホール （外来）	1ホール	1ホール
科B	2ホール （子供）	1ホール	1ホール	2ホール （外来）	1ホール

実務から導入した例は、2科のためこのような取り決めを示している。
・共通の全体容量は同質に1日あたり3ホールが割り当てられる。
・個別容量は需要に従って平日に割り当てられる。
・特定の手術（子供、外来の手術）にとっては特別の手術段階が定義される。
＊より少ないOP需要による日には、執刀医の側ですでに設定された日々の容量の減少によって企画安定してかさんだ過剰労働が撤去されうる。

この例の2科から、例えば10の手術による専門諸科への委譲は、手術の容量の配分について複雑なまたコンフリクトが保存された出来事を描き出させる。

OP計画

　OP計画は、OP容量の割り当てマトリックスに基礎を置き、また手術の作業フロアの基礎そして同時にOPマネージャーのOPにおける効率的な給付操縦に対する中心の用具を表す。

　一般的に個々の手術による諸科へのOP計画作成の核となる専門知識は、導入されているべきだろう。というのは、ここでは情報が手術ならびに執刀医の手持ち分そして適正の個人的な特殊性に関して存在しているからである。この情報によって、手術について専門諸科において探索されるOP期間の確

実な指図もうまくいくだろう。これがもっぱら不十分であれば、OPマネージャーは相応の手術に対する診療所内部の標準値に還元できる（固有の分析あるいは病院情報システムからのデータ）。なお、執刀医関連のOP期限に関する評価はこれに対して許されない。

手術による専門諸科のOP申請は、標準化した書式でオンラインあるいは書面で行われ、いずれにせよ体系的に、OPマネージメントのために本質的な情報が問い合わされる。

- 計画されたホール、ホールにおける計画された整列
- 患者データ（姓名、生年月日、症例番号、保険状態）
- 手術の明細書（OP種類およびOP器官、OPチーム、OPテーブルの種類）
- 特殊性（感染状態、今ある事情：ラテックスアレルギー）
- OPマネージメントへの指示（患者はすでにX回途中でやめている、現地での会社、学生、患者、執刀医は時間に拘束されている、等）

OPマネージャーの本源的任務は、一面で実現可能性（下記参照）に関して報告されるOP申告の再吟味にあり、また他面で個別のOP計画の専門科決定的な前・後計画への引き合わせにおいて、いずれの場合によっても起こりうる科の利害が、上位の所有者利害の背後で"フル活動と効率性"を二の次にする。

こうして手術の専門科は、この時点でOPマネージャーから分担を割り当てられるが、しかし申告によって満たされないOP容量が他の専門の科に申告した過剰容量によって割り当てられるために加えられる。これは、より完全なホール割当量の移動あるいは単に割り当てられるホール連結を意味することになる。

すべての事情のもとでOPマネージャーは、前に定義したホールオープン期間に相応して、容量マトリックスに従って待機されるホールの売上金額を有効に徴収できるよう支えている。

OP申請の実現可能性のための助言

- 望まれたホール容量は用立てられるか？（→マイクロスコープ、レーザー等）
- 人事は質的および量的に使用可能か？（→麻酔科医、機能職務）

・執刀医が一致していること？（→執刀医間の話し合い）
・ラテックスアレルギー？（→第1位置）
・積極的な感染状況？（→部屋ランク1、B型のOPホール）
・マグナごとの肥満？（→重症負担による）
・標識、プライミングが必要か？（→第1位置には置かない）

OPマネージメントによる専門科決定的な前計画の作成は、時間的に前日に行われる。というのは、副次的な状況に対する手術前の患者準備が、その他の点では保証され得ないからである。

診療所内部の組織に従って患者準備は、介護によっては午後遅く、あるいは夜間の勤務時に行われる。最初の場合、OP計画の制限解除は本質的により早く、午後よりも午前に行われなければならない。

結局ドイツの病院における手術時の専門諸科の引き渡し期間について、OPマネージメントによってOP申請もしくは前後の計画の解除のために、最も異なる期限がつけられることが見出される。

実務からの例：OP企画

手術による専門諸科のOP申請の表明：午前10時
OPマネージメントによる前計画の制限解除：午後2時
OPマネージメントによる最終計画の制限解除：OP当日午前7時

OPマネージメントによる前計画の制限解除後、後計画の申請は、取り消しおよび転換の意味においてもっぱらOPマネージメントとの相談後に許される。

その限りでOPマネージャーは、彼の職務時間の外部でスタッフ代表（例えば第1麻酔の職務）を指名されるか、あるいは書面による変更願が終局計画の制限解除前の早朝に手を加えられるか、いずれかである。

終局プランにおいて、上に挙げた諸点に次のような内容が付加される。

・麻酔の仕様書
・麻酔チーム
・麻酔手続き
・手段化

・モニタリング

・症状の求めによる特殊な支度

OP 開始：第 1 位置

妨げにならないようにしっかりと、またためらいのない OP 開始第 1 位置を保証するために、次に続く日々の経過における入れ替わりのためとして、非常に大きな組織上の力を要する。

OP 開始の主旨

　早朝の鳥は虫を捕える！

　朝のように、日中を！

潜在的な妨害のリスト、特に運営の開始に関して長くそして OP における複合体の構造を体験する OP マネージャーも、再三再四驚きながらまた新しい状況を提供する。それはまた最善の前計画に向き合っている（目覚める部屋での風媒〔授粉〕、ホールにおける水浸し、爆薬除去のため避難させること等）。

その限りでよい経過組織は、その場で行う能力に結ばれる。このため必然的な OP マネージャーの反応模範は主として日々の組織ルーチンから借用される。

・形成の高さを維持する：プロセス阻害の早期の再申請を要求！

・コミュニケーションを強化する：職務時間以外でも意思決定権限を有する個人の達成可能性を保証する！

・現場にいて指示をする！

・代替案や選択を検査する！

・予備を募る！

OP マネージャーの関心事は、朝の OP 開始の際、特に 3 つのこと—①第 1 地位の安定性、②必要な集中容量の自由用立て性、および③経営受け入れのための十分な人事的資源の OP における待機—に体系的に向けられる。

第 1 地位の安定性は本質的である。というのは患者の待機までの前触れは OP における重要な期間となる（たいてい 30〜60 分）。そして同時に第 1 地位の短期の変化は、遅らせた給付提供がその時々の効率の悪い売上金をカバーせずに費用集中した人事の差出しを意味しうる。

- 科への準備：例えば薬による前投薬法、ひげを剃る、OP衣服を着る、装身具を外す、行動の完全性の吟味（注意：引き渡し時間）
- 患者輸送：道のり、輸送の開始、輸送する者の自由利用可能性（注意：朝に頂点の負担をかける）
- うまく運び入れる（注意：OP机の注文をうまく処理する）

第1地位の安定性の場合の目標達成は、緊急事態発生や外来患者の心拍数など、専門家固有の特殊性に依存する。しかし一般に安定性は75％を下回らないだろう（図Ⅲ-1-2参照）。

求められる全力を傾ける容量の自由利用可能性は、最初に第1地位の需要に向かう。恵まれた状況において、OPマネージャーに全力を傾ける医師により、適切な初期容量が一般に確約される。不利な状況において、OPマネージャーはいつもの手順を取り戻すルーチンの開始前に関連した制約を解きうるか、あるいは第1地位の前計画について集中医学の容量の入用をふさわしく割り当てるかのいずれかである。病院所有者の経済的視点から、手術部門の売り上げの落ち込みを、不足する集中容量のもとで是非とも解消することが重要である。これは、すべての組織的な選択を利用しつくした後も全力を傾ける医学的提供を拡大させるための必然性を意味する。

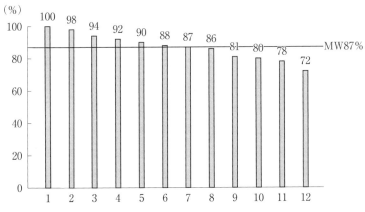

図Ⅲ-1-2 手術の専門科による第1地位の安定性の一つの例

人的資源の需要は、OP 開始時に特に麻酔機能職務の面で疑わしい。というのはその個人入用にとっての測定基礎が、運営される OP ホールの 1：1 の配置に説得力が欠けているので、同時に居合わせる義務の場合や OP 開始時の麻酔法の導入や終了管理の際、たいてい麻酔機能職務の都合の悪さによるミスが起こる。

この問題点の可能な解決策は、様々な個別の専門諸科にとって、着手の時間の定義が OP 開始に起伏のある組織において存続することである。この場合、麻酔機能職務を一続きに投入することで、麻酔導入の開始時間を配置替えすることによって成功する。一方これはホールの開始後第 1 ないし第 2 の変動に、付加的に第 3 の変動の開始にも配慮することになる。このように麻酔法開始の麻酔機能職務の際の、質的に取り消せない麻酔機能職務の立ち合いを減らすことなしに、OP ホールで大多数が従事する麻酔機能職務として自由に用立てられるようになる。

代替的であるのは、このシステム化が中間と遅い職務にとっての付加的資源を創造し、また事情によっては、午後に人事の隘路を、例えば規定職務定義とホールオープン期間とを比較し不完全な一致を理由にして、相殺するためにも適切である。

実務からの例：OP 開始へのゲッチンゲン大学医学部の波紋[*]

麻酔開始	胸部、心臓および血管外科
7：15	一般外科
麻酔開始	緊急外科と成形外科
7：30	泌尿器科と産婦人科
	口腔 - 顎 - 顔 - 外科
	咽喉 - 鼻 - 耳 - 外科
麻酔開始	神経外科
8：00	眼科外科
	外部領域

[*]：自由に使える 18 麻酔機能職務の場合、ゲッチンゲン大学医学部では 25 手術室における安定的な OP 開始が可能である。

交代時間

ためらいのない朝の清々しいOP開始と並んで、日々の経過における効率的な交代時間は経済的な給付産出にとって本質的である。

効率的な交代は、正確な期限をつけることおよび様々な専門を超えて、多数の、一続きの、そして並行して個々のプロセスの協力を前提にする。この複雑性は交代プロセスを妨げ抵抗力を弱める。それを防ぐには知能の高い者の推移構成にすること、すべての参加者にとって、この透明性ならびに包括的な情報の共有や、参加している専門の内部やその間のコミュニケーションが必要である。

- 次に述べるように患者の期待の範囲において、適時にOPを実現しなければならない。診療所内部の輸送状況に応じて、患者待機の前送り（上で示したように）は変わりやすく不安定であるので、後に続くプロセス経過の戦術を用いるのは有効でないか時間集中的ではない。したがってある時点への注文関係書類は、現在重要とされている手術の予測される終了時間がいつの時点になるのかまだ見極めがついていないときに定められるに違いない。双方の場合において前手術の占有のオプションは吟味されるべきだろう。この場合に、すべての偶発性にとってちょうどよく、後に続く患者に向けられる。患者の滞在期間は時々の時間の占有になるので（先導するOPの併発、緊急の場合の組み入れ等）、患者の快適さを十分に考慮するべきだろう（例えば個人の現存性、プライバシーを守るための可動式の隔壁、最適な寝床、静音型の装置、雑誌、室内BGMやMP3プレイヤー、等）。

- 時間消費の麻酔開始準備（例えば周辺の局部処置、児童麻酔）、ないしは執刀医に広範囲の手術用の器具を手渡しする必然性（動脈の圧力、中央静脈の静脈カテーテル、胸郭の硬膜外カテーテル）、ならびに麻酔学的特殊性（よく知られるように扱いにくい気管の場合、ファイバースコープによる管挿入、座っている軸受けに対する心臓のトランスエーゼハーゲルの超音波調査）は、麻酔に対する待ち時間を避ける目標とオーバーラップしながら開始されるだろう。これには一面で確かなインフラ構造（最小の要求は機能を整える麻酔開始範囲の存在であり、最適であるのは中央の導入統一の存在である）が、また対応する人

材装備の存在としても必要である。担当する手術、ならびに相当する範囲における一層教育の頻度、種類および期間に従って監督する麻酔医は、この機能の全部あるいは一部のみを行いうる。科学的な研究およびシミュレーションは、投資によって人材構造に"オーバーラップの導入"機能を可能にする病院所有者の経済的な金額志向の視点から、賢明に助言されることを示している。

- 手術室清掃は、患者を OP 室から移したのち即座に始めるべきである。またためらわず衛生規則に従って実施されるべきである。
- 手術室清掃の間、OP 機能に勤務する者は無菌のテーブルを整えることが差し止められるので、待ち時間なしの OP 機能勤務への効率的交代は、無菌の控室が自由に用立てられるときにのみ可能である。この場合次に続く手術は、すでに進行している手術に並行して準備が整えられる。またこのための前提は、OP 機能職務の側で十分な人材の強さが求められる。
- 次に続く処置の執刀医は、麻酔の解除の際ないしは患者の寝床の始めの時点に、OP において居合わせるべきである。異なる状況の場合、後でまたはこちらへ電話をすることによる重要な延期が発生する。OP 企画の場合、可能な限り OP ホールを例外なくそして変わらない配置のまま考慮することが求められる。というのは、この場合において執刀医の自由用立て性が増すからである。

交代時間のための助言

前手術の患者占有を確実にする！
中心の開始を確実にする！
無菌の控室を創立する！
執刀医の時間厳守の出席を求める！

緊急の場合

"企画"と"緊急"概念は関係しない。これはもちろん緊急事態が OP プログラムに統合されることを、偶然に構造化せずに生じることに意味してはいけない。この場合においては、経済的に、また何よりも先に医学的な処置

のチェーンの中で質的に代替できる遅延ではなく、前計画に組み入れられることになるだろう。

　緊急統合に対する必然的な取り決めは、特別の仕方で家―個人的な所与性を基礎にする。その際、期待される専門科から専門科への緊急発生に変わりやすいが、個別の専門科にとっては狭い境界に変わりはない。

　その限りで緊急にとっての分与のOP容量の非難は、事情によって当然である。このような"止める蓄え"の留保は、OPマネージメントによって透明に行われる。そしてどんな場合でも、科内部で個別のOP期間の非現実的に長い評価によって"合理化"されるべきではないだろう。

　施設の大きさや待ち受けられる緊急発生に従って、ある緊急手術室の叱責にも意義がある。手術室準備の緊急性は、非選択的処置によってカテゴリー化を超えた専門間にまたがるコンセンサスから、OPマネージャーのために明らかになる。これにとっての例は、立てられる変数が一般に多く認められる。

・吊ランプ変種：赤＝直ちにOP；黄＝次の開いている手術室においてOP；緑＝日々の経過における申し合わせに従うOP
・概念段階：緊急＝ただちにOP；急ぎ＝次の解剖室におけるOP；緊急の＝専門科の選択的な日々プログラムへの統合されるOP；延期された緊急＝職務におけるOP
・時間段階：直ちに、2時間期限、6時間期限、6時間以上の期限

　緊急の出来事をなし終えるため、必然的な組織費用は高く、本質において当該の給付産出との間で調整されるコミュニケーションから成立する。ここは原則的に努力される経過組織（例えば合意文書、標準操作手続き等）のための申し合わせによりよく迎合すればするほど、ますます障害に安定し、また回復をますます遅らせることが少なくなりプロセスが成功する。

緊急統合のための指導原理

　緊急は、予期している日々の業務および何ら予期しない出来事ではない！

3）報告制度

報告制度は一つのOP領域における給付産出の透明性と効率性に役立つ。基本的には"報告制度による透明性"目標がわかりやすいが、実際には"報告制度による効率性"目標が指導的である。その際、透明性による持続的な報告制度が効率性に作用する。

透明性と効率性

一つのOP領域の組織文化では、経営管理にとって透明性がなく創造される報告制度はあり得ず、またプロセス参加者にとってはもっぱらスタートと認められるにすぎない。

経済学的解釈のこの制約にとっての理由は、費用集中の給付の厚みにおいて、協力する生業や専門家の多様さ、給付要求の複雑性および給付形成の個人的な変種に対応する。

まさにこのために、報告制度は調合して作られなければならない。その場合、十分な報告制度を作成し実行するための相当な費用は、評価のため必然性について正当化される。このような評価の必然性は、時間単位ごとの給付、仕事で得た金額および費用の厚みから経営管理のために生じる。

一般的にOPマネージャーは、報告制度を利用して複雑なプロセス経過を彼らの責任性に関して記述しようとし、またその場合様々なプロセス参加者の実行を評価しようと試みる。

プロセス経過にとっての責任性の記述は、時点、時間間隔および複雑な指標といった説得力のあるプロセス媒介変数の書類による証拠固めによって成功する。適切なプロセス媒介変数の選択は、各々OP報告の決定的な基礎である。OPマネージャーはドイツにおいて創生されたすべての媒介変数の注釈を文献から得る。個人的な処理のために目標指導をする媒介変数は、ひとりOPマネージャーの義務である。一般的に時点、時間間隔そして指標は特典を与えられるべきだろう。それらは一方で注釈に含まれており（そしてそれによって定義されたプロセスベンチマーキングを承認し）、また他方で責任性に従う給付作成を引き起こした者を、正しく職業グループ特殊な行動チェーンに振り分ける。例としてここにあげられる：

- 時点：麻酔開始（用語解：46）；患者麻酔解除（用語解：47）；OP準備終了（用語解：02）；寝床OPFD開始（用語解：03）；OP開始（用語解：08）；OP終了（用語解：010）；寝床OP終了（用語解：04）；後準備OP処置終了（用語解：011）
- 時間間隔、指標：OP期間（08―010）；交代時間麻酔（011―A7）；交代時間OP機能職務（011―02）
- 予備調査：執刀医（04―08）

プロセス経過に関する価値の記述は、時点、時間間隔そして指標を一致する目標値によって供託することによって成功する。

目標値達成の分析は、OPマネージャーの報告制度における透明性と効率性志向の決定的な結びつきである。なぜなら二次最適の目標達成の程度の報告によってプロセス責任に再組織圧力が作用し、それがOPにおける効率性志向に積極的に影響するからである。

科特殊の目標値に関してコンサンセスを見出すことは、すべての参加された給付産出者と共に、費用のかかるコンフリクトを背負い込んでいるコミュニケーションプロセスである。そして最後には、効率的に経過するプロセスチェーンの現実を表す記述が目標値によって達成されるだろう。

実務からの例

内部手術のプロセスのためのゲッチンゲン大学医学部の目標値

専門科	迎えに移動	到着通す	開始麻酔	解除麻酔	開始OP
一般外科	06：30	06：50	07：15	08：00	08：30
耳鼻咽喉科	06：45	07：20	07：30	07：50	08：00

（ゲッチンゲン大学医学部のOPマネージメントの目標値からの抜粋）

発生と確認

報告制度にとって必要となる、ある時点の資料による証拠固めは、理想的には現代に関連した包括的な病院情報システム（KIS）の一つのクライアントPCにおいて、給付作成の現場で行われる。小さいOP領域（例えば8ホール以下）の経営においてはたいていインゼル解決としてプログラム化された

自己発展がみられる。それは少し複雑な範囲においての間に合わせ、また利用者志向に関して、しばしば産業のKISシステムに対する利益を提供する。

　日付の請願は、日付保護の観点からも、もっぱら合い言葉に支えられて行われるだろう。その際原則的に汚染者負担の原則により、もっぱらその日付原理が見抜けられるべきであり、そのため文書で証明している者が責任をもつ。

　他の場合文書で証明する者にとっては、全体プロセスの日付から彼の都合の良さに、ないしは階層的に支配している個人の有利に、結果を予測する刺激が存在する。

　これまで述べられたことから、手術内のプロセス実行の書類による証拠固めは、目標値達成の二次最適の形成の際、経営気風が持続的に否定的に影響しうる、コンフリクト勢力を含んでいることが明らかになる。

　それにもかかわらず給付出来事の原因となった者に対する正しい書類による証拠固めは、法に認められた上位の所有者利益である。ゆえに規定された証拠固め記録は、上に挙げられた要求を満たすことが保証される。付加的に職員の継続的な訓練や情報は、時点の定義に関しても、本来の証拠固め記録に関しても、同様に必要である。それを越えてOPマネージメントは、資料による証拠固めの品質をランダムに抜き取り、再検査によって実施することをよく助言される。

　日付有効性の保証のないのは、その結果生じる証言力のない報告制度である。なぜならば手術内プロセスの効率性に志向された再組織は、負担をかけられた日付証明がコンフリクト事情においても扶養現実の有効な模写として認められるときにのみ成功するからである。

報告する

　日付けの内容を有効にするため、OPマネージャーは、現代に即した文書で証明した給付プロセスを日々の報告の形において表すレポートにする（表Ⅲ-1-1とⅢ-1-2参照）。この報告は、給付産出者から異議を唱えられないならば、データバンクにおいて有効な資料とされデータ原理として受け入れられる。

表Ⅲ-1-1　ある日々報告の例：第1位置のための開放麻酔薬（UMGのOPマネージメントの日々のコクピットからの抜粋。一部省略）

2009年11月11日（水曜）	当為	当為（K）	現実	比較	1、開放麻酔薬
眼科	21	08：20	13：35	13：22	−13
	22	08：20	08：22	08：11	−11
	23	08：20	08：24	08：15	−9
呼び出し	10	08：05	08：05	07：58	−7
	3	08：05	08：10	07：45	−25
	9	08：05	08：05	07：55	−10
CUNF	11	08：00	08：00	07：45	−15
	12	08：00	08：00	07：54	−6
FRAU	6	08：00	08：52	08：32	−20
皮膚科	4	08：00	08：52	08：05	−5
耳鼻科	5	07：50	07：50	07：42	−8
泌尿器科	1	08：00	08：20	07：55	−7
	2	08：00	08：00	07：40	−20

31分　遅延全体　　　　　　　　　　ゲッチンゲン大学医学部のOPマネージメント
0.5時間遅延全体
24　OPホール評価
1.3分/OPホール

　給付産出者や病院所有者へのこのような日々の報告は、すでに言及した報告制度の目標に相応して行われる。一面では聞き届けられる日々の報告制度に給付出来事について現実に即した詳細な透明性が求められ、他面で招来したこの透明性には一つのプロセス責任の効率志向がある。

　またOPマネージャーは、基礎に置かれた時間間隔や指標に関する分析を作成し、そしてこれを時期ごとに、例えば月ごと、四半期ごと、あるいは年ごとの報告をする。このような分析の例として挙げられるのは、

・専門科ごとの手術の数、切開・縫い目の数の、先月や先年に比較した給付量
・専門科に従って待機された当為容量に対する現在容量の偏差
・評価値に対する現在の切開・縫い目の時間の偏差、平均とそして累積
・第1地位の割合における安定性
・第1地位および日々の経過における延期
・専門科ごとの手術室の満足感

表Ⅲ-1-2　日々報告の例：日々経過における交代時間（UMGのOPマネージメントの日々コクピットからの抜粋。一部省略）

2009年11月4日（水曜）		待ち時間OP開始目標=0分				交代時間感覚脱出45分以下				交代時間手術の介護目標45分以下							
眼科	22	0			0				0	25							0
	23	15	5	9	29	23	23	15	0	45	30	28					0
		0	0	0	0 0 0					22	10	36	21	19	15	22	0
呼び出し	10	0			0	0			0	20							
	3	0			0	13			0	33							0
	9	0			0	10			0	20							0
CUNF	11	0	0	0	0	27	16	33 44	0	32	25	20	34				
	15	0				25	23		0	35	29						0
FRAU	6	0				29			0	39							0
皮膚科	4	12	0		12	21	9		0	22	32	29					
耳鼻科	8	0	10	16	26	26	24	30	0	24	39	25					
	7	0	0		0	19	14	28	0	23	16	16					0
泌尿器科	2	0			0	22			0	27							0
	1	5			5	29			0	28							0
					86				18								26

104分遅延全体　　　　　　　　　　　　　　　ゲッチンゲン大学医学部のOPマネージメント
1、7時間遅延全体
33　OP交代評価
3、2分/OP交代

・当為の手術室オープン期間に対する、現在の手術室オープン期間の偏差
（専門科や週の日による）

4）指導とコミュニケーション

　すでに言及したコミュニケーションの喜びと並んで、OPマネージャーは指導の質についても自由に用いなければならない。OPマネージャーの指導様式に対するしばしばの批判は、チーム志向の欠落である。チーム志向の指導様式が20人以上の協働者による範囲には不適切であることは、一義的にはっきりしている。

　その限りでOPマネージャーは公式指導の原理に結びついている。それに従って、彼は自分の期待の姿勢は個人的な人格に向けられず、個人の機能に向けられている。相対的給付能力に見積もられるのではなく、保証される機

能記述からの最小履行が求められる。それによってOPマネージャーは、彼の任務を様々な資格段階の、位階制について互いに関連している機能所有者に結びつける。公式指導はチームにおけるよりさらに多く、OPマネージメントの取決め、定義そして目標についての透明性を要求する。

この技術的また冷静に感じさせる公式の指導様式は、独立を守るためないしはOPマネージャーの客観性を維持するために本質的である。

あるOPマネージャーは、日々の相互作用における協働者にとっても社会的資格および人間的暖かさを体験しうるときにのみ、変化のプロセスを輝かしく実施させるだろう。マネージメントは、信頼に満ちた協働の経験なしには、必然的にもかかわらずOP領域においてプロセス経過について不安に取りつかれた変化から成功しないだろう。

2. 資材の論理学

病院の経営成果にとって、人事費用はその中心的な意義をもつにもかかわらず、OP経過そして同時に資源を大切にする経営にとって資材の準備は中心的存在である。OPによる介入費用のおよそ25％は、これに必要な資材の論理学の取り分である。これはその際、投入された資材そのものばかりではなく、資材準備における問題や不足も含む。単なるOP器材の欠陥が、ある研究においてOP経過における延期のための原因として、症例の11％において確認された。

手術のため、様々な資材と多数の器械が正確に定義された時点で必要とされる。これは異なる論理学システムを扶養の安全のために前提とする。

投入された生産物は、その自由利用性に関して2つの下位グループ（一度生産物と再利用できる医学生産物）に区別されうる。一度生産物として、薬剤がある特別の位置を占める。

1）薬　　剤

薬剤のこの特別な位置は法的な規定に基づく。というのはその注文が一つ

の医師の開放に繋ぎ合わされ、また同時に自動化される手続きに限度が置かれているからである。特別の医師の指示に従って注文書類も備蓄や使用も同様に、個々の手術による診療所に結合されている。薬剤のもとで麻酔剤は再度特別注文を受ける。というのは、麻酔剤法の12条および13条それに麻酔剤処方箋規則（BtMVV）には、特別な要求が規定に置かれているからだ。また配分システムや備蓄は特別な安全基準を満たさなければならない。さらにBtMVV 13条には、利用についての指示が置かれている。

2）一度生産物

一度生産物の準備の多くは、診療所の設備において薬局や中央購入によって規制される。OPマネージメントにとって重要であるのは、この関連における生産物の準備の様式ならびに時代に即した扶養の保証である。一度生産物はたいてい無菌で配送され、またOP諸科ならびに貯蔵所センターにおいて管理統制される。

保管

一度生産物による扶養の場合、経済上の観点のもとで結合された費用を可能な限り低く抑えるために、大規模な数の保管はOP諸科において避けることが顧慮される。2つの競合する補完システムモデルは原則的に区別される。本質的な識別のための特徴は、システムの根底にある要求する権利である。古典的保管はOP諸科の扶養の安全に焦点を合わせる。それに反して変調の扶養システムは、付加的にある資源を節約する人材の投入、また結合された費用の低下を追求する。

古典的な保管

OP諸科における一度生産物の大量の貯蔵は、過去の診療所において広く行われ、そして現在でも同様である。この原因には、いつでもOP室は利用者の希望に応じて、資材が少なくてOP中に躊躇させるリスクのないように、装備しうる意図が常にある。保管と注文制度は、注文制度に責任のあるまた保管状態の手入れを引き受ける機能職務OPの協働者によって調整され高められる。

しかし費用圧力のときに、広範な保管によって生じた費用の著しい関与を引き起こすことは時代遅れである。むしろ知識ある論理学によって、状態を削減し、またそれにもかかわらず OP 諸科の扶養の安全を保証することに貢献する貯蔵システムが証明される。一つの比較しうる手がかりは、生産業における"ジャストインタイム発送"の構想によって実践される。

等価値のある意義があるのは、保管が組織されるので、機能職務が保管手入れの仕事から広く負担が緩和されることである。というのは、この任務は身分の低い資格をもつ職業グループによってももたらされうるからだ。それによって達成された機能職務の時間の負担の緩和により、直接の患者扶養ならびに交代時間の最適化に時間をつぎ込まれる。

この要求の実現化のための論理学的手がかりは、差し当たり入院の患者扶養の範囲において創立された。その挙げられた組み立ての扶養システムは、定義された数量について定義された場所で、すべての保管生産物を貯蔵することに基礎を置く。

変調の扶養システム

変調の扶養システムは、保管の細分化を同一の変調といわれる下位の単位へのその名前におかげを蒙っている。このシステムの目標は、保管量の低下と同時に、保管の一つの標準化である。変調システムを設立する前には、1 週間の時間的経過における資材需要の正確な把握が欠かせない。それに適応した最小限の保管状態と扶養安全を同時に維持する場合に保証される扶養サイクルが設立される。備蓄の組み立ては、特別の医学的な予備認識なしに、場所の事実への指示に従って挙げられた作業を実施する扶養の助手たちによって行われる。

商品の委託化に関しては、その時々に異なる有利と不利をもつ 2 つの変形が識別される。

両者のシステムは、2 つに分離され容器に入れた保管が行われ、それらのうちの一つが使用備蓄として、もう一つを第 2 の予備備蓄とする形式に基礎が置かれる。

中心となる委託化システムの場合、扶養の助手たちによって空の容器が集

められ、また商品備蓄センターにおいて前もって詰められた籠と交代される。それは今や新しい予備の備蓄となる。以前の予備備蓄が今度は使用備蓄になる。すべての保管の容器はこのシステムにおいて一つのバーコードによって管理され、それは一面で品物の種類と量がコード化され、また他面で現在位置をOPにおいて規定する。必要とされる商品の種類や量は集められた保存容器によって決定されるので、このシステムの場合、追加の注文制度の必然性がなくなる。デメリットは運搬手段や保管容器の高い需要である。というのはいっぱい詰まった籠の輸送には大きな場所の需要が生じるからである。

二者択一的なもう一つのシステムの場合、在庫品のための情報はOPにおける扶養の容器に取り付けられるバーコードで管理されるシステムが利用される。商品を取り出す機能人材が、もしある注文の経過が呼び起こされるならば、このバーコードカルテを遠ざけ、そしてそれをある定義された場所に供託するのであれば、たいてい戸棚扉の内側に置く。扶養の助手たちは備蓄の吟味の際に、いま必要とされる資材の需要を認識し、これに相応して満たすようにする。同時にバーコード情報に精通して後の注文を呼び起こす。このシステムはわかりやすく、わずかの場所の提供によって、OP備蓄ならびに輸送チェーンにおいて足りる。しかし扶養の助手たちの資格への要求に関してお金がかかる。このシステムは費用面で有利であり、また比較的早く転換しうるので、変調の扶養システムを設立したたいていの診療所においては優遇される。

この貯蔵されている種類以外に、非常に費用集中的にあるいは相対的にまれに必要とされる品目があり、たいてい委託商品として会社から直接に使用する諸科にひき渡され、またそれゆえいわゆる"走り通す"と呼ばれる。この特別の商品の注文には、高いレベルの医療上および技術的な専門知識が求められるので、そのための資格ある機能職務の責任においてそれを設立することを勧める。

委託の貯蔵

委託の貯蔵は、空間の大学付属病院において維持される一つの納入者による貯蔵である。利用の時点で商品の引き出しによって初めて計算注文による

事実的な納入が解決される。この処置は利用者にとって積極的である。というのは、実際に利用される資材については支払われなければならないし、また資本に結びついている保管は問題にならないからだ。

準備

一度生産物の準備は、OPに関連して機能職務OPによって直接一つのOPを前に行われる。その際必要な資材は様々な備蓄から取り出され、また一つのセットに集成される。この処置の仕方には多くの問題がある。諸剤の機能職務による準備は、時間集中的でありまた高価である。というのはある高位の資格を有するグループの労働者をそれと結びつけているからだ。一層広い問題は、利用される資材の症例関連的なふるい分け、そしてすべての利用される資材の個別把握が要求する費用を表現する。症例に関連した費用把握の単純化のために挙げられた症例分野が議論の対象になった。これは、ある備蓄において以前に確定された症例特殊な要求に従って、利用者によって確定した特別の願いの顧慮のもとで委託され、そしてOPのために準備されるべきだろう。症例分野においてすべての必要とされる材料がすでに把握されているので、個別証拠資料の必然性は解消する。ただし、規定された標準に付加的に必要とされる材料については、なお個別に把握されなければならない。症例分野構想は、外部への委託によってOPにおける保管のさらなる低減を可能にする。経営経済的視点から商品準備のこの様式は、有利になるテストであるといえる。症例の車構想に対してそれと結合した柔軟性での損失が、日々のOPルーチンにおいて語られる。特に、一つの安定し、信頼できるOP企画が絶対に必要である。というのは、このような時代にふさわしい分野の準備のみが達成されうるからである。生命の緊急事態の扶養は、このようにして困難なものになる。

さらに、急速なOP技術の進歩が資材需要の永遠の変換を要求する。それによって症例分野編成のしばしばの適応が必然的に求められる。上に挙げた理由から、この構想は計画されない緊急手術の一つの重要な持分と共に、救急病院においてはまれにしか利用されない。

3）再活用できる生産品

準備できる医療生産品、特に OP 器具および、再活用できる麻酔器具一式についても、独立の経営形式を必要とする。

この生産品は殺菌諸科における処置後に保管され、そして使用者に再び自由に用立てられる。

過去において、増加する費用圧力によって多くの診療所では、人件費の削減と共に、人事集中的領域ならびに建物の清掃および中央滅菌優秀扶助科（ZSVA）のように、人事集中の領域でのアウトソーシングが行われた。その際、"古典的"アウトソーシングとしてサービス給付のある外部の提供者への完全な譲渡が行われた。これは診療所の扶養者に対する相当に大きな依存を引き起こす。同時に、特に新しい OP 技術の採用の場合、新種の生産物のある準備が、扶養の問題にもなるという結果を伴う。それゆえ委託の形成に従って、職務者に適切でなく準備され、傷つけられ、あるいはすっかり駄目になった器械に対して責任を負わせる可能性が存在するに違いない。

ひとつの代替案は病院独自の姉妹会社の設立であり、そこに必要な協働者と生産手段を移す。アウトソーシングのこの形式の場合、診療所はその GmbH の参画によって扶養構造への影響を受ける。姉妹会社はその協働者と独自の契約を締結するが、その権利基礎は公立の使用者の賃金契約によって特典を与えられない。それによって人事費用の削減のための可能性が開かれる。この医学生産物扶養の理想的な解決は、しかし公共的権利の公益の施設では可能ではない。ただ公益の GmbH 設立（gGmbH）が許されるのみである。統制権の公益性の指示も、サービス企業の場合には可能ではない。

法医学の基準

医学的技術的な進歩と新しい病原体によって、医学生産物の準備の要求は常に広範囲なものになる。

伝染病予防法（2001）4 条および医学生産物従事者規則（2002）4 条

ロバート・コッホ研究所（RKI）は、連邦健康衛生紙に広報される医学生産物の準備のための一般に有効な基準を発行する。医学生産物の個別の歩みについての詳細な解説は、DIN 規定に基づいて行われる。医学生産物につ

いての無菌は，DIN EN ISO 14937が適用される。消毒や殺菌の要求は，prEN ISO 15883に定められている。

SGB V 135a条以降および137条以降は，この関連において品質マネージメント（QM）の確立を要求する。ここから，すべての準備をする医学生産物を把握し，また特殊な準備の手続きを分類する，一つのQMシステムの展開のための必然性が導かれる。これには差し当たり用具のグループ分けが準備の要求に関して行われる。

生産物の分類

医学生産物のランクづけはRKI（Mielke等2001）の規準に従い行われる。表Ⅲ-1-3はリスク評価と医学生産物のランクづけについての一覧である。

医学生産物の生産者は，妥当な準備に対する表示を自由に用立てることが義務づけられる（DIN EN ISO 564）。それゆえ医学生産物の調達前に，すでにこれらが手もとにある構造によって妥当と準備されうるか吟味されるべきだろう。

医学生産物従事規定4条2項によれば，消毒，殺菌および無菌は適切な，法的に有効な手続きが行われるので，この対策の結果は共感しつつ理解しう

表Ⅲ-1-3　医学生産物のリスク評価と段階づけ

段階づけ	医学生産物（例）	特別の要求
無批判	例　EKG電極	もっぱら消毒／殺菌
副次的批判		
A．特別の準備への要求はない	例　腔内などの検査をする器械	検査される手続きにより少なくとも殺菌
B．高められる準備への要求によって	例　柔軟な内視鏡	器械による消毒／殺菌を優遇
批判		
A．特別の準備への要求はない	例　創傷	器械による消毒／殺菌，蒸気殺菌を優遇
B．高められる準備への要求によって	例　MiCトロカール	必然的に器械による消毒／殺菌，蒸気殺菌，一般に認められた職業教育を受けた協働者の証明
C．特に高められる準備費の要求	例　柔軟な総胆管鏡	適切な殺菌 品質マネージメントシステムの証明

る保証がなされる。各々の医学生産物にとって、すべての準備の歩みは確定され、それぞれの処置結果については、毎年行われている信頼性を確認する処置によって検証される。

再準備の二者択一

医学生産諸商品の再準備のための二者択一として、一度生産物の二者択一の投入の検査は推奨される。価格や利用頻度に従って一度生産品の交替は費用を引き下げうるものである（下記、実務からの例参照）。

殺菌論理学の組織形式

医学に使う生産物の再準備のための論理学は、分散的あるいは集中的形式において実現される。分散的な手がかりの場合、利用者の近くにサブ殺菌運営が設立され、それによって輸送の必要性がなくなり、また医学に使う生産物の急速な準備が行われうる。

集中的な殺菌に適した扶養科（ZSVA）の設立は、人事や器械の資源を束ねる中で設立される。その場合輸送システムの設立は甘んじて受け入れられる。あるZSVAは道具費用の低下を伴って起こる。というのは、道具のより効果的な使い方がより少ない需要に導き、また各調達の利用、保守そして有効性の費用が低下されうる。同様の仕方で人事需要の低減が果たされる。集中的経営の場においては、そのうえ統一的なQM標準の保証が容易になる。

　あるZSVAは器械によるまた人事による費用を低減しまた品質マネージメントを容易にする。

　不利：必然的な輸送論理学。

準備

再選別しうる医学に使われる生産物は、たいてい直ちに投入されるかあるいは貯蔵されるか手術科への選別へ運ばれる。

しかし、一度生産物に相似して外部の貯蔵や、ある症例の車（"準備"、本書257頁）における委託のわずかしか利用しない可能性も成立する。

実務からの例

一度および多数生産物との間を比較考量する経済的な重要性は、次の例か

ら明らかにされるだろう。喉頭マスクは、双方に挙げられる多様性において用立てられる。多数生産物のモデルは、およそ150ユーロからの一つの調達価格をもち、また30回使えるように準備されうる。その際、1回の準備当たりの費用はおよそ3ユーロになる。これによって30回分の投入費用は合計で240ユーロとなる。それに対して当時のおよそ5ユーロの単価の価格の場合に一度生産物は150ユーロの費用が成立する。一度生産物に対する多数生産物への置き換えは経済的に意義がある。

2章

薬事の論理学

1. 薬剤による扶養の目標

　科学的な文脈において慣例の論理学の概念規定は、一般に調達、保存、内部の持ち運びならびに内部の扶養や廃棄物の処理のプロセスについて、広範な経営の水平機能が最も組み入れられる組織企画において包括する。

　具体的な境界の設定は、保健衛生の経済的規則を越えて、その間に薬事の論理学を記述する。

　これは、その限りにおいて明らかに予約された薬剤の引き渡しの、単なる申請以上のものである。それはすべての職務給付、正しい薬剤が、適時にまた申し分のない品質において—すべての専門的および法律的付帯条件を守りながら—経済的また合理的に自由に用立てられる。

　病院において正規の手続きは、需要への適切な対応、また経済的な扶養のために不可欠であり、すべての治療、重要な薬剤の利用のために存在する。

　薬事の論理学は、投薬プロセスの全体において薬剤治療の避けられるリスクを削減させるため、責任ある印をつけ、最適な薬剤扶養の目標に役立つ。

6R 規則
1. 正しい薬物
2. 正しい時点
3. 正しい用量
4. 正しい調合
5. 正しい提供
6. 正しい患者

2. 薬剤調達と保存の観点

1) 製薬の購入

　薬事の論理学全体のプロセスにおいて、すべての影響要因が効果的かつ密接に関連し合うよう保証するために、原則的に放棄することのできない前提の最初に来ることは、薬剤購入の領域において必要な専門的資格をもつことである。

　薬事購入時の本質的な手段として下記が挙げられる。
・製品の標準化
・薬の量の包装
・納入者の集中

　製品標準化のための選択決定は、目標に応じて異専門間にまたがって組み立てられ、薬剤治療を専門科学的かつ経済的観点から最適化する専門委員会、すなわち薬剤委員会の意思決定による。薬剤師はその際、議長あるいは業務指導者として、薬剤治療において生じる変化を認識・分析する任務をもち、責任ある医師とともに議論し、そして薬剤委員会における意思決定を導き出さなければならない。

　購入時の最適な薬剤選択は、はっきりと一般的な薬剤治療の安全性に対し重要な観点から判断するための能力、および薬剤経済的な問題設定の評価のための専門的な資格が要求される。

　薬剤経済的側面から、投入や効果のための全体のデータや事実は、薬剤によって評価されなければならない。それによって基礎にある恒常的なプロセスにおいて、費用─効用─関係の問題設定を薬剤について回答しうる。こうして専門家の薬事の購入に関して、外部提供者の業務および情報政策から独立して署名され、また病院において、客観化しうる自己の治療および経済的な意思決定の、主権を確保する。

　臨床上、治療上の側面で、その薬剤治療の安全性の観点からの影響も、各々調達の意思決定に加えられなければならない。

変換のための助言
- 徹底した薬剤業務委託を作成、実行する
- 取引先名の類似（"似た名前の誤り"）および外観の包みの類似（"うり二つの誤り"）
- 明確に標識をつけて、薬剤の濃縮や絶対的服用量による体内導入の際の安全
- 薬剤条件付きの問題を把握するため内部の報告システムの作成実行

補足として、薬事の購入の枠内におけるすべての調達意思決定の場合、薬剤経済学と薬剤安全との間の結合部での広い要素が顧慮される。

- いくつかの品質規定パラメータ（内容物質、生産立地、供給安全、納入能力、輸送品質、包装適性等の薬剤ならびに生産地の結合）について個体ごとの委曲をつくした検査
- 許容された適応および知られている副次および相互作用の潜在能力の評価
- 薬力学的および薬理動力学的パラメータの評価
- 継続的に即応させる納入業者評価
- 商品の在庫過剰
- 治療等値の薬剤間の選択の際の適用コストの比較
- 可能な副次作用を治療費、寝椅子時間とリハビリテーションについて考慮する
- 内部で作成された治療方針との調和
- 積極的な治療協議によってすべての節約可能性を汲みつくす

2）薬局における備蓄

全体の処置的プロセスの治療による成果は、さらに必要とされる薬剤需要に合った給付しうる内部の扶養品質と、また規則的に意のままにできることとが分離せずに結合されている。

最適な製薬の備蓄の目標は、それぞれの扶養リスクを排除しつつ質的に価値の高い供給能力をもつことである。二次的にはそれに加えて、間接的に、

費用についても誤りのある保存をもとに避けられる。

この場合発生する目標のコンフリクト―まさに間接的に患者扶養の領域において―は明白である。例えば高い保存状態は、なるほど規則的に計算上の費用リスクを規定の不足量をなくすことによって避ける。またそれゆえ恒常的な納入準備を増すことになり、それによって自動的に倉庫保管の費用が高くなってしまう。

変換のための助言
・現代の病院特殊の商品経済システムを、徹底した製薬の保存論理学の情報を基礎として作成実行する
・商品販売委託に関する設立によって倉庫保管リスクの移転
・内部の保存や納入プロセスに関する、隙間のない品質マネージメント

定められたプロセス目標測定の枠内における倉庫保管の継続的な費用計算は、規則的に最適化捜査のため操縦手段として投入されるべきだろう。

疑いなしに、恒常的に高まる医療の処置の複雑性や集中的な手続きの緊張分野において、それに必要な貢献をするために、柔軟かつ現代に即応した、そして常時確実な薬剤扶養の高度効率的な保証人であることが、現代の病院薬局の要求である。

薬剤に関する現代の知恵の優れた貯蔵は、継続的な最適化、短いコミュニケーションの方法、また常に柔軟なそして現代に即応した反応を確実なものにするために、医師と薬局間の恒常的な対話を前提にする。

3. 伝統的な薬剤扶養

1) EDVに支えられた商品経済システム

薬剤に関する手書き記入は時間と金銭を結び、そして非常にリスクつきである。

個人的構成や組織に左右されずに最適にする薬事の職務サービスは、今日ではほとんどわかりきった完全統合された病院特殊な商品経済システムの機能性を、広範囲にわたる病院情報システムの部分として、あるいは異種間の

結合部分として、当然のことと仮定する。

　この基盤により、一面では—今日的としてそのつど可能である限り—メディア解消自由にプロセスチェーンがサービスを求める、消費職位に結びつけられる。また他面では、論理学的な熟練労働に分類される（需要企画、電子工学の在庫指導、勘定検査、内部の費用職位記帳等）すべての経過を満たされる。

　さらに顧慮されるのは、専門慣例に行われる、ないしは場合によっては病院個体の補充要求も、あるいは利用者特殊の決定もある。それらはたいてい特殊な補充ソフトウェアに付随して提供される。したがって常に別々のEDV利用の包括的な可能性が、あからさまの接点構想の枠内において与えられる。

　臨床上薬学的な職務サービスポートフォリオの領域にとって統合された解決が、プロセス志向のイラスト、あるいはいくつかの特殊な視点の補足的なつなぎ止めを顧慮するように注意されるべきであろう。

　起こりうる例を特に挙げると、

・官職管理と患者関連の官職に逆戻り
・適応グループ分類（"赤色リスト"）
・費用担当者勘定
・患者個人の消費データ分類（そのほかDRG売上金の重要性）
・患者個人の注文要求（例えば無菌性の準備）
・CPOES（コンピュータによる医師注文入力システム、CPOES）

　消費場所関連でメディアを破損しない薬剤注文の基礎は、病院の薬剤委員会によって証明されたすべての薬剤についてまとめられる。これらから毎日の電子工学的注文（予約）は薬局のために行われる。

　電子工学の家庭リストにおいて保管してもらえない製剤の注文要求は、ある特殊に定めた権利システムの援助で、いわゆる特別要求として患者名と配分量報告と根拠づけられた適応症の報告のもとで行われ、そしてある薬学の納得性統制の納品に対して受けられる。

2）伝統的委員会の手続き

ドイツ病院薬局連邦連盟の今日的調査によれば、すべての病院薬局の約85％が目下日々伝えられる注文要求について、純粋に手作りの専門化を実施する。

この場合、薬局において専門化する職員に、保管場所、内部の物品番号および注文量を含む、いわゆる入念なリスト、あるいは委託取次業者のリストが用立てられる。

交付された薬剤注文は手書きでサインされ、または委託取次業者リストを保管管理システムに返したことを報告する。

専門化する職員の人間の失錯行為により、一方で安全な患者扶養は妨害され、他方、これは棚卸しでの不足につながる。

ゆえに手書きによる作業経過においては、しばしば正確な資材の取り出しを担保するために自動的に誰であるかを確認することや、データ把握の様々な手続きによって作業状態が補足される。

支援する可動性のデータ把握による手作りの専門化の場合、委託人のリストは通例移動受信機（MDE）に示され、そしてMDEへの正確な取り出し量がそのたびいつも証明される。たいてい正しい専門化の補足の再検査が、継続的な非プロセス統制の意義において何を可能にするか。この機器にはバーコードスキャナー（読み取り装置）あるいはRFID（Radio Frequency Identification）読み取り器を組み合わせる。

変換のための助言
・薬局特殊な現代的商品棚補完システムの投入
・統合された自動的なコンベアーベルトの最適な補足
・最終統制における適切な認識システムの最適な補足

3）自動的な委託人手続き

自動的な委託人システムは、委託人への依頼が直接の手作りの作用なしに完全に加工されたものによって特徴づけられる。このようなシステムにとっての現実化の例は、自動委託人あるいはロボットが表現する。

自動委託人装置は、様々な技術的変化の中に投入され、また継続的なフル稼働の場合その高い給付能力によって際立っている。むろん必然的であるのは、利益が常にあるシステムのフル稼働に結びついているからである。したがって動揺する利用は、まったく問題のある評価にされる。

テクノロジーは、特に委託当たりの同じ商品の限定的数の、中ぐらいの取り出し量がふさわしい。

商品を大きく束ねた物は明らかに効果的に手で委託されうる。

委託自動処理は、それゆえ大多数にわずかしか委託当たり商品を設計しないのではなく、一定の消費をもつ商品の配分について様々な委託に設計される。

自動的経営の限界は、もっぱら現代の保管の場合と同様に、自動的に追加して満たされることの中にある。

4. 薬剤にとっての変化扶養

変化（モジュール）の扶養は、医療の物的需要の領域において、特に医学成果に関して病院において確固たる地位を占めた。一定の条件のもとでこの扶養は薬剤にも適切である。特に入院処置や新施設の場合、薬剤制限はほとんど変化の制限として並べられるべきである。

1) 目　　標

変化の扶養によって次の目標が追求される。
- ・標準化
- ・入院の貯蔵の低下
- ・入用調査、注文および賞味期限の日付統制に関する介護職務の軽減

薬剤扶養の本質的リスクの源は、生活のしがらみと患者との間で起こるプロセスの場合にある。それゆえ変化扶養に関しては、もっぱら注文や納入経過の改善が求められるが、薬剤治療のリスク削減は何ら期待され得ない。

2) 適　　用

　供給チェーンマネージメントの意義において、薬局はロジスティックなプロセス責任を生活のしがらみまで、入院に関して引き受ける。継続的な入用調査ならびに補充そして生活のしがらみ（賞味期限の統制、商品在庫における変化の際模様替えをする等）の介護が薬局によって行われる。

　変化の扶養は、商品にとってよい適量の前もっての精度、わずかの需要の揺れによってそして地域において低い特別願いのシェアによって取り入れられる。例えばそれに当てはまることは、

- きっちり書き換えられる商品在庫を持つ（例えばOPや麻酔）領域
- 存在する電子工学の要求システムと並んだ基礎扶養の商品
- 存在する1個の容器─扶養と並んで需要─や緊急投薬法の扶養

3) EDV技術的諸前提

　様々なソフトウェア企業は、収納棚管理にとっての解決を提供する。理想的な方法として、納入棚管理は病院において適用される資材経済システムの一つのモジュールである。ほかの場合には、異質の結合部が資材経済システムのために創造されなければならない。他の資材グループ（医学商品）にとっても、投入されるソフトウェアを適用することが提供される。

　薬剤扶養や、モジュール扶養の場合も薬剤処方規則が守られること、すなわち処方義務の薬剤の納入は、もっぱら医師の規定の結果にならなければいけないことが注意される。ソフトウェアは認可に応じて職場フロアを支援しなければならない。

　薬剤、特に口腔に入れる薬剤は、小さな測定を有しまた個々の器による包みで市場に存在するので、詰め先で包装以上に行うのはしばしば当を得ていない。古典的なカンバンシステムでは、計画した在庫が2つの部分に分けられる。そしてモジュールアシスタントが分類棚をスキャナで読み取るが、それは薬剤の場合には利用できない。ゆえにEDVシステムは、介護職務がモジュールアシスタントに後日納品する必然性を知らせるカードシステムを支えなければならない。

カンバンシステム：この場合、製造や調達経過のある結びつきに基礎を置く、生産における資材の流れを操縦するための手続きが扱われる。内部経営的適応においてカンバン手続きは、内部の顧客と納入者の関係について原理の、一貫した置き換えを基礎にしている（Töpfer, S. 882-883）。

変換のための助言
・扶養される一部領域の協働者と結託して、種類と量による棚の初期装備の確立
・当為在庫の納入リズムの調整
・医師認可の職場フロアの確立
・すべての参加する職業グループのための任務分類と共に作業指導の作成
・協働者の訓練

　自己の経験によれば、導入は網目を細かくつけ加えることが重要である。なぜなら比較的簡単な手続きの置き換えの場合でも、棚は病院の職員によって並べ替えられることが実務において再三生じる。たとえそれがすでにスキャンで読み取られたり、また出荷の途中であったり、あるいはカードが取り入れられないとしても、薬剤は他の方法で追加注文される。その結果、薬局の納入はもはや行われない。

5. 患者に関係する薬剤扶養

1）目　　標

　患者関連の薬剤論理学は、すべての論理的なプロセスが医師の処方から導かれるビジョンに従う。薬剤扶養は、媒介物解消なしに閉ざされるプロセスとして、統一的な EDV システムによって表される。この革新的な扶養形式の目標は、専門においてリスクがしみついていると認識されるプロセス処置、処方箋、音声記号への転写、売買の委託化、そして配分を再編成すること、またそれによって、正しい薬剤を正しい時間に正しい適用量を測って配分し、正しい薬物形式において正しい患者に適用されることを守ること、である。

　患者関連の薬剤扶養は、すべてのプロセス開始から退院投薬法まで取り入

れ、また統一的な EDV システムにおけるその模写のもとで、病院における薬剤治療のリスクの削減のための有効な手段である。

2）単位の服用量投薬法プロセス

統合された医療の職場において、医師は彼の患者に薬剤について電子工学によって指示する。それゆえ彼は手元の薬剤リストに手をつけ、また通常の適用量を測って配分・指定し、副作用および相互作用を把握する。処方は医療の薬剤師が了解し、そして折に触れ質問をはっきりさせたのち、薬局での処置に任せる。

薬局は論理学上のシステムを自由に用立て、それによって患者のため指示された製剤の構成が決められる。固形の経口の薬剤は、患者ごとに個々の単位服用量として包まれ、バーコード化され、そして服用指示によって行われる。他の物は別々に適用量が測られ、患者ごとに配分された薬剤（アンプル、小びん、完成注射、注射器に薬を含ませる等）が介護職務の手に渡される。

ただし、個人ではなく適量で投与される点滴装置、輸液等、ならびに必要投薬あるいは緊急のための薬剤のような形態の物は、病院の科で蓄えられている。

納入リズムは薬剤治療の集中性や可変性に向けられる。外科医的、老人医学的あるいは精神医学上の部署の場合、日々の納入で足りる。一方内科医および集中治療部署の場合、1 日に何回も納入することが必要となる場合がある。

規則納入は、家の論理学に何ら特別の要求を立てるのではなくて、病院において設立した移送システムについて行われる。至急や特別納入にとって、特に新規納入の場合、高圧で書類などを送る気送管郵便システムの現存は非常に役に立つ。

薬剤投与の証拠資料は、診療所職場システムにおける処方に関して利用される。必要な場合、官職表示はこの地位で把握される。理想の仕方でこの証拠資料はバーコードによる投薬確認システムによって、また患者のブレスレットによって支えられる。

3）EDV 技術的諸前提

持続的な構想の変換のための本質的な一つの前提は、包括的な臨床上の職場システムである。その中ですべての職業グループが働いており、またその中で電子工学により患者行動が写し取られる。

電子工学的な処方をまれに挿入したり、他のプロセスを紙上にそのままに移したりすることは難しいことが明らかになった。全体のプロセスが電子工学的に模写されるときに、はじめて電子工学的処方が医師のところで受け入れを見ることになる。

残念なのは、目下、薬剤処方や証拠資料システムを包括的に模写する状態に何ら KIS がないことである。薬剤のプロセスは多層であり、腫瘍学、小児科学、集中医学あるいは救急車（処方圧力）において極端に特殊化される。ゆえに商慣習上の処方システムは、もっぱら部分領域を満たす。このように、一つあるいは多数のシステムを KIS や資材経済の接点によって結合することが必要である。

4）自動的な棚システム

単位服用量論理学に対する代替案として、薬剤を患者関連に自由に用立てるために、自動的な棚システムが利用され得る。諸棚は固有の棚管理のソフトウェアによって設備され、それは接合点について家の処方システムおよび資材経済と結合される。棚における存続は自動によって押し出された集合注文について薬局によって納入され、そしてしまわれる部局の在庫である。部局の職員は、それぞれ取り出す前に自動装置に申告される。患者の選択後、引き出しを開くと、その中には患者のために処方された薬剤が入っている。取り出す際には、補充委託の内部の存続指導および作動に何が役立つか受領のサインをしなければならない。

この方法で患者に対する薬剤の記帳の分類は保証される。正しい薬剤は正しい容量を測った配分になり、そして薬物形態は自由に用立てられたことが確実なものとなる。しかし、自動装置は何ら患者関連の薬剤の説明を書き入れることをしないので、薬剤の患者に対する正しい分類は、技術システム的

に確実なものになっていない。

　一つの棚自動装置を構成するためのプロセスは、介護職務にとって申請と選択の過程を基礎に長い時間を要する。多くの患者のために一つの棚自動装置しか存在しない場合には特に。

　自動装置の棚システムにとっての投資費用は高い。なぜなら扶養される病棟１棟につき少なくとも一つの棚が購入されねばならないからだ。棚システムの場所の需要も考慮に入れなければならない。このような理由からこのシステムの投入は、むしろ特別の適用にとって、例えば麻酔剤論理学のように大きな集中病棟あるいは病院の緊急貯留において、考慮の対象となる。

変換のための助言

- 電子工学上の病人行動に変換が起こる場合、患者関連の薬剤扶養の採用が検討される。単一の採用は問題である。
- 採用は、参加するすべての職業グループにとって高い変化準備を要求する医学専門間にまたがるプロジェクトである。臨床研究執行部の完全な支援が絶対に必要である。
- 医師や介護職員は、準備段階において集中して処方箋および証拠資料システムの扱いについて訓練されなければならない。
- 扶養は一つの大改革によって導入されるのではない。２週間で入院の次に続く接続が実務において実現できるとして証明した。
- 病院の論理学的システムの選択の場合、経口の投薬法は患者に渡すため、非経口の投薬法は薬を調剤するために、介護職務が離れたところで包むことが可能であることが顧慮されるだろう。切断された包装のプラスチックの納入は、実務において不快と示された。
- 投薬プロセスの日々の監督のため、クリニックの薬剤の投入は薬剤治療安全のため決定的恩恵をもたらす。

補論

高齢患者のための給付の展開

概　　略

　統計連邦局により年々出版される手続き統計を基礎に、2005年から2010年にわたって病院においてもたらされた給付の展開が分析され、また可能な展開の原因が論議される。75歳以上の高齢患者の年齢グループも、より若い年齢グループもほとんど同じ過程の数量展開が見受けられる。しかし卒中の発作あるいは多面抵抗性をもつ細菌による感染の場合、あるいは脊柱、複合体治療の介入のように手術あるいは高齢者の場合に、極小侵入の心臓弁脈スペアでは他の高齢患者のグループよりも強い住民関連の増加を示す。しかし人口統計上の効果によって観察される量的効果は、解明されていない。それには保証システムの証拠資料効果、作用、医療上の進歩および変化した治療方式が考察されなければならない。

1) 入門指導

　毎年統計連邦局は、保健衛生報告の枠内において病院における給付展開の包括的な資料を公表する。この数年来、入院の条件のもとでもたらされる医療的処置の増加傾向が載っている。これに対する事実として、ドイツの継続的に減少している全体の人口がある。しかしながら人口の展開を高齢グループに分けて考察すると、減少しているのは、特に児童と若い成人のグループであることが認識できる。一方40歳からの年齢グループにおける人口の数は最近では継続的に増加している。年齢と医学的給付利用の間の積極的な関連は、十分に知られている。このようにドイツにおける人口統計的な変化は、

病院において高まりつつある給付産出についての可能な解明でありうる。

　この寄与により、いずれの範囲において医学的な給付が老齢の病院患者のために変化したかの疑問について詳しく調べる。そのため特に老齢グループに従って区別され、産出された医学的な給付量の展開が調査される。さらに、人口統計的な展開と並んで医学的な進歩、新しい治療の知識の作成実行、あるいは 2004 年に義務化され、採用されている DRG システムとの関連で、経済的な事実も、著しい給付証明そのものにおけることや、病院における給付産出の頻度がどの程度まで影響するかが分析される。

2）方　法　論
a. 手続き統計

　基礎資料となるのは、連邦統計局（Destatis）によって毎年発表される手続き統計（OPS 統計）の 2005 年から 2010 年のデータである。これは 2007 年から 2010 年までの隆起の年をインターネットで自由に呼び出しうる一方、2005 年と 2006 年のデータ年は連邦統計局の紹介を専用に自由に用立てられた。この統計は症例一括概算額に関連した病院統計（DRG 統計）の抜粋であり、また章方式で診断、映像、手術、薬剤（2008 年以降）、非手術による治療の処置、ならびに 1 年間のすべての"完全入院"症例であり、それゆえ病院処置または外来の処置なしで症例に従って区別される給付資料を含んでいる。証明されるのは 4 つに置かれた手続きコード（2010 年におよそ 1500 コード。2005 年におよそ 1300 コード）が、種属に従って 5 年間隔で 21 の年齢グループに分けられている。

　データ選別の場合、ある展望の目的に対して情報不足は避けられない。病院における給付証拠資料は法律で規定されており、これをもとに著しく詳細に連邦統計局によって表され得る。通常の給付は、あとに続く例で明らかにされるように、5 つないし 6 つ置かれたコードにより証明される。手続き分類において、中間表題として予定されたコード 8-800 では、"完全血、赤血球濃縮および血小板濃縮の輸血"は、第 5 の位置において与えられた輸血の種類および第 6 の位置における輸血単位の量（TE）を含む。これはその限り

で個々に示された調査にとって重要である、というのはいくつかの給付量の展開の場合、いずれの給付が第4の位置の内部で、今具体的に症例数変化によって行われるかは確実ではなく明らかであるからである。それゆえ個々の第4の位置の区別された証明のため、追加で、KHEntgG 21条に基づきDGB協会によって毎年発行されるデータ公表に手をつける。この資料原理から、今ある調査において利用される連邦局の手続き統計が直接に導かれる。DRG研究所の資料公表がたとえ完全ではなく、DRGあたり20頻度の手続きに限られるとはいえ、それにもかかわらず手術と区別される指示を含む。こうして少なくともここで給付の配分に基づいて、4つの位置にあるOPSコードによって作られた手続きグループの内部で、特にどの給付がしばしば現れるかが判断される。例えば"輸血"を例に見ると、この方法で、DRG研究所によって公表されたデータにおいて、全体で62万5000件がコード8-800を挙げる（連邦統計局資料では約105万件である）ものの、うち2010年から約92％が第6に位置するコード8-800.cO"赤血球濃縮"の1TEから6TEまでが取り分になることが再構成される。

さらにこの給付量に、手続き統計の沢山の給付や、証拠資料方針が何ら異ならない表現である限り、多数ある症例の場合に把握されうることが気づかれる。このようにして図形による調査、例えばコンピュータ断層撮影法は、滞在の間に多数実施されそして次いでまた多数がコード化される。

b. 高齢者グループ

成果が見通せる叙述のために、5年の年齢が基礎になっている統計が強化され、20年のもとでの症例が分析によって閉ざされる。というのは、給付の多様性が成人のそれと特に高齢者のそれとで比較されないからである。特別の問題設定の場合、20〜39歳、40〜59歳、60〜74歳ならびに75歳とそれ以上のグループが形成される。

c. 給付の選択

対象となる給付の選択について、差し当たり絶対的な住民関連の給付変化が手続きカタログのすべての章について分析される。続いて手術の章の内部で変化が分離して考察される。2005年から2010年の間で最も強く絶対的な

住民関連の変化によって、いつも10の給付がさらに詳しく考察され、相対的な変化を基礎としてデータ選択によって予知される。というのは、この方法によって主な給付が非常に低い給付支払によって叙述に至っているからだ。さらに"統制"として、胆嚢適出術や虫垂切除術給付の場合、手続き展開が年単位で考察される。というのはこの給付の場合、その症例数展開が前置きにおいて呼ばれる諸要素によって影響されることがありそうもないからだ。それに、この手術は患者一人に対して一度きり実施されるものである。

さらに給付が考察されるのは、その場合2005年と2010年間の6年の期間について現れるのではなく、直接、ことによると証拠資料の経済的な動機づけに推量される次の年に目立つ変化があって明らかになる。

d. さらなる統計の考慮

1人あたりの人口統計的効果を見積もるために、表や図において給付数を、一方で相応の住民数が（2005年から2010年までのその時々の住民統計から）、そして他方で数に対するデータが、病院において完全入院として取り扱われる症例（表補-1、図補-1、補-2参照）に対比される（連邦統計局）。病院における外来の手術の枠内における展開の見積りのためのデータは、共同連邦委員会が機器を利用できる形に用立てるよう定めるSGB V 137条3項1節4番による法的な品質報告から要約して、引き合いに出される。病院の品質報告の完全な不変の表現は、共同連邦委員会のウェブサイト（http://www.g-ba.de/）のもとで明らかになる。

表補-1　75歳以上の高齢者の指標

年	75歳以上の高齢者のグループ				
	住民 （百万）	病院症例 （百万）	住民1000人 あたり病院症例	把握された手続き（OPSのすべての章、百万）	把握された手続き（章"手術"、百万）
2005	6.74	3.55	526.71	8.10	2.14
2006	6.87	3.66	532.75	8.72	2.29
2007	6.98	3.84	550.14	9.43	2.47
2008	7.06	3.98	563.74	10.09	2.57
2009	7.28	4.12	565.93	11.13	2.75
2010	7.55	4.28	566.89	12.04	2.93

（出典：病院報告2013）

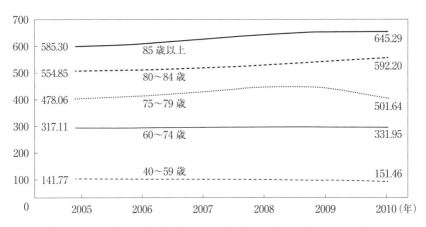

図補-1　2005〜2010年の年齢別住民1000人あたり病院症例の展開
（出典：病院報告 2013）

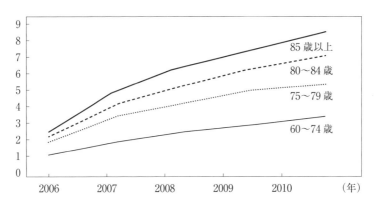

図補-2　60〜74歳の年齢グループと比較した、75歳以上の高齢者年齢グループの1000人あたり多様抵抗性感染病原体（MRE）の入植あるいは感染の場合の複合性処置給付の展開
（出典：病院報告 2013）

3) 成　　果

a. 2005〜2010年の病院症例と給付証明の一般的展開

表補-1は、差しあたり高齢者の年齢グループにとって住民展開、病院症例の変化ならびに給付把握の範囲に関して、証拠資料の手続きの数によって

示している。住民関連の 2005～2010 年の間の病院症例数は、表補-1 から読み取れるように、特にこの年齢グループにとってばかりでなく、すべてのここで考察される年齢グループにおいて増加したことが、図補-1 からわかる。しかしながら 2005～2010 年の両者の若い年齢グループの差異と、74 歳までの年齢グループにおいて、住民 1000 人あたりでおよそ 15 の病院症例になるのに対し、住民関連の処置数の 75 歳以上の高齢者では、およそ住民 1000 人あたりで 40 の病院症例に高まる。この最高齢グループの展開を詳細に述べると、2005～2010 年の間の差異は、85 歳以上の症例にとって 1000 人の住民あたり 60 の病院症例にある。一方彼らがより若い年齢グループにとって 37（80～84 歳）ないしは 24（75～79 歳）になる。

　手続き証明の純粋の量的な展開を、年齢の経過における手続き分類のすべての章を顧慮して考察するならば、すべてを 4 つに考察された年齢グループにおいて平均してコード化した処置の増加を病院症例あたり（表補-2）で見る。この効果は、最も若い年齢グループにおいて、むしろ現代的でさらなる年齢グループにとって、いくらか鋳造された効果が見られる。60～74 歳のグループにとって、時代の続きにおける変化も、同様に把握された手続きの平均的な数もまた最高である。病院あたり証拠資料の手続きの平均的な数は、観察された期間における高齢者グループの数字は、40～59 歳（症例あたり約 0.2 手続き）のグループ、および 60～74 歳（症例あたり約 0.5 手続き）にグループよりも常により低い。比較しうる成果は、もし 2008 年において初めて採用された章 6（薬剤）を顧慮しなかったなら、そのうえ明らかにされる。

　b.　**最大の絶対的な増加によるトップ 10 給付**

　表補-2 は、高齢者の年齢グループにおいて観察された期間内に、絶対的とみなされた最も急激に増加した 10 の処置を示す。個々の場合、時折 3 を名乗ると共に CT 診断と集中医学ならびに理学療法とリハビリテーションのための処置が他に優先した問題である。相対的に考察されるのは"精神社会的介入"（薬、約 554％増加）ならびに"緊急の卒中発作の精神病学的複合性処置"（約 254％増加）が秀でている。すべての 4 つの年齢グループについて最も大きな変化を全体で考察するなら、ここでも 10 のうち 8 が表補-2 に現さ

表補-2　住民 1000 人あたりトップ 10―諸手続き、75 歳以上の年齢グループにおいて 2005〜2010 年の完全考察で最も多く増加したもの

諸手続き（OPS-4 位置）		命名 2005	命名 2010	差異絶対	差異相対%
3-200	頭骨の断層撮影法	57.63	73.93	16.30	28.28
8-930	呼吸、心臓と血行のモニタリング	61.23	73.81	12.58	20.54
9-401	心理社会介入	2.09	13.66	11.57	554.03
8-980	集中医学的複合性処置（基礎手続き）	19.42	30.27	10.84	55.83
8-800	完全血、赤血球濃縮液と血小板濃縮液の輸血	49.39	60.06	10.67	21.61
3-222	対象手段による胸郭断層撮影法	14.32	24.06	9.74	68.05
8-561	機能志向の物理療法	7.98	16.97	8.99	112.71
3-225	対象手段による腹部断層撮影法	21.57	29.44	7.87	36.49
1-275	転移動脈のカテーテル調査	22.64	30.17	7.52	33.22
8-981	卒中発作の神経学の複合性処置	2.94	10.41	7.47	254.27

（出典：病院報告 2010）

れた給付が順位を率いている。給付"アセチル動脈性の左心臓カテーテル調査"ならびに"緊急の卒中発作の精神病学的複合性処置"の展開は、すべて 4 つの年齢グループについての給付展開の場合何ら意味はない（データは示されていない）。

　表補-2 の手術は、狭義の意味において何ら証明しない。表補-1 において示されるように、狭義の意味における手術は、この年齢グループにおけるすべての 4 分の 1 くらいの処置が把握されている。

　最も増加した手続分類の章 5 からの手術は、表補-3 で叙述される。給付の圧縮された表現によって条件づけられ、絶対的増加に従ってリスト（"大腸での他の手術"、"脊柱での他の手術"）をその手続きがもつわずかしかない発言力のみで率いる。2010 年のデータからコード 5-469 の処置の名を挙げ、16 万 4400 件のデータについて病院における報酬システムデータ公表研究所は、リストを率いる大腸手術の場合支配的な一部（DRG 研究所の場合証明された給付の 77%）に大腸癒着の手術の解決、ならびによりわずかの関与（15%）に大腸出血の場合の内視鏡の処置が問題であることを示す。表補-3 において証明された著しく上昇した脊柱での手術について、DRG 研究所の抜き取り検査によれば（OPS コード 5-839 の名を挙げ約 9 万 4600 件）、72% に脊柱管の骨製の除圧、背面苦訴の場合の脊柱管の狭窄による手術、約 13% に器材のある脊椎

体への脊椎内の、手段として役立つ脊柱体を立てるための移植（脊椎形成術）、ならびに6％に椎間板内人口補装具の移植は落ちる。第3位としてさらなる手続きコード5-032（表補-3参照）が脊柱外科に関してランクインしたことは証拠技術的理由がある。この処置、すなわち脊柱への外科的入口は、各々脊柱手術の場合付加的に把握される。手術コードの章5についてすべての4つの年齢クラスにわたってのトップ10の変化を考察すれば、ここでも7つの

表補-3　住民1000人あたりトップ10—諸手続き、75歳以上の年齢グループにおいて2005〜2010年の完全考察で最も多く増加した章5の諸手術

諸手続き（OPS-4位置）		命名2005	命名2010	差異絶対	差異相対%
5-469	大腸での他の手術	7.29	11.37	4.08	55.97
5-839	脊柱での他の手術	1.69	5.30	3.61	213.02
5-032	腰部脊柱、仙骨と尾骨の入り口	3.02	5.99	2.97	98.09
5-916	一時的軟部の覆い	2.43	5.35	2.93	120.80
5-794	骨合成の長骨の関節領域における多断片骨折の開放性の整復	5.36	7.99	2.63	49.04
5-893	外科の外傷の洗浄と皮膚、下皮の病んだ組織を除去	8.09	10.63	2.54	31.42
5-984	ミクロ外科学的技術	7.89	10.23	2.34	29.61
5-513	内視鏡検査による胆道手術	9.96	12.21	2.25	22.58
5-986	極小の病源体侵入の技術	1.48	3.31	1.83	123.98
5-829	他の関節人口の手術	0.43	2.23	1.79	413.35

（出典：病院報告2010）

表補-4　住民1000人あたりトップ10—諸手続き、75歳以上の年齢グループにおいて2005〜2010年の完全考察で最も大きく減少した章5の諸手術

諸手続き（OPS-4位置）		命名2005	命名2010	差異絶対	差異相対%
5-144	水晶体の関節包外の摘出術	11.51	9.07	−2.44	−21.20
5-431	胃瘻設置術	5.72	3.82	−1.90	−33.23
5-399	血管での他の手術	4.72	3.80	−0.92	−19.57
5-572	膀胱瘻設置術	4.99	4.14	−0.85	−17.05
5-812	関節軟骨と半月板での関節鏡検査法	3.82	3.14	−0.68	−17.86
5-361	A-Cバイパス手術の取り付け	3.63	3.12	−0.52	−14.26
5-790	骨折の完全な整復あるいは骨接合術による骨端	8.57	8.05	−0.52	−6.03
5-864	四股の下で切断と関節離断術	1.79	1.33	−0.46	−25.70
5-455	大腸の部分的切除	4.33	3.88	−0.46	−10.50
5-585	尿道の組織の経道的切開	2.15	1.82	−0.33	−15.30

（出典：病院報告2013）

給付にとって、表補-3のように上昇が見られる。特に"他の大腸での手術"（5-469）ないしは両者が記述されている脊柱手術コード5-839と5-032にとっても（データは示されていない）。"他の脊柱での手術"給付の住民関連的時間列は、様々な年齢グループを描き出す。4つの年齢グループのうちの3つでこの給付の頻度は、住民1000人あたりでおよそ3倍だった。

c. 最も後退したトップ10給付

高齢者のグループにおいて絶対的に考察されて最も減少した手術の給付を、表補-4に示す。手続き"水晶体の特別被包の抽出"、"関節軟骨や半月板の関節鏡検査の手術"ならびに"血管での他の手術"について、2010年のDRG研究所のデータにより、98％に化学療法に対する静脈のポートシステムとの関連での処置を含む減少は、入院から外科の給付産出への置き換えによって解明される。一面でこの給付は多年以来入院に代用させる処置のカタログ（AOPカタログ）において読まれ、他面では病院の法的な品質報告において証明された外来の手術の数の分析が一つの積極的な傾向を示す。このように病院において外来で実施された関節鏡検査や2006～2010年の間の血管での手術は、ほぼよくて20％増えた（データは示されていない）。

表補-4において第2位となっている胃切開術の場合の処置が問題で、その場合ややもすると治療の指導が変化した。

ここで分離して叙述されていないPOS章に関して、非手術の処置"病床処置"（OPS 8-390）は、絶対的にすべての年齢グループにわたって共通に26万5000での403の約34％に著しく減少した。

d. 集中治療、複合体治療

DRG精算システムとの関連で、年の経過においていくつかの経済的に有効な手続きコードが、2005年にはじめて採用された。このような鍵の把握はその時々の処置の種類や範囲ならびに取り扱う職員の資格に関して給付産出への正確な要求を前提にする。給付"集中医学の複合体処置"および"多様抵抗性の微生物の場合の複合性処置"（図補-2）にとって、高齢者のすべての年齢グループにおける一つの上昇を証明する。60～74歳までのグループの比較では、この年齢グループでもこの手続きコードの増加を示す。もちろ

んこの年齢グループにおける住民 1000 人あたりの給付の数は著しく低い。さらに 80〜84 歳のグループでは最も頻繁に住民 1000 人あたりに集中医学的に供給される。2005〜2010 年の間の集中医学的な給付は、要素 1.44（60〜75 歳）ないしは 1.66（85 歳以上）を増やした一方、複合体処置の場合 2006〜2010 年の間の給付増加要素は、多様抵抗性の微生物（図補-2）の場合 2.87（60〜75 歳）と 3.42（85 歳以上）の間の分量になる。最も高齢の年齢グループでは、最も頻繁に住民に関係した多様抵抗性の微生物の場合、複合性処置を受ける。

e. 直接続いて起こる年での著しい給付変化

図補-2 において、2006〜2007 年の多様抵抗性の微生物の場合、複合性治療にとっていかに認識しうるか、いくつかの処置にとって 1 年後以降に著しい給付の向上が確認される。同様に緊急の卒中の発作の場合、脳卒中装置を用いた神経病学の複合性治療がこれに属する。OPS グループ 8-981 に対応した手続きコードは、2006 年に経済的に有効になった。それは 2007 年に多様抵抗性の病原体の場合に特別治療の模写のため、75 歳以上の年齢グループにおいて、卒中の発作複合性治療にとって絶対的に考察され、2005〜2006 年の処置ならびに 2005〜2010 年の全体の時間経過で見ると 4 倍にもなっていた。同様の実情は、給付 "緊急の卒中の発作の他の神経病学的複合性処置"（OPS 8-98b）について卒中の発作患者から内科医に導かれた装置への扶養のために考察される。2009 年におけるこの処置の経済的な有効性によって、2008 年に比べてこの給付は 2 倍になった。1 年後以降の両者の卒中の発作治療について比較しうる傾向は、同様に 60〜75 歳ならびに 40〜59 歳の年齢グループにとって考察される。これについて、図補-3 は住民に関係した数をもとに明らかにする。

"最小限侵襲性の心臓弁膜手術"（OPS 5-35a）にとっての明らかな給付上昇は、75 歳以上の年齢グループにおいて優越して書き留められる。権限ある医学的な専門学会の共通の解明に相応して、この手術の長期経験不足のため "明らかに高まった手術のリスクあるいは在来の手術のための禁忌" をもつ症例に使うために予定される。図補-4 に示される手続き統計のデータ地位

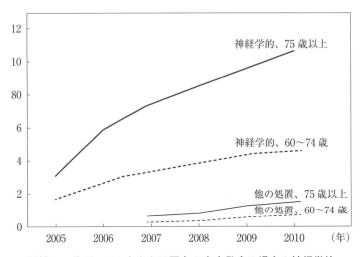

図補-3　住民1000人あたり緊急の卒中発生の場合の神経学的および他の複合性処置の展開

（出典：病院報告 2013）

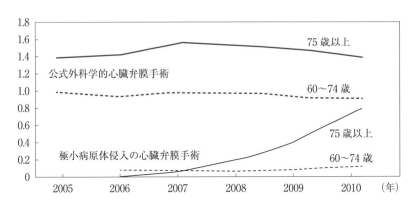

図補-4　60〜74歳と75歳以上の年齢グループにおける住民1000人あたり公式外科学的および極小病原体侵入の心臓弁膜手術の展開

（出典：病院報告 2013）

は、この調整に対応する。著しい上昇は優越して最高の年齢グループに当たる。75歳以上の年齢グループにおける公式の外科医の弁膜手術は、2007年には頂点に達し、ついで2005年からの起点値の下方に低下した。住民関連

では2006年のこの年齢グループにおける給付は、75歳をめぐる2010年までの権限ある手続きコードの初回採用の後に上昇した。2008年にDRGシステムにおけるこの手続きの経済的有効性の採用によって、2007年に対する給付は絶対的に考察して200件の手術から1261件へと6倍に増え、そして住民関連では5倍になった。高齢者の年齢グループにおいて区別される表示は、特に80歳以上のグループでは増加する量で最小限侵襲性の心臓弁膜代用に補給されることを示す。しかしこの処置の住民関連の数は、公式の手術のそれをただ85歳以上の年齢において乗り越える一方、75〜79歳ならびに80〜84歳の両者の、他の年齢グループにおける公式の手術の数は優勢である。

f. 虫垂切除術と胆嚢摘出術

　虫垂切除術は急性虫垂炎または慢性虫垂炎の外科的治療として行われる。小児や高齢者を除き、脊髄麻酔（腰椎麻酔）で行われる場合が多い。皮膚切開は傍腹直筋切開または交錯切開などが行われ、切開創の長さは軽症例では3〜5cmで十分であるが、重症例では10cmを要する。腹腔内に達した後の手術操作は、まず盲腸または上行結腸を確認し、その後結腸紐をたどって盲腸端に達し、虫垂を見出すことが基本である。虫垂を切除する場合には、①順行性虫垂切除術、②逆行性虫垂切除術の方法がある。①の順行性虫垂切除術は、虫垂先端部から虫垂間膜を結糸切離し、虫垂根部まで遊離し、盲腸下端のたばこ縫合（周絡縫合）をかけた後、虫垂根部にて結糸切断し、虫垂根部断端を盲腸下端に埋没させるものである。②の逆行性虫垂切除術は、虫垂先端近くの癒着が強く可動性がない場合に行われる方法で、虫垂根部を結糸切断し、虫垂根部断端をたばこ縫合にて盲腸下端に埋没した後に、虫垂間膜を虫垂先端に向かい結糸切離し虫垂を遊離するものである。

　胆嚢摘出術は1882年、Carl Langenbuch（1846-1901）が初めて施術して以来、腹部外科手術の中で最も頻繁に行われる術式の一つとなった。胆嚢結石症、急性・慢性胆嚢炎、胆嚢がんの一部、胆嚢腫瘍等が適応となるが、胆管空腸吻合術に際しても施術される。従来はいわゆる開腹胆嚢適出（Open Cholecystectomy）が基本的な術式であったが、1987年フランスのOhillipe Mouretはこれを腹腔鏡下で施行した。これが腹腔鏡下胆嚢摘出術（Laparoscopic Cholecystectomy〔LO〕）と称され、その後広く普及しつつある。通常、胆嚢を摘出する際の胆嚢管の処理の時期により、①胆嚢の底部より剥離を始める、②胆嚢管の処理を最初に行うに大別される。また急性胆嚢炎や埋没胆嚢などで胆嚢の完全切除が困難なときには胆嚢を切除し、残った胆嚢粘膜を切除または電気メスなどで荒廃させる術式が採用されることもある（EX-word）。

　方法的理由から2つの広く行われている手続きが分析されるが、それらの場合に観察される期間における高齢者の年齢グループにとっては、次の理由から特別の変化によって考慮されない。DRGシステムの採用前、すでにこの給付は1990年代半ば以降一括概算で報酬を受けられた。給付証明の量的な変化は、それゆえ経済的視点からも証拠資料そのものの理由からも同様に極度にありそうもない。それに、この給付は患者一人につき一度のみもたらされ、それゆえ何回数えても考慮に入れられない。さらにこの処置は腹腔鏡あるいは公式な外科の道について何ら異なる内容も可能でない。4つに分かれた手続きコードについて分析した段階で、ほとんど医学的な進歩あるいは流行病の変化によってほとんど行われなかった。図補-5は、この実情およ

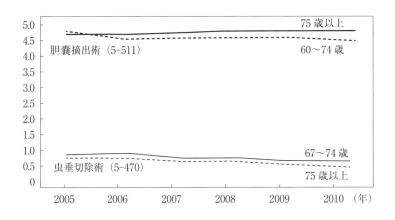

図補-5　住民1000人あたり2つの年齢グループでの胆嚢摘出術および虫垂切除術の展開

（出典：病院報告2013）

び両者の給付にとって75歳以上の高齢者ならびに60〜74歳の年齢グループの住民関連の手術数を示す。老齢グループや年齢間の量的相違は限界である。すべての時間順位は取り去られる傾向を示している。それは虫垂切除術の場合はっきりしており、また2005〜2010年の高齢者にとっては22％になる。容易に取り去る胆嚢摘出術の傾向は、ことによると内視鏡検査による胆道手術（表補-3）の増加によっても示されている。

4）論　　議

　病院での処置の数は、住民に関係して高齢の場合全体で2005〜2010年で約7.6％だけ変化した（表補-1）とはいえ、いくつかの給付にとって著しい量的原動力が現れる。この患者グループが他の年齢グループと比較して病院治療の最高の住民関連に関与する（図補-1）ことが予期され、またレーネルトとケーニッヒ（2010）の文献研究によって証明された。国際的に見ると、日常データに基礎を置く研究は多様な罹病率が重要で、入院の処置の頻度を上げることを表す。しかし注目に値するのは、この年齢グループにおける症例あたりの平均の最も多い手続きが把握されない、より若い年齢グループ（図補-2）である。これは高齢者の場合、年齢グループ比較において増えた保存（健康維持療法）を支持する発言をしている。

　脊柱の手術の著しい上昇—個々で考察される期間において住民関連の3倍—は、おそらく脊柱管結石の場合、骨の圧迫症状によって優位に位置していることが給付の原因となる。それはおそらく病的変質の脊柱疾病の年齢を原因とする増加により、人口統計上の展開にも、また高齢の住民グループの活発さや生活の質に関する要求にも同様に横たわる。これに、手術による治療の明白な熟慮が、統制され、ランダム化した調査において示され得ることに落ち着く。しかしさらなる調査は、長時間効果を判断しうることなしにこの実情を証明する。

　この年齢の場合、手続き統計の目立つ変化が2005〜2010年の間に作用する可能な影響要因は、基準証拠資料、経済ならびに治療の指導の医学的な進歩の一変化のもとに議論される。

a. 証拠資料効果

　表補-1からのデータは、手続き把握の範囲の症例の支払上昇に比較して、そのものはつり合いを越えて増加したことを証明する。2005～2010年に症例あたり平均のOPS把握の展開を考察すれば、変化は手続き分類のすべての章にとって23％また手術の給付性にとっては13％になる。この原因は、一方で2004年にDRG決算システムの義務のある採用により、その手続き関連が年の経過において著しく増加し、他方で、特別の給付の最適な把握のための新しいコードの準備による、OPSカタログの通常通りの毎年の一層展開である。こうして2005～2010年の間のOPSカタログでのコード化のために利用できるコードの数は、2万2859から2万7011へ約18％の提供増加に結びついた。

　物理療法の約113％という著しい増加（表補-2）は、高齢者の年齢グループにおいて最も強いが、他の年齢グループにおいても観察される。ひょっとするとこのための原因は、物理療法の職業グループが特に思慮的に給付証拠資料を考慮することにあるかもしれない。これに、使用できるコードの選択が非常に見通しやすいこと、それによって証拠資料が容易になることが加わる。

　完全に対抗の効果は、寝床処置の証拠資料のためにある。これは年の経過において、28％（高齢者）と53％（20～39歳）の間の年齢グループによる継続的に低下した。このための原因は多様にありうる。一方で2005～2006年、このコードの利用にとっての制約が採用された。だからこの経済的に重要な介護の処置が期間段階の開始に任せられることになる。この処置が疾病保険金庫の医学的職務の焦点にあることが、この推測（MDK2012）を保証する。他方、把握の際の手続きが忘れられる可能性が排除できない。介護の2次診断褥瘡（じょくそう、床ずれ）の把握のためのルーチンデータに基づいた分析が、これが下位証明されることを示す。

b. 経　　済

　手続きコードの複雑性処置のための採用は、より出費のかかる給付に公平な報酬を与える目標設定をもつ。図補-3は、2006年からDRGシステムにおいて経済的有効性がこの処置の著しい増加に作用することを、卒中複雑性

処置を例に証明する。この増加は 2005 年における 2 次把握にも連れ戻される限り、この調査において判断され得ない。これには補足的に卒中の発作診断の頻度への診断統計が分析されるべきだろう。

　注目に値するのは、給付"精神社会的介入"の OPS 章"補足の処置"からの著しい上昇である。DRG 研究所（2010、およそ 5 万件の命名）の区別された資料は、この手続きグループの 77％にアフターケア組織、ならびに 9％に社会法の助言があることを示す。これは、たいてい社会職務によって把握された処置そのものが何ら経済的な重要性をもたないにもかかわらず、それらは増して鍵となり、またある病院処置への結びつきにおいて、彼らの自己の家庭環境にはもはや連れ戻すことができない高齢者の場合、長い滞在期間の基礎を支えている。

　ここに叙述した量的増加は、特に脊柱外科において、あるいは報酬刺激による極小の病原体の浸入の心臓弁膜代用の再度の程度原因とされるが、ここで実施された分析によっては明らかにされない。しかし経済的視点も高まる手術頻度と関連して役割を演じることは、すぐわかりまた手術を行う規則の専門学会によってさえ問題化される。こうして、報酬刺激は、前立腺がんの手術の処置が多い治療に対して引き出されることに弁明することを受けつける。ドイツ外科学会は病院マネージメントの目標規定によって引き起こされる指標拡大を指示する（ドイツ医師新聞 2012）。

c．治療上の指導/医学的な進歩の変化

　総体的に考察された約 120％継続的に増している手術の処置は、一時的な軟部カバー（表補-3）である。この給付は 86％に真空封印（DRG 研究所 2010；およそ 8 万 9000 件命名）のためのシステムの設置あるいは交代を含む。明らかでないのは、すでに 1990 年代以来実施され、そしてこれまで何ら法的疾病保険の外来の規定給付がない、この外傷治療の医学的な熟慮のための明証状態である。共同の連邦委員会は保健衛生制度における品質と経済性研究所に方法評価を委託した。しかし 2014 年まで最終的な決定は中断された（共同連邦委員会 2010）。それゆえ AOK 連邦連合は VdEK、鉱山労働組合と一緒に、真空機器の生産者によって資金調達される国家的な研究を委託した（AOK 連

邦連合 2010)。

極小の病原体侵入の心臓弁膜手術給付の場合、特に高齢者グループは医学的な進歩によって利益を得る。たとえ手紙をやりとりして形式的な心臓弁膜手術がこの年齢グループにおいて容易に取り去られたとしても、極小の病原体侵入の手続きの上昇が優位を占める。データはさらに、これが形式的な治療に比較してこのように金がかかる集中治療を、高齢者の年齢グループにおけるより2倍以上優遇することを証明する。

5）見　通　し

ここで利用される自由に手に入る統計は、ドイツ病院における2005～2010年の給付事象の展開へのよい展望を与える。たとえ給付量の拡大がここで紹介される純粋の記述をもとにしては解明され得ず、またこの様々な効果が基礎になっているとしても。

75歳以上の高齢患者の年齢にとっても、あるいはより若い年齢グループにとっても同様に、たいてい同期の住民関連の数量展開が見出される。しかし多様な抵抗力のある病原菌や特に極小の病原体侵入の心臓弁膜代用によって、卒中の発作あるいは感染の場合の脊柱の複合性処置手術のような処置は、高齢患者の場合他の年齢グループにおけるよりもより強力な住民関連の増加を示す。

多くの疾病は様々な年齢グループにおいて異なってしばしば起こるので、次の歩みにおいては、給付事象の展開は様々な年齢グループにおいて証明された診断を基礎に付加的に診断関連して表現されるべきである—例えば複合性処置は、卒中の発作の場合1000病院症例あたりの主要診断卒中の発作によって—、高齢患者への医学的な進歩の関与を評価するために。

さらなる追加の評価として、指標多様性の考察は個々に記述した処置の場合の時間について考え得るだろう。このような典型的な手続き－診断－結合は、例えば神経学上の複合性処置と関連した卒中のように、同一であると確認しそして優勢、指標設定の可能な変化、あるいは診断－手続き－論理的思考力の変位を認識させる。ある処置との関連において、時間について成立す

る診断多様性の変化は、指標拡大の指摘でありうる。選択でき、またまさかの場合の処置による付加的な手続き関連の細分化と共に、ルーチンデータ法則において存在する特徴が受け入れられる効用は、特に脊柱外科において強く変化する扶養状況を事細かに分析することに寄与しうるだろう。

参 考 文 献

A. S. Esslinger, M. Emmert, O. Schöffski (Hrsg.) (2010): *Betriebliches Gesundheitsmanagement*, 1. Auflage, Gabler.

Altenpflege konkret Gesundheits- und Krankheitslehre (2007): 4. Auflage, Urban & Fischer.

Altenpflege konkret Pflegetheorie und -praxis (2007): 3. Auflage Urban & Fischer.

Armin Töpfer (2007): *Betriebswirtschaftslehre*, 2. Auflage, Springer.

Christiana Nicolai (2009): *Personalmanagement*, 2. Auflage, UTB.

Cornelia Bormann (2012): *Gesundheitswissenschaften*, UTB.

Dirk Holtbruegge (2007): *Personalmanagement*, 3. Auflage, Springer.

Engelbert Sittler, Kerstin Piwek (2012): *Arzneimittelverabreichung, bei alten Menschen*, 1. Auflage, Urban & Fischer.

Manfred Haubrock, Walter Schär (Hrsg.) (2006): *Betriebswirtschaft und Management in der Gesundheitswirtschaft*, 5. Vollständig überarbeitete und erweiterte Auflage, Hans Huber.

Marlies Ehmann, Ingrid Völkel (2012): *Pflegediagnosen in der Altenpflege*, 4. Auflage, Urban & Fischer.

Michael Simon (2010): *Das Gesundheitssystem in Deutschland*, 3. überarbeitete und akutuarusierte Auflage, Verlag Hans Huber.

Papenhoff Schmitz (2009): *BWL für Mediziner im Krankenhaus*, Springer, Heidelberg.

Reinhard Busse, Jonas Schreyögg, Oliver Tiemann (Hrsg.) (2010): *Management im Gesundheitswesen*, 2. Auflage, Springer.

SGB Soziakgesetzbuch Buecher I-XII: Allg. Teil Grundsicherung・Arbeitfoerderung・Kranken-, Renten-, Unfall Vers,・Kinder －/Jugendhilfe・Rehabilitation Verwalyungsverfahren・Pflege Vers. Sozialhilfe, 41. Auflage, 2010, Beck-Texte im dtv.

Statistisches Jahrbuch 2011 (2011): Für die Bundesrepublik Deutschland Statisches Bundesamt, Wiesbaden.

Stedman's English-Japanese Medical Dictionary (2002): 5th ed., Tokyo.

Wolfgang Schröder, Carsten Krones（Hrsg.）（2012）：*Survival-Guide Chirurgie*, Springer.

Zetkin, Schaldach（2005）：*Lexikon der Medizin: Von Medizinern empfohlen*, Fackelträger.

上武健造（2004）：経営における人間―人事管理の生理学的検討―　政経論集別冊　国士舘大学政経学会

上武健造（2006）：経営における人間（3）―生理学的検討を基礎に―　政経論集別冊　国士舘大学政経学会

社団法人東洋医療法学校協会編　河野邦雄・伊藤隆造・堺章著（1991）：解剖学　医歯薬出版

社団法人東洋療法学校協会編　佐藤優子・佐藤昭夫他著（2003）：生理学　第2版　医歯薬出版

社団法人東洋療法学校協会編　奈良信雄著（1991）：臨床医学総論　医歯薬出版

R.シンチンゲル・山本明・南原実編者（1987）：独和広辞典　三修社

在間進編集責任（1991）：新アクセス独和辞典　三修社

富山芳正編集主幹（1987）：独和辞典　第2版　郁文堂

戸川敬一・榎本久彦・人見宏・石村喬・木村直司・フランツ-アントンニューイエ・佐々木直之輔・新倉真矢子編集（1996）：ハンディマイスター独和辞典　大修館書店

CASIO　EX-word　電子辞書

あとがき

　すでに8年は経つであろう。確か北京オリンピック開催の頃である。自分にとって何か研究を手掛けたいと思ったとき、ミュンヘン行きの飛行機の中で事業をしている社長さんに出会い、「研究なら国立図書館に行ったらどうか」とのお話を薦められた。その後、ふた月に一度、ひと月に一度とミュンヘンに通うようになり、初日は図書館、次の日は書店に通うという日課になった。

　一方の日常生活もまた忙しい毎日だった。介護をする立場の年齢になって、毎日の食事の用意をするようになった。何年か前に、私が介護の世話をしている要介護者1の者に付き添って病院に行った。大腸がんの手術をする日時を担当医と相談する予定であったが、がんがすっかり消失してきれいになくなっていると、病院の担当医からいわれたことがあった（結果として手術を回避することができた）。以来、野菜や果物を絶やさず摂るように心がけている。

　現在も忙しい時間の中でできあがった本が、『ドイツ病院のマネージメント』（八千代出版、2014年6月30日）であり、そして第2巻となる本書『ドイツ医師のマネージメント』である。職業としての医師と、グループ（組織）と人の関係の難しさについて何かを考える内容のものである。

　論文作成については、原稿用紙に手書きという時代からパソコン上で図表を自由に作成することまで可能になった今日の動きに追いつき、もっぱらキーボードを打つしかできなかった私が何とか論文の形に整えることができたのは、東芝コールサポートの矢部力也氏の指導によるものである。

著者略歴

上武健造（うえたけ・けんぞう）

1934年	栃木県足利市生まれ。
1956年	中央大学経済学部卒業
1971年	中央大学大学院商学研究科商学専攻博士課程単位取得
1971年	創価大学経済学部講師
1983年	創価大学経営学部教授
1989年	北海道情報大学経営情報学部教授
1993年	嘉悦女子短期大学経営情報学科教授
1996年	国士舘大学政経学部教授
2004年	国士舘大学退職

ドイツ医師のマネージメント

2016年5月10日　第1版1刷発行

著　者―上　武　健　造
発行者―森　口　恵　美　子
印刷所―シナノ印刷㈱
製本所―渡　邉　製　本㈱
発行所―八千代出版株式会社

〒101-0061　東京都千代田区三崎町2-2-13
TEL　03-3262-0420
FAX　03-3237-0723
振替　00190-4-168060

＊定価はカバーに表示してあります。
＊落丁・乱丁本はお取り替えいたします。

ISBN978-4-8429-1682-8　　　©2016 Kenzo Uetake